Zwischen den Klassen

Chantal Jaquet

ZWISCHEN DEN KLASSEN

Über die Nicht-Reproduktion sozialer Macht

Mit einem Nachwort von Carlos Spoerhase
Aus dem Französischen von
Horst Brühmann

Konstanz University Press

CHANTAL JAQUET ist Professorin an der Sorbonne. Aufgewachsen in ärmlichen Verhältnissen in den Savoyer Bergen, hat auch sie einen außergewöhnlichen Weg zwischen den Klassen zurückgelegt.

Bibliografische Information der Deutschen Nationalbibliothek

Die Deutsche Nationalbibliothek verzeichnet diese Publikation in der Deutschen Nationalbibliografie; detaillierte bibliografische Daten sind im Internet über http://dnb.d-nb.de abrufbar.

www.k-up.de | www.wallstein-verlag.de
Konstanz University Press ist ein Imprint der Wallstein Verlag GmbH

Vom Verlag gesetzt aus der Chaparral Pro
Umschlaggestaltung: Eddy Decembrino
Druck und Verarbeitung: Hubert & Co, Göttingen
ISBN 978-3-8353-9104-8

Inhalt

»… diese erste Welt, die ich
verlassen werde und die mich
nicht verlassen wird«

Marie-Hélène Lafon

Meiner Tante Renée Thomas,
die als erste den Bonrieu überquerte

À tous les transclasses

Einführung
Der Unterschied in den feinen Unterschieden[1]

In ihren Büchern *Die Erben* und *Die Illusion der Chancengleichheit* analysieren Bourdieu und Passeron, wie soziale Hierarchie und soziale Herrschaft sich mittels der Bildungsinstitutionen erhalten. Unter den Idealisten, die an die emanzipatorischen Kräfte des staatlichen Schulwesens glauben, schlug diese These seinerzeit hohe Wellen, während sie heute längst bekannt und anerkannt ist: Das System des Schulunterrichts reproduziert die bestehende Ordnung, indem es einerseits den Kindern der herrschenden Klassen den Weg weist, die besten Abschlüsse zu erhalten und anschließend dank ihres kulturellen Kapitals die besten Plätze in der Gesellschaft einzunehmen – und indem es andererseits die schulische Einstufung, den Erfolg und das Scheitern der einzelnen unter Berufung auf angeborene Eigenschaften und auf eine Ideologie der Begabung rechtfertigt, die die soziale Selektion in die Sanktion eines persönlichen Versagens verwandelt.

Doch die Schule ist nur ein Rädchen im Getriebe der Reproduktion, die – allgemeiner gesprochen – auf der Weitergabe eines familialen und sozialen Erbes von einer Generation zur nächsten beruht. Dieses Erbe beschränkt sich nicht auf die Trilogie des Habens, Wissens, Könnens. Tatsächlich gründet Bourdieu die Theorie der Reproduktion auf die Übertragung von vier Kapitalsorten: ökonomischem, kulturellem, sozialem und symbolischem Kapital. Den ökonomischen, kulturellen und sozialen Ressourcen, die dem Individuum die Reichtümer, das theoretische oder praktische Wissen und das für die Gewinnung sozialer Vorteile

1 Dieses Buch ist aus einem Seminar entstanden, das 2010/11 und 2012/13 an der Sorbonne stattfand. Ich möchte meinen Studenten dafür danken, daß sie mir die Kraft gegeben haben, es zu schreiben.

unentbehrliche Beziehungsnetz verfügbar machen, sind noch all die Formen von symbolischem Kapital hinzuzufügen, die geeignet sind, Kräfteverhältnisse in Sinnbeziehungen umzuwandeln und symbolische Wirkungen zu erzeugen, indem sie zur Anerkennung der eigenen Legitimität und der herrschenden Position durch den anderen sowie zur Interiorisierung der Haltung des Beherrschten führen.

Die Reproduktion stützt sich nicht nur auf Institutionen und Prozeduren, die sie fördern und aufrechterhalten, sondern durch Prägung und Konditionierung auch auf die Ausbildung von Habitusformen, die mit der sozialen Klasse und den Existenzbedingungen der Individuen verbunden sind. Der Habitus, der sich als ein inkorporiertes System erworbener und dauerhafter Dispositionen darstellt, die Vorstellungen und Praktiken erzeugen, erscheint somit als der Nerv der Reproduktion. Dieser erstmals 1972 in Bourdieus *Entwurf einer Theorie der Praxis* definierte Begriff wurde im Laufe der Zeit fortwährend bearbeitet und ergänzt.

In *Sozialer Sinn* von 1980 hebt Bourdieu hervor, daß die Sozialisation der Individuen zur Inkorporation von Verhaltens- und Denkregeln führt, die der Anpassung an ihre Existenzbedingungen dienen – Regeln, die ihr künftiges Verhalten beherrschen, ohne notwendigerweise bewußt zu sein oder vorsätzlich befolgt zu werden:

> Die Konditionierungen, die mit einer bestimmten Klasse von Existenzbedingungen verknüpft sind, erzeugen die Habitusformen als Systeme dauerhafter und übertragbarer Dispositionen, als strukturierte Strukturen, die wie geschaffen sind, als strukturierende Strukturen zu fungieren, das heißt als Erzeugungs- und Ordnungsgrundlagen für Praktiken und Vorstellungen, die objektiv an ihr Ziel angepaßt sein können, ohne jedoch bewußtes Anstreben von Zwecken und ausdrückliche Beherrschung der zu deren Erreichung erforderlichen Operationen vorauszusetzen, die objektiv »geregelt« und regelmäßig

> sind, ohne irgendwie das Ergebnis der Einhaltung von Regeln zu sein, und genau deswegen kollektiv aufeinander abgestimmt sind, ohne aus dem ordnenden Handeln eines Dirigenten hervorgegangen zu sein.[2]

Als Reflex der sozialen Welt und der erlebten Erfahrungen ist der Habitus die Matrix der Verhaltensweisen, er regiert die Strategien individuellen Handelns und definiert einen Lebensstil, der hauptsächlich auf dem Klassenunterschied gründet. So wird man nicht als Arbeiter oder Chef geboren, sondern man wird es durch Vererbung vom Vater auf den Sohn ... *oder jedenfalls beinahe*.

Allerdings bleiben bei dieser unerbittlichen Logik der Reproduktion, deren Mechanismen Bourdieu und Passeron schonungslos analysieren, die Ausnahmefälle im Schatten. Und es ist keine unbedeutende Paradoxie, wenn man feststellt, daß der maßgebliche Schöpfer dieser Theorie ihr in der Praxis entkommen ist, insofern er sich von der sozialen Klasse seiner Herkunft gelöst hat (oder von ihr gelöst wurde)! Geboren als Sohn eines Postboten, später Postamtvorstehers, mütterlicherseits aus einer Bauernfamilie stammend, hat Bourdieu eine soziale Laufbahn zurückgelegt, für die er von seinem Herkunftsmilieu kaum vorbestimmt zu sein schien. Wie ist es zu erklären, daß Individuen wie er nicht zwangsläufig die Verhaltensweisen ihrer sozialen Klasse reproduzieren, sondern von einer Klasse zur anderen übergehen? Diese Anomalien bleiben gleichsam ein blinder Fleck der Theorie der Reproduktion, und es stellt sich die Frage, wie sie zu erklären sind.

Man stellt mit Verblüffung fest, daß Bourdieu in *Ein soziologischer Selbstversuch* sich nicht nach den Gründen fragt, aus denen er das familiale Modell nicht reproduziert hat. Er gibt Schlüssel zum Verständnis seiner intellektuellen

2 Pierre Bourdieu, *Sozialer Sinn. Kritik der theoretischen Vernunft*, übersetzt von Günter Seib, Frankfurt am Main: Suhrkamp 1987, S. 98 f.

Geschichte und seiner Hinwendung eher zur Soziologie als zur Philosophie, nachdem er in die *École normale supérieure* eingetreten war und zur *agrégation* zugelassen wurde, ohne sich mit den Gründen zu befassen, die früher ansetzen und seinen schulischen Erfolg und seinen sozialen Aufstieg erklären. Seine Überlegung beginnt mit einer Analyse des intellektuellen Paris in den fünfziger Jahren und zieht einzig diejenigen biographischen Elemente heran, die notwendig sind, um seinen späteren Weg in der Welt der Universität zu erklären.[3] Sein Herkunftsmilieu wird erst ganz am Ende des Werkes erwähnt, um die Herausbildung der mit der Ausgangsposition verbundenen Dispositionen klarzumachen, die nicht zuletzt für seine Praxis als Intellektueller bestimmend waren. Wenngleich er Bruchstücke einer Erklärung liefert, indem er andeutungsweise seine Kindheit berührt und seine Erfahrung als »Überläufer«[4] erwähnt, stellt er doch niemals die Frage ins Zentrum, warum er – der nach eigenen Worten mit den Söhnen von Kleinbauern, Handwerkern oder Kaufleuten, mit denen er in der Grundschule zusammen war, beinahe alles teilte – schulischen Erfolg hatte und eine soziale Laufbahn zurücklegte, die sich von der seiner Kameraden unterschied. Gleichwohl liefert Bourdieu selbst einen schlagenden Beweis für die *Notwendigkeit, den Unterschied in den feinen Unterschieden* [la distinction dans la distinction] *zu denken.* Es stellt sich die Frage, wie ohne eine Revolution oder eine tiefgreifende kollektive Reformbewegung die soziale Nicht-Reproduktion zu erklären ist und wie man sich die Singularität der Ausnahmen in einer Geschichte vorzustellen hat, in der alles zur Wiederholung des Gleichen verdammt zu sein scheint.

Boshafte Kritiker könnten annehmen, Bourdieu lasse diese Frage absichtlich im dunkeln, weil sie seine Theorie in

3 Pierre Bourdieu, *Ein soziologischer Selbstversuch*, aus dem Französischen von Stephan Egger, Frankfurt am Main: Suhrkamp 2002, S. 11 ff.
4 Ebd, S. 95.

Frage stellt, doch so ist es nicht, denn er selbst hat die Existenz von Ausnahmefällen in Betracht gezogen. Während er die Idee eines freien Willens und ihr Gefolge voluntaristischer Illusionen zurückweist, hat er die Reproduktion nie als Schicksal oder ehernes Gesetz aufgefaßt. Auch wenn er nicht immer verstanden wurde, ist es nicht sein Ziel, Quietismus oder Resignation zu fördern, sondern die sozialen Determinismen zu begreifen, um Instrumente zu gewinnen, mit deren Hilfe man sich leichter von ihnen lösen kann. In *Die Erben* achten die beiden Autoren sorgfältig darauf, daß der Einfluß der sozialen Faktoren der Klassenunterscheidung nicht die Form eines mechanischen Determinismus annimmt, und betrachten die beiden Typen von Ausnahmen, die die Regel der sozialen Reproduktion bestätigen.

Erstens wäre es illusorisch zu glauben, ein kulturelles Erbe begünstige automatisch und in gleicher Art all jene, die seiner teilhaftig werden.[5] Tatsächlich gibt es zwei mögliche Verwendungsweisen eines Erbes, die fruchtbringende Nutzung und die Verschleuderung.[6] Die Erben können ihr kulturelles Erbe vernünftig einsetzen, indem sie es nicht nur bewahren, sondern es mit jener Leichtigkeit und Anmut schmücken, die sich von beflissener Reproduktion abhebt und wahrhafte Kreativität zum Ausdruck bringt. Das Gegenstück dazu bildet ein verschwenderischer Gebrauch, wie das Verhalten von Dilettanten in der Schule oder Glücksrittern in der Gesellschaft beweist: Haltungen, die die Erben in den Ruin treiben.

Zweitens bemerken Bourdieu und Passeron, daß bestimmte Kinder aus benachteiligten Milieus der schulischen Selektion und Elimination entgehen, und schreiben dieses Phänomen ihrer größeren Fähigkeit zur Anpassung an die Anforderungen des Unterrichts und einem günstigeren

5 Pierre Bourdieu und Jean-Claude Passeron, *Die Erben. Studenten, Bildung und Kultur*, aus dem Französischen von Stephan Egger und Eva Kessler, Konstanz: UVK 2008, S. 38.

6 Ebd., S. 26 f. und 38.

familialen Umfeld zu. Zwar vertiefen sie diesen Punkt nicht, betonen aber die Notwendigkeit, »Gründe und Ursachen für diese Ausnahmefälle genauer [zu] untersuchen«.[7]

Deshalb liegt es in der Logik der Theorie der Reproduktion selbst, sich mit den Gegenbeispielen zu beschäftigen, um deren Status und deren Tragweite besser zu verstehen. Die Idee der Nicht-Reproduktion muß in der Tat mit Vorsicht behandelt werden und verdient eine genauere Prüfung, denn Wert und Reichweite des »Nicht« lassen sich nicht a priori bestimmen. Die Negation kann, nach gültiger Logik, sowohl einen kontradiktorischen wie einen konträren Gegensatz ausdrücken. Im Fall einer Opposition des kontradiktorischen Typs können Reproduktion und Nicht-Reproduktion nicht koexistieren; wenn die eine wahr ist, ist die andere notwendig falsch. Im Fall einer Opposition des konträren Typs sind die beiden Thesen kompatibel und können gleichermaßen wahr sein. Letztlich handelt es sich darum, ob die Ausnahme die Regel widerlegt oder bestätigt. Was bei dieser Fragestellung auf dem Spiel steht, ist die Natur der menschlichen Vermögen und der Ausdehnungsbereich der menschlichen Freiheit. Die Nicht-Reproduktion bringt die Möglichkeit der Erfindung einer neuen Existenz innerhalb einer bestehenden Ordnung ins Spiel, ohne daß sich eine soziale Umwälzung oder eine Revolution ereignet hätten.

Insofern ist keineswegs gesagt, daß dieses Phänomen, das in einem individuellen und zumindest außergewöhnlichen Rahmen auftritt, den Gesetzen der Reproduktion entginge und dem sozialen System fremd wäre. Es kann eine seiner Schöpfungen sein und als Sicherheitsventil zu seiner Stärkung beitragen. Es kann im Gegenteil die Manifestation einer Freiheit sein, die sich über das Schicksal erhebt. Solange es keine gründliche Untersuchung dazu gibt, muß man sich jedenfalls vor der voreiligen Behauptung hüten, solche Ausnahmen seien ein schlagender Be-

7 Ebd., S. 39.

weis für die Falschheit des Gesetzes der Reproduktion. So meint auch der Soziologe und Philosoph Didier Eribon, geboren als Sohn eines Arbeiters, daß sein Werdegang nicht als Beweis für die Nichtexistenz eines sozialen Determinismus gedeutet werden könne. Das Auftreten einiger Einzelfälle, die nicht die allgemeine Regel bestätigen, kann nicht ausreichen, deren Realität zu entkräften oder zu leugnen.[8] Didier Eribon stellt sich als einen Fall vor, der gegen das Gesetz verstößt. Doch verstoßen heißt nicht widersprechen, und das ist der Grund, weshalb er eher die Frage nahelegt, warum, wie und bis zu welchem Punkt diese Überschreitung möglich ist, wo doch niemand der eigenen Vergangenheit völlig entkommt.[9]

Angesichts des Fehlens eines kollektiven Wandels ist die Frage nach den Ursachen, Mitteln und Grenzen der individuellen Nicht-Reproduktion tatsächlich zentral, und es ist nicht leicht, sie zu beantworten, da bis jetzt keine allgemeine Theorie ausgearbeitet worden ist. Und das mit Grund: Die Hindernisse sind zahlreich und bremsen jeden gedanklichen Versuch. Die Ängstlichkeit und der Konformismus der Forscher, die lieber Schüler haben als Dissidenten sein wollen und sich bereits anerkannten, institutionell gewürdigten Gegenständen zuwenden, würden sie heute eher dazu bringen, die Formen der sozialen Reproduktion zu erforschen – so notwendig diese Aufgabe auch ist – als die Ausarbeitung einer Theorie der Nicht-Reproduktion in Angriff zu nehmen, die die überschüssigen marginalen Fälle einbezieht.

Insofern ist das innovative Vorgehen Bernard Lahires zu begrüßen, das den Maßstab der Beobachtung der sozialen Tatsachen verändert hat, indem es sich mit den familiären Besonderheiten innerhalb der unteren Schichten

8 Didier Eribon, *Retours sur »Retour à Reims«*, Paris: Cartouche 2011, S. 20.

9 Ebd., S. 19.

beschäftigt. In seinem Werk *Tableaux de famille. Heurs et malheurs scolaires en milieux populaires*[10] stellt er sich die Frage nach den unwahrscheinlichen Einzelfällen von Kindern, die sämtliche mit dem geringen kulturellen Kapital ihrer Herkunftsklasse zusammenhängenden Prognosen durchkreuzen, insofern sie nicht nur der Gefahr des Sitzenbleibens entgehen, sondern die besten schulischen Plätze einnehmen. Um diese individuellen Unterschiede innerhalb eines homogenen sozialen Milieus zu erklären, befaßt er sich mit den Familienkonstellationen, insbesondere mit den häuslichen Formen der Schriftkultur, die in der schulischen Welt dominieren (Vorlesen von Geschichten, Lektüre von Zeitungen, Zeitschriften, Büchern; Anlegen von Listen, Terminkalendern; Buchführung über Einnahmen und Ausgaben usw.), mit den moralischen Orientierungen und dem pädagogischen Einsatz der Eltern, mit der Position innerhalb der Geschwisterkohorte und den Minderwertigkeits- und Überlegenheitsgefühlen, die eine entscheidende Rolle bei der Bildung und Weitergabe von kulturellem Kapital spielen. Gewiß ist hier noch nicht von einer Theorie der sozialen Nicht-Reproduktion die Rede, denn die Analyse bezieht sich auf das, was man als schulische Nicht-Reproduktion in der Grundschule bezeichnen könnte. Eine solche Nicht-Reproduktion vermag allein noch nicht die sozialen Karrieren im Erwachsenenalter zu erklären, denn allzuleicht reihen sich die Klassenbesten aus den unteren Schichten in den Zug der Wunderkinder à la Mozart ein, die auf der Strecke bleiben, sobald es darum geht, den eigenen Lebensunterhalt zu verdienen. Dennoch eröffnet Bernard Lahire den Weg zu einer differentiellen Soziologie, die sorgfältig die Verschiedenheit der Kontexte und die Heterogenität der Erfahrungen berücksichtigt.[11]

10 Bernard Lahire, *Tableaux de famille. Heurs et malheurs scolaires en milieux populaires*, Paris: Seuil 1995.

11 Siehe auch seine *Portraits sociologiques. Dispositions et variations individuelles*, Paris: Nathan 2002, sowie *L'Homme pluriel*, Paris: Nathan 1998.

Die meisten Forscher wagen sich jedoch nicht auf das Gebiet der sozialen Nicht-Reproduktion vor. Zu ihrer Entlastung muß man bemerken, daß das Thema politisch vergiftet ist. Das erste Hindernis ist in der Tat ideologischer Art und hängt damit zusammen, daß man die seltenen Exemplare sozialer Mobilität häufig hervorkehrt, um die Immobilität zu verbergen und sie zu verstärken. Die Individuen aus den unteren Schichten, die einen sozialen Aufstieg erlebt haben, werden als Maskottchen oder Symbole benutzt, die die soziale Ordnung stärken und die Ideologie des Selfmademan nähren. Sie werden von der Politik ins Schaufenster gestellt und dienen als Alibi, um kollektive Forderungen zurückzuweisen und das Gefühl der Ungerechtigkeit zu ersticken. Unter solchen Bedingungen ist es nicht das Ziel, der Frage auf den Grund zu gehen, denn die Antwort steht bereits fest und ließe sich in einem Satz zusammenfassen: »Wer will, der kann.«

Die Revolutionäre wiederum, die eine ungerechte Gesellschaftsordnung verändern möchten, halten sich nicht bei dieser Randerscheinung auf, denn sie fragen mit gutem Recht nach den Mitteln, zu einer kollektiven und generalisierten Nicht-Reproduktion zu gelangen; sie sind um so weniger geneigt, über die Ausnahmen nachzudenken, als sie es vorziehen, deren Existenz unter dem Deckel zu halten, um nicht den Individualismus zu wecken und um die Massen wirksam zu mobilisieren. In ihren Augen ist das Problem der Nicht-Reproduktion, wenn man es isoliert betrachtet, ein minder bedeutsames und zudem vermintes Thema, das die Wohlhabenden gern benutzen, um Unklarheit zu erzeugen.

Und trotzdem lassen sich wahrscheinlich Lehren aus der Erforschung der Ursachen eines untergründigen Wandels ziehen, der sich in den Lebensbedingungen der am stärksten benachteiligten Schichten vollzieht, sei dieser Wandel auch ein individueller und begrenzter. Der glühendste fortschrittliche politische Denker, der sieht, wie sich nach einer Revolution, die im Eiltempo glückte, dasselbe System reproduziert, obwohl die Köpfe ausgetauscht wurden, täte sehr unrecht daran, diese Mikrophänomene zu übergehen, denn er muß das Ursachenbündel verstehen, das es den Individuen erlaubt, sich zu transformieren und nicht in die Verhaltensweisen ihrer Klasse zurückzufallen, wenn er vermeiden will, daß eine Revolution unter dem Deckmantel des Neuen das Alte fortführt. Unter diesem Gesichtspunkt können die Ausnahmefälle als ausgezeichnetes Observatorium dienen, um die entscheidenden Faktoren einer wirkungsvollen Veränderung zu bestimmen. Wer immer von einem strahlenden Morgen träumt, muß also jedes Interesse daran haben, über die realen Fälle von Veränderung in einer entzauberten Welt nachzudenken.

Um dieses erste Hindernis auszuräumen, ist zuallererst eine Neutralisierung des Problems erforderlich, denn es ist nicht das Ziel, die Ausnahmen zu politischen Zwecken auf- oder abzuwerten, sondern sie zu verstehen. Unter diesem Gesichtspunkt wäre es angebracht, sie objektiv zu bezeichnen, das heißt unter einem Begriff zu fassen, der von jeder axiologischen Konnotation frei ist. Man kommt nicht umhin festzustellen, daß – von Umschreibungen abgesehen – in der Tat kein strenger Begriff existiert, um präzise diejenigen zu benennen, die das Modell ihrer sozialen Klasse nicht reproduzieren. Die soziale Mobilität wird mit Hilfe räumlicher Metaphern des Oben und Unten evoziert, die mit einem moralischen Gehalt belastet sind. Sie wird je nach der Richtung, in der sie verläuft, als Aufstieg oder im Gegenteil als Deklassierung beschrieben.

Doch ungeachtet ihrer Richtung, ob Aufstieg oder Fall, wird die soziale Mobilität oft kritisch und abschätzig dargestellt. So behandelt man diejenigen, die ihre als niedriger geltende soziale Klasse verlassen und sich »verbürgerlicht« haben, als »Emporkömmlinge« und diejenigen, die sich proletarisiert und gegenüber einer als höher geltenden sozialen Situation einen Niedergang erfahren haben, als »Deklassierte«. Man verspottet sie oder beklagt sie, faßt sie aber nie unter einem Begriff. Der Ausdruck »Klassenüberläufer« [*transfuge de classe*] ist gewiß der am wenigsten unangemessene, denn er erinnert an den vollzogenen Transfer, ist aber nicht von jedem moralischen Werturteil frei, bleibt er doch eng mit dem Gedanken der Flucht, der Desertion, ja des Verrats verbunden. Der Überläufer ist *par excellence* jemand, der seine Zugehörigkeit zu einem Land oder einer politischen Partei gegen eine andere vertauscht, und er wird stets verdächtigt, ein Renegat zu sein.

Dieses Phänomen ist nicht auf jene begrenzt, die ihre Klasse wechseln; es berührt all diejenigen, die das herrschende Modell nicht reproduzieren und denen sich ihre Identität unter dem Zeichen der Beschimpfung oder der Anzüglichkeit offenbart. Sie bleiben ungenannt, weil unbenennbar, nach dem Muster der Homosexuellen, die durch ehrenrührige Epitheta stigmatisiert werden. Die unaussprechliche Homosexualität wird so zumeist in der Form einer Infamie ausgesprochen: »warmer Bruder«, »Tunte«, »Schwuchtel«, »kesser Vater« usw., jedoch auch in der Form einer Verleugnung und Verdunkelung, wenn die Praktik auf einen Ort oder auf eine Person verschoben wird: die Lesbierin, die von der Insel Lesbos stammt, oder der Sapphismus, der auf die Dichterin Sappho zurückgeht. Gewiß, der Ausdruck *gay*, der ursprünglich als Synonym für »fröhlich«, »lebenslustig«, »strahlend« verwendet wurde, erscheint heute positiver und politisch korrekter. Er wurde im 20. Jahrhundert zum Emblem des homosexuellen Selbstwertgefühls, insbesondere bei den Demonstrationen der *Gay-Pride*-Bewegung in den neunziger Jahren in den USA, und drückt eine unbekümmerte Haltung gegenüber den konventionellen sexuellen Sitten aus. Der Ausdruck *gay* als solcher ist jedoch von abwertenden Konnotationen nicht frei. Er wird seit dem 18. Jahrhundert mit Unmoralität und Ausschweifung assoziiert. Auch wenn er in jener Epoche nicht ausdrücklich auf Homosexualität verweist, charakterisiert er liederliche Sitten: *a gay man* ist ein Frauenheld, *a gay woman* eine Prostituierte und *a gay house* ein Bordell.[12]

Um denen, die das Schicksal ihrer Herkunftsklasse nicht reproduzieren, eine legitime objektive Existenz zu geben, ist es also geboten, eine andere Ausdrucksweise zu wählen und einen Begriff zu schaffen, mit dem pejorative, metaphorische oder normative Formulierungen vermieden werden. Um ein Individuum zu bezeichnen, das den Übergang von einer Klasse zu einer anderen vollzieht, scheint es daher sinnvoller, einen Neologismus nach dem Muster des Wortes *transsexuell* zu prägen: *transclasse*.[13] Das Präfix *trans-* bezeichnet hier keine Überwindung oder Erhöhung, sondern die Bewegung eines Übergangs, einer Passage von einer Seite auf die andere. Die lateinische Präposition *trans* bedeutet »hinüber« oder »auf die andere Seite« und beschreibt in diesem Falle den Transit zwischen zwei Klassen.[14] Die ganze Schwierigkeit liegt also darin, Natur und Ursprung dieser *transitio* des Klassenübergängers zu verstehen, die den eigentlichen Kern der Nicht-Reproduktion ausmacht.

In diesem Stadium taucht ein zweites Hindernis auf, diesmal ein epistemologisches. Es hat mit der Natur des

12 Auch wenn diese Bedeutung heute vergessen und von positiven sexuellen Konnotationen überdeckt ist, muß man festhalten, daß der Ausdruck *gay* genau in dem Moment, in dem er von der amerikanischen Homosexuellengemeinde für sich reklamiert und in der ganzen Welt übernommen wurde, in den USA und Großbritannien Anlaß zu neuen pejorativen Redewendungen gab. »That's so gay« bedeutet »so was von dämlich«. Jemanden als *gay* behandeln heißt, ihn als »Mistkerl« behandeln.

13 [Allerdings entsteht dabei das grammatische Problem, daß *transclasse* – anders als *transsexuel* – der Wortbildung nach kein Adjektiv ist und im substantivischen Gebrauch keine Person bezeichnet. Im Deutschen bot sich deshalb für *le transclasse* der Ausdruck »Klassenübergänger« an, der den »Transit« oder die »Passage« zwischen zwei Klassen adäquat ausdrückt, ohne daß man zu einem forcierten Neologismus greifen müßte. – *A. d. Ü.*]

14 Wir werden im Verlauf dieses Werkes auf die Rechtfertigung dieses Begriffs zurückkommen. Vgl. das Kapitel »Die Komplexion als *passing*«, unten, S. 118–123.

Gegenstands zu tun, der ein Denken von Ausnahmen erfordert. Wie aber könnte die Philosophie, die in Begriffen denken will, Einzelfälle erfassen und von der Besonderheit Rechenschaft ablegen? Der Begriff muß das Verschiedene aufsammeln und vereinigen, indem er das, was er mit anderen Fällen der gleichen Art gemeinsam hat, synthetisiert, wenn es sich nicht in der Mannigfaltigkeit verstreuen soll. Ist es tatsächlich möglich, über die Nicht-Reproduktion zu spekulieren, ohne sich in den Wolken der Abstraktion oder im Sumpf der Empirie zu verlieren? Kann man einen Begriff vom Einzelnen, vom Individuellen in seiner Unhintergehbarkeit entwickeln, eine innere Essenz in ihrer individuellen Verkörperung erfassen?

Dies ist ein Problem, dem man namentlich in der Philosophie Spinozas begegnet und über das die Kommentatoren viel Tinte vergossen haben. Neben der inadäquaten, auf »Meinung oder Vorstellung« beruhenden imaginativen Erkenntnis zählt Spinoza zwei weitere Erkenntnisarten auf, die ihm zufolge adäquat sind: die »Vernunft«, die auf Allgemeinbegriffen und auf den Ideen der Eigenschaften der Dinge beruht, ohne uns deren Essenz zu liefern, und die »intuitive Erkenntnis«, welche die Dinge in ihrer Singularität erfassen soll und ihre Essenz aus derjenigen der Attribute Gottes ableitet.[15] Nun ist diese intuitive Wissenschaft, die auf die Idee dieses oder jenes menschlichen Körpers hinauswill und die Essenz der Einzeldinge in den Blick nimmt, ein äußerst schwieriges Unternehmen, so schwierig, daß zahlreiche Kommentatoren es für unmöglich halten und nachdrücklich daran erinnern, daß Spinoza selbst – im Schlußsatz der *Ethik* – anmerkt, daß der Heilsweg, der in der dritten Erkenntnisart besteht, »ebenso schwierig wie selten« sei.

15 Baruch de Spinoza, *Ethik in geometrischer Ordnung dargestellt*. Lateinisch-Deutsch, neu übersetzt und herausgegeben von Wolfgang Bartuschat, *Sämtliche Werke*, Bd. 2, Hamburg: Meiner ⁴2015, Zweiter Teil, Lehrsatz 40, Anmerkung 2, S. 181–184; S. 595.

Heißt dies, daß das Unternehmen von vornherein zum Scheitern verurteilt ist und daß die Idee eines Begriffs des Singulären auf ein reines Oxymoron hinausläuft? In der Tat liegt die ganze Schwierigkeit darin, analytische Instrumente zu schmieden, um die Ausnahme zu denken und sie philosophisch zu begreifen. Von daher kann man befürchten, daß die Philosophie dafür nicht gerüstet ist, denn im Unterschied zur soziologischen Methode beruht sie nicht auf Erhebungen und Statistiken. Dementsprechend kann man sich fragen, ob der anvisierte Gegenstand tatsächlich ein philosophischer ist und ob das Studium der Nicht-Reproduktion nicht eher zur Geschichtswissenschaft oder Soziologie gehört.

Hierzu muß man beachten, daß es nicht Objekte gibt, die ihrem Wesen nach von vornherein philosophische wären, und andere, die es nicht sind. Sie werden als solche durch die Erfindung von Begriffen vielmehr erst konstituiert und sind historische Produkte, die sich der kühnen Erweiterung der Reflexion auf zuvor brachliegendes Gelände verdanken. Das Denken stößt auf keine Grenze außer der seines Besitztriebs. Es kümmert sich nicht um institutionelle Grenzziehungen, denn es macht sich daran, neue Objekte zu schaffen, indem es sich die Mittel zu ihrer Erfassung verschafft. Dabei nährt es sich von den Wissenschaften wie von der Literatur, von der Philosophie wie von der Geschichte oder der Soziologie. Es gibt also kein a priori geschütztes Jagdgebiet oder Reservat. So ist der Körper Gegenstand der Physik, der Biologie und der Medizin ebenso wie der Geschichte, der Philosophie oder der Soziologie.

Auch wenn Bourdieus und Passerons Reflexionen über die Reproduktion oder über das Erbe meisterhaft sind, fallen sie doch nicht unter das Monopol der Soziologie, wie zum Beispiel die philosophischen Arbeiten Althussers zu diesem Thema zeigen.[16] Im übrigen nimmt Bourdieu zwar

16 Siehe zu diesem Thema den Band von Louis Althusser, *Über die Repro-*

einen Bruch mit einer bestimmten philosophischen Tradition für sich in Anspruch, entnimmt ihr aber auch Begriffe und überträgt sie auf ein neues Feld. Er räumt dem Begriff des *Habitus* eine zentrale Stellung ein, greift somit die *Hexis* aus dem *Theaitetos* von Platon und der *Nikomachischen Ethik* von Aristoteles wieder auf[17] und weist ihnen eine neue Bedeutung zu.

Die Soziologie besitzt ihren eigenen Zuständigkeitsbereich und ihre eigenen Methoden, doch ebensowenig wie die Philosophie könnte sie sich zur hegemonialen Wissenschaft erheben und sich gegen interdisziplinäre Beiträge abschließen. Was die Nicht-Reproduktion betrifft, stößt sie auf eine Schwierigkeit analog derjenigen, der die Philosophie begegnet. So bietet der Rückgriff auf statistische Erhebungen keine Hilfe, wenn die beobachteten Fälle nicht analog sind. Bei der Untersuchung der Nicht-Reproduktion hat man es nun aber mit Ausnahmefällen zu tun, und wenn man sie miteinander vergleicht, um – unter der Annahme, sie seien analog – Klassifikationen und Umgruppierungen vorzunehmen, wird man dazu neigen, die Ähnlichkeiten zu bevorzugen und die Besonderheiten zu tilgen mit der Folge, daß die daraus gezogenen Lehren falsch zu werden drohen. Man muß also Werkzeuge für das Herangehen anfertigen, die sich von der traditionellen Methode unterscheiden.

Genau dies hat Norbert Elias in seinem Buch *Mozart. Zur Soziologie eines Genies* getan, das hier als Modell für das philosophische Denken dienen kann. Elias' Arbeit bestand darin, die irreduzible Singularität Mozarts zu erfassen, das ihm eigene Genie, das ihn dahin führt, das Schicksal seines Vaters, des Hofmusikmeisters, nicht zu reproduzieren und

duktion. Ideologie und ideologische Staatsapparate. Gesammelte Schriften, Bd. 5, 2, aus dem Französischen übertragen, herausgegeben und mit einem Nachwort versehen von Frieder Otto Wolf, Hamburg: VSA 2012.

17 Aristoteles, *Nikomachische Ethik*, auf der Grundlage der Übersetzung von Eugen Rolfes neu herausgegeben von Günther Bien, Hamburg: Meiner 1972, II, 3, 1105 b 20 ff.

sich vom Kleinbürgertum loszureißen, um sich als kreativer Künstler zu erschaffen und sich in den aristokratischen Kreisen zu bewegen. Die von Norbert Elias gewählte Methode besteht darin, einen Einzelfall zu betrachten, dessen soziale Zwänge zu untersuchen und diejenigen Elemente des historischen und künstlerischen Kontexts der Epoche festzuhalten, die ihn verständlich machen können: das Milieu des Hofes, der Status der Künstler aus niedrigeren Gesellschaftsschichten, die Gegensätze zwischen adligen und bürgerlichen Normen, der Kanon des Geschmacks und der musikalischen Schöpfung …

Das Ziel von Norbert Elias ist es jedenfalls nicht, eine historische Biographie Mozarts zu verfassen und bei der Besonderheit seines Schicksals stehenzubleiben, sondern ein Modell zu entwickeln, das die Situation eines Künstlers in seiner Epoche verständlich zu machen vermag. »Es handelt sich dabei nicht um eine historische Erzählung, sondern um die Ausarbeitung eines nachprüfbaren theoretischen Modells der Figuration, die ein Mensch – im vorliegenden Fall ein Künstler des 18. Jahrhunderts – kraft seiner Interdependenz mit anderen sozialen Figuren seiner Zeit bildete.«[18] Auch wenn die Nicht-Reproduktion nicht Norbert Elias' Thema war, zeigt er am Beispiel Mozarts, daß es möglich ist, sie zu denken, und durchkreuzt die Unmöglichkeitsvermutung, die dem Denken des Singulären anhaftet.

Es wird also darum gehen, ein Modell des Klassenübergängers [*transclasse*] auszuarbeiten, eine Theorie der Nicht-Reproduktion zu skizzieren und sich dabei nicht nur auf philosophische Begriffe zu stützen, sondern auf Denkinstrumente, die geeignet sind, das Einzelne zu erfassen, indem sie ihm eine allgemeine Tragweite geben. In erster Linie wird sich die Reflexion von literarischen Fiktionen anregen lassen, die Beispiele für Nicht-Reproduktion bieten,

18 Norbert Elias, *Mozart. Zur Soziologie eines Genies*, herausgegeben von Michael Schröter, Frankfurt am Main: Suhrkamp 1991, S. 23.

etwa das von Julien Sorel in Stendhals *Rot und Schwarz*. Die Philosophie kann in der Tat der Literatur nicht entbehren, die ihr ein Feld von Erfahrungen und Hypothesen liefert, von deren Reichtum und deren Richtigkeit sie sich allzuoft keine Vorstellung macht. So nimmt Didier Eribon an, daß die Literatur nicht weniger Ressourcen bietet als die Soziologie oder die theoretischsten Werke, um die Vielfalt individueller und kollektiver Erfahrungen zu erfassen, denen man in der sozialen Welt begegnet; und im übrigen stützt er sich weitgehend auf sie, um seinen eigenen Weg zu verstehen.[19] Die Überlegungen werden sich außerdem auf autobiographische Romane von Klassenübergängern stützen, in denen sich literarische Ansätze und theoretische Reflexion vermischen, wie *Black Boy* von Richard Wright oder *Bruder und Hüter* von John Edgar Wideman.

Doch mehr noch als Romane, die auf Fiktion beruhen, oder Autobiographien, die das persönliche Abenteuer erzählen, werden sich autosoziobiographische Berichte wie die von Annie Ernaux,[20] Didier Eribon[21] oder Richard Hoggart[22] für unsere Überlegungen eignen, weil sie bestrebt sind, das Leben oder das Schicksal eines Individuums im Verhältnis zu seinem Milieu als eine Produktion des Sozialen zu denken, nicht als das Hervortreten eines von jeder äußeren Determination abgeschnittenen Ichs. So schätzt Annie Ernaux ihre drei Bücher *La Place*, *Une femme* und *La*

19 Didier Eribon, *Retours sur »Retour à Reims«*, a. a. O., S. 42.
20 Siehe insbesondere Annie Ernaux, *La Place*, Paris: Gallimard 1983 (deutsch: *Das bessere Leben*, aus dem Französischen von Barbara Scriba-Sethe, München: Bertelsmann 1986); *La Honte*, Paris: Gallimard 1987; *Une femme*, Paris: Gallimard 1988 (deutsch: *Das Leben einer Frau*, aus dem Französischen von Regina Maria Hartig, Frankfurt am Main: Fischer Taschenbuch 1993; Neuauflage unter dem Titel *Gesichter einer Frau*, München: Goldmann 2008).
21 Didier Eribon, *Rückkehr nach Reims*, aus dem Französischen von Tobias Haberkorn, Berlin: Suhrkamp 2016.
22 Richard Hoggart, *A Local Habitation. Life and Times, 1918–1940*, London: Chatto & Windus 1988.

Honte »weniger als autobiographisch denn als autosoziobiographisch« ein.[23] Im Unterschied zur Autobiographie, die dazu neigt, das reduktive Bild eines Autors, der von sich spricht, durchzusetzen, nimmt die autosoziobiographische Arbeit des Schreibens die Form eines Berichts an, bei dem es nicht so sehr darum geht, das Ich wiederzufinden, als es innerhalb einer umfassenderen Wirklichkeit, einer gemeinsamen Situation oder eines geteilten sozialen Leidens zu verlieren.[24] Insofern schließt sich die vermeintliche Kluft zwischen der Singularität der Ausnahme und der Universalität des Begriffs, da durch das Individuum hindurch die gesamte *conditio humana* hervortritt und eine situierte Anthropologie sich abzeichnet. Zur Erläuterung wagt Annie Ernaux die Hypothese, daß ein Text desto allgemeingültiger werden könne, je persönlicher er gehalten sei, zweifellos weil er eine innere Erfahrung ausdrückt, die es möglich macht, sich jenseits der Mannigfaltigkeit und Besonderheit der individuellen Geschichten wiederzuerkennen.[25]

Nicht minder erhellend ist das Verfahren Didier Eribons, das sich zwischen der Selbstanalyse Pierre Bourdieus und der Soziobiographie Annie Ernaux' ansiedelt. Durch den Bericht seiner persönlichen Erfahrung will Didier Eribon die exemplarische Geschichte eines aus der Welt der Arbeiter stammenden Kindes rekonstruieren, das sich nach und nach von seiner Herkunftsklasse entfernt.[26] Auch wenn er sich auf seinen eigenen Lebensweg stützt, präsentiert sich sein Buch *Rückkehr nach Reims* nicht als Autobiographie, sondern als eine theoretische Analyse der sozialen Welt, die in einem singulären Erleben wurzelt.[27] Die Analyse geht aus der persönlichen Erfahrung hervor, erhellt sie umgekehrt

23 Annie Ernaux, *L'Écriture comme un couteau*, Paris: Stock 2003, S. 20.
24 Ebd., S. 21.
25 Ebd., S. 153.
26 Didier Eribon, *Retours sur »Retour à Reims«*, a.a.O., S. 40.
27 Ebd.

aber auch und bezeugt die Reziprozität zwischen Theorie und individueller Geschichte.

Ausgehend von diesen verschiedenen Quellen wird das angestrebte Ziel darin liegen, das Auftreten und die Situation des Klassenübergängers zu denken – nicht nur soziologisch oder in der Weise des autosoziobiographischen Berichts, sondern philosophisch. Es soll der Versuch unternommen werden, geeignete Begriffe zu entwickeln, mit denen er verstanden werden kann. Die Analyse wird sich auf die soziale Nicht-Reproduktion und genauer auf den Übergang von der Welt der Beherrschten zur Welt der Herrschenden richten, einen Übergang, der rätselhafter erscheint als der umgekehrte Fall. Die Ursachen für soziale Deklassierung, wie vielfältig sie auch seien – Naturkatastrophen, soziale Umwälzungen, wirtschaftlicher Niedergang der Familie, Bruch oder Konflikt, persönliche politische Entscheidung usw. – lassen sich leichter verstehen. Diese Feststellung schließt natürlich nicht aus, daß man den Übergang in beide möglichen Richtungen betrachtet; sie impliziert auch nicht den Primat der sozialen Nicht-Reproduktion vor den anderen – biologischen, sexuellen, rassischen oder genderspezifischen – Formen der Nicht-Reproduktion. Die Nicht-Reproduktion beschränkt sich nicht auf die soziale Mobilität der Klassenübergänger. Sie kann sich in der gewollten oder ungewollten Verneinung des vorherrschenden Modells der Erhaltung der Gattung, der heterosexuellen Norm oder der einer Rasse oder einem Geschlecht aufgezwungenen Lebensbedingungen äußern. Es wird also erforderlich sein, die Verschränkung all dieser Formen der Nicht-Reproduktion zu denken, um das rätselhafte Auftreten von Klassenübergängern zu klären, das allen Widerständen trotzt – dem Fluch der Rasse, des Geschlechts und der Klasse.

Erster Teil
Die Ursachen der Nicht-Reproduktion

> Da die Gesellschaft gegliedert ist wie ein Bambusrohr, ist es das wichtigste Anliegen eines Mannes, in die nächsthöhere Klasse aufzusteigen, und diese Klasse tut ihr Möglichstes, ihn am Aufsteigen zu verhindern.
>
> Stendhal, *Erinnerungen aus dem Leben eines Egotisten*[28]

Klassenübergänger, die einen glänzenden sozialen Aufstieg erleben, rufen oft eine Bewunderung hervor, hinter der sich ein tiefes Unverständnis verbirgt. Sie faszinieren und wecken Träume, weil sie wie Überlebende einer Katastrophe oder wie Wunderkinder alles Erwartbare durchkreuzen und der Vernunft trotzen. Magisches Denken findet an ihnen Halt, so sehr hat ihr sagenhaftes Schicksal etwas Wunderbares. Ihr außergewöhnlicher Weg scheint sich der rationalen Erklärung zu entziehen; er führt zu einer ganzen Mythologie von Begabung, Zufall oder Verdienst und dient dazu, jene Ideologie des persönlichen Erfolgs zu nähren, die im Herzen des *American Dream* liegt und zu dem Glauben führt, jeder, der auf dem amerikanischen Kontinent lebt oder dort eingewandert ist, könne einzig dank seines Mutes, seiner Entschlossenheit und seiner rastlosen Arbeit reich werden und aufstreben.

Doch ob man sie für genial erklärt, ob man sich vorstellt, sie seien unter einem guten Stern geboren, oder behauptet, sie hätten sich aus eigener Kraft hochgearbeitet,

28 Stendhal, *Das Leben des Henry Brulard und andere autobiographische Schriften*, übersetzt von Walter Widmer, München: Winkler 1956, S. 631.

der Weg der Klassenübergänger bleibt gleichwohl unbegriffen, wenn er unter stereotypen Formeln und Metaphern begraben wird, die als Ersatz für Begriffe dienen. Solche Pseudoerklärungen sind der Deckmantel von Unwissenheit, ja von Bosheit, so sehr können sie Stoff für Stigmatisierungen und politische Vereinnahmungen werden. Soll das tatsächlich heißen, daß es sich bei der ungeheuren Mehrheit derer, die in ihrer ursprünglichen Lage geblieben sind, um Einfaltspinsel, Pechvögel oder Faulpelze handelt?

Statt auf einen glücklichen Zufall oder eine glückliche Naturanlage zurückzugreifen, kommt es darauf an, das Phänomen der Klassenübergänger unter dem Diktat der Notwendigkeit zu betrachten, indem man es von jedem moralischen und politischen Hintergedanken löst. Deshalb ist die erste Aufgabe, die sich aufdrängt, eine Analyse der Ursachen der Nicht-Reproduktion. Solange unverstanden bleibt, wie solche Ausnahmeschicksale zustande kommen, dienen sie nur allzu oft als Alibi für einen Moralismus, der die Idee glaubhaft machen will, ein jeder sei für sein Schicksal voll verantwortlich, und für einen Konservativismus, der die Überzeugung nährt, die soziale Ordnung spiegele die natürlichen Verdienste eines jeden und mißbillige zu Recht Trägheit oder Dummheit.

Ehrgeiz, die souveräne Kraft der Nicht-Reproduktion?

Der erste Grund, der gewöhnlich zur Erklärung der Ausnahmefälle vorgebracht wird, ist ein ungewöhnlicher Ehrgeiz bei ihnen, der sich in einem Willen und einer Energie äußert, die ganz auf ein einziges Ziel hin gerichtet sind: den Erfolg, den sozialen Aufstieg und, damit verbunden, den Genuß von Ruhm und Ehre. Dieser Ehrgeiz nimmt die Form einer Herausforderung an, die sich sehr schön in dem Ausruf Rastignacs bei seiner Ankunft in Paris verdichtet:

»Und nun zu uns beiden!«[29] Für den jungen Mann geht es darum, das Schicksal herauszufordern, sich von seiner Herkunft loszureißen und sich auszuzeichnen, indem er das, was ihn niederdrücken könnte, in einen mächtigen Hebel verwandelt. Weit davon entfernt, ihn zu hemmen, stachelt die Schwierigkeit des Unternehmens seine Tatkraft an. Je größer das Hindernis, desto stärker der Wunsch, es zu überwinden. So kehrt sich der Widrigkeitskoeffizient der Dinge um, und das Hemmnis verwandelt sich paradoxerweise in einen Vorteil – so sehr strahlt das, was in den Augen des blasierten Bourgeois banal und wenig anregend scheint, für den Arbeitersohn in außerordentlichem Glanz und weckt seinen Eifer. Ebendies notiert Bourdieu in einem kurzen Einschub, der sich mit den außergewöhnlichen Fällen der Nicht-Reproduktion befaßt: Während die aus den benachteiligten Klassen hervorgegangenen Individuen mit sehr großer Wahrscheinlichkeit das Herkunftsmodell reproduzieren, ließe sich unschwer zeigen, daß sie ihr eklatantes Handikap in Ausnahmefällen auch als Herausforderung zu einer beträchtlichen Steigerung und Entfaltung von Energie betrachten können, um sich von ihrem sozialen Schicksal zu befreien und sich über das gemeinsame Los zu erheben.[30]

Genährt von einem Wunsch nach Distinktion und Größe erscheint der Ehrgeiz als Motor der Nicht-Reproduktion und des sozialen Aufstiegs. Die beiden Helden Balzacs und Stendhals, Eugène de Rastignac und Julien Sorel, sind in dieser Hinsicht exemplarische Figuren. So fegt der Ehrgeiz alle Skrupel und alle Ängstlichkeiten hinweg, die Julien Sorel an sein Herkunftsmilieu fesseln könnten: Er bringt ihn dazu, auf die Freiheit und Sicherheit des provinziellen Kleinbürgertums zu verzichten und darin schäbige und dürftige Vorteile zu sehen, um sich stattdessen ins Rampenlicht auf der

29 [In der Übersetzung von Franz Hessel: »Jetzt haben wir zwei es miteinander zu tun!« Honoré de Balzac, *Vater Goriot*, Frankfurt am Main: Insel 1989, S. 325. – *A. d. Ü.*]

30 Pierre Bourdieu, *Die Erben*, a. a. O., S. 39 f.

großen Bühne der Welt vorzuarbeiten. Unter dem Einfluß dieser Leidenschaft siegt die Hoffnung auf ein ungewisses großes Vermögen über die Furcht, ein kleines, aber sicheres Vermögen zu verlieren. Das zeigt sich in dem Dialog, in dem Julien – im Begriff, nach Paris zu gehen, um in die Dienste des Marquis de La Mole zu treten – die Einwände seines Freundes Fouqué beiseite schiebt, der ihm die Gefahren des nagenden Ehrgeizes vor Augen stellt. Warnend sagt ihm Fouqué voraus, daß es mit ihm böse enden werde: »Durch deine Schande werde ich wieder von dir hören.« Vergeblich hält er dem unvorsichtigen jungen Mann vor, er renne in sein finanzielles und moralisches Verderben, weil es besser sei, hundert Louisdor in einem guten Holzhandel einzunehmen, bei dem man sein eigener Herr ist, als niederträchtige Ränke zu schmieden um einer Stelle in der Regierung willen, die mit viertausend Francs dotiert ist, und dabei ein Knecht der Mächtigen zu sein. Julien weigert sich, Vernunft anzunehmen. Ganz vergnügt bei dem Gedanken, nach Paris zu gehen und an der Seite des Marquis aufzutreten, sieht er in den Ratschlägen seines Freundes nur eine Form von Engstirnigkeit, nämlich der des ängstlichen Bourgeois vom Lande, der lieber den Spatz in der Hand hält, als nach der Taube auf dem Dach zu schielen.[31]

Doch bei Stendhal ist der Ehrgeiz nicht nur der Nerv des persönlichen Aufstiegs; er ist in der gesamten Geschichte am Werk und stellt ein Prinzip des Handelns und der sozialen Transformation dar, wie die folgende, von Julien aufgeschnappte Unterhaltung zweier Reisender belegt, die einander beim Einsteigen in die Kutsche begegnen:

> Die englische Geschichte dient mir als Spiegel für unsere Zukunft. Immer wird es einen König geben, der seine Vorrechte erweitern will; immer wird der Ehrgeiz,

31 Stendhal, *Rot und Schwarz*, herausgegeben und übersetzt von Elisabeth Edl, München: Hanser 2004, Erstes Buch, 30. Kapitel, S. 286.

> Abgeordneter zu werden, der Ruhm und die Hunderttausende von Francs, die Mirabeau sich erworben hat, die reichen Leute in der Provinz am Schlafen hindern: das nennen sie dann liberal sein und das Volk lieben. Immer wird das Verlangen, Pair oder Kammerherr zu werden, die Ultras plagen.[32]

Ehrgeiz beherrscht die Welt und erscheint als anthropologische Konstante. Er ist ein keineswegs seltenes soziales Phänomen, sondern befällt alle sozialen Schichten und weckt in ihnen den Willen, sich auf einen höheren Rang hochzuarbeiten und die besten Plätze einzunehmen. Im *Leviathan* setzt ihn Hobbes mit dem »Verlangen nach einem Amt oder nach Vorrang« gleich.[33] Vorrang ist *per definitionem* das Recht, *vor* einem anderen Platz zu nehmen und in der Hierarchie ranghöher zu sitzen. So will auf dem Staatsschiff jeder ans Ruder, wie es bei Stendhal heißt,[34] während es für den einfachen Passagier keinen Platz gibt. Unter der Wirkung des Ehrgeizes triumphiert die Logik des Emporkommens so sehr, daß jeder, der bleiben will, wo er ist, buchstäblich als Trottel gilt.

Ehrgeiz zielt auf die eigene Beförderung und nährt sich vom Wetteifer mit den anderen. Die Triebkraft des Ehrgeizes ist das Verlangen, sich selbst zu übertreffen und voranzukommen, um den Rang der Ersten einzunehmen und den Wettlauf anzuführen. Unter diesem Gesichtspunkt betrachtet, ist die Nicht-Reproduktion paradoxerweise die Regel und die Reproduktion die Ausnahme, weil es für die Menschen nicht darum geht, sich mit ihrer Ausgangsposition anzufreunden oder zu begnügen, sondern höhere Sphären zu erreichen. Abgeordneter, Edelmann, König

32 Ebd., Zweites Buch, 1. Kapitel, S. 306.

33 Thomas Hobbes, *Leviathan*, herausgegeben von Iring Fetscher, übersetzt von Walter Euchner, Neuwied/Berlin: Luchterhand 1966, Teil I, 6. Kapitel, S. 43.

34 Stendhal, *Rot und Schwarz*, a. a. O., Zweites Buch, 1. Kapitel, S. 306.

zu werden und, wenn man König ist, seine Prärogative zu erweitern. Der Ehrgeiz folgt seinem Wesen nach einem Prinzip des unbegrenzten Anwachsens und Anhäufens. Er treibt die Menschen so sehr zum Erobern und Überbieten, daß jeder Gipfel nur die Basis auf dem Weg zum nächsthöheren Ziel ist.

Daher definiert Spinoza den Ehrgeiz als »maßlose Begierde nach Ruhm«.[35] Ruhm, nämlich die Freude an dem Lob, das ein Mensch zu Recht oder zu Unrecht für sein Handeln zu erhalten glaubt,[36] ist das dem Verhalten der Ehrgeizigen zugrunde liegende Motiv. Ehrgeiz beruht auf einem extremen Bedürfnis nach Lob und Auszeichnung, die den Menschen dahin führt, aus der Anonymität herauszutreten, um sich einen Namen zu machen und sich unter dem bewundernden Blick des anderen hervorzutun. Er kann daher mit Recht als Erklärungshypothese für die Nicht-Reproduktion herangezogen werden, da er die Ablehnung des allgemein herrschenden Konformismus beinhaltet, die Ablehnung dessen, was Nietzsche die »Herdenmoral« nennt, zugunsten des Strebens nach einem Ausnahmeschicksal. Und gerade das Übermaß und der Überreichtum an Energie, der im Ehrgeiz am Werk ist, erlaubt es zu verstehen, warum das Individuum die Kraft findet, sich von seinem Herkunftsmilieu loszureißen und die Hindernisse zu überwinden. Die Maßlosigkeit, die es zeigt, ist integraler Bestandteil seines Wesens und seiner Wirkung und darf folglich nicht unbedingt als Laster verstanden werden.

Tatsächlich ist Ehrgeiz nicht systematisch gleichbedeutend mit Strebertum oder Karrierismus. Für sich genommen ist er nur der Ausdruck des Wunsches zu leben und seine Wirkungsmacht [*potentia agendi, puissance d'agir*] zu erfahren; er ist von sich aus weder gut noch schlecht, son-

35 Baruch de Spinoza, *Ethik*, a.a.O., Dritter Teil, »Von dem Ursprung und der Natur der Affekte«, »Definitionen der Affekte«, 43, S. 365.

36 Ebd., »Definitionen der Affekte«, 30, S. 357.

dern kann je nach den angestrebten Zielen und den eingesetzten Mitteln getadelt oder gelobt werden. Es geht also nicht darum, ihn von einem moralischen, sondern von einem epistemologischen Standpunkt aus zu kritisieren, denn die Frage ist eigentlich die: ob Ehrgeiz ein vollends zufriedenstellendes Erklärungsprinzip darstellt.

In dieser Hinsicht sind Zweifel erlaubt. Denn wenngleich der über Hindernisse und Widerstände triumphierende Ehrgeiz in der Tat als einer der Schlüssel der Nicht-Reproduktion erscheinen kann, bleibt noch zu klären, warum der Appetit auf Leben und Selbstbestätigung, der sich darin äußert, offenbar nicht bei allen Menschen vorhanden ist. Nicht jeder hat das Verlangen eines Alexander oder eines Cäsar. Wie kommt es, daß manche ehrgeizig sind und andere nicht? Wenn der Ehrgeiz ein Prinzip zur Erklärung der Ausnahmen ist, wie ist es dann zu verstehen, daß die Menschen in aller Regel eher dazu neigen, die Lebensweise ihrer sozialen Klasse zu reproduzieren? Heißt das, daß diese Neigung mit einem Mangel an Ehrgeiz verbunden ist?

Eine solche Erklärung griffe ein wenig zu kurz, denn sie unterstellt, daß Ehrgeiz eine Naturgegebenheit ist, eine konstitutive psychologische Bestimmung der Persönlichkeit, ein ursprünglicher Charakterzug des menschlichen Verhaltens. Auf der Grundlage dieser Prämissen erscheint der Mangel an Ehrgeiz entweder als natürliche Unzulänglichkeit, die einer ontologischen Ungleichheit unter den Menschen zuzuschreiben ist, oder als Charakterdefizit, das dem Subjekt selbst anzurechnen ist, das von seiner Freiheit und seinem Willen schlechten Gebrauch macht, insofern es bescheidene und gewohnte Ziele anstrebt. Man könnte dann leicht daraus schließen, daß sich die soziale Reproduktion einer natürlichen Schicksalsfügung oder einem moralischen Versagen der Individuen verdankt, und zu deren Erklärung die Ideologie der Begabung oder des Verdiensts bemühen.

Eine solche Folgerung wäre aber trügerisch, denn Ehrgeiz ist keine ursprüngliche Gegebenheit und kann nicht als *causa prima* aufgefaßt werden. Wie jeder Affekt ist Ehrgeiz eine der Modalitäten, die die Wirkungsmacht der Individuen annehmen kann, und er erklärt sich aus bestimmten Ursachen. Wenn er auf einem Verlangen nach Ruhm und einer dahin gerichteten Energie beruht, wäre zu klären, warum die Wirkungsmacht diese Form annimmt. Wie kommt es, daß die Energie die Trägheit besiegt und im Dienste dieses Ziels und keines anderen freigesetzt wird? Der Ehrgeiz ist also weniger konstitutiv als konstituiert.

Tatsächlich ist jeder Ehrgeiz, sei er sozialer oder ökonomischer, intellektueller oder künstlerischer Natur, Ehrgeiz *zu* etwas und setzt die Idee eines Vorbilds, eines Ideals, eines zu erreichenden Ziels voraus. Im Fall der Nicht-Reproduktion impliziert er die Vorstellung eines anderen Modells als des herrschenden und die Existenz einer Begierde, es zu verwirklichen. Anders gesagt, Ehrgeiz ist keine erste Ursache, er ist die Wirkung eines Prozesses, der eine kognitive Bestimmung, die Idee eines sei's auch verworrenen Vorbilds, und eine affektive Bestimmung, den Wunsch, es einzuholen, verbindet. Wenn man glaubt, Ehrgeiz sei die Wurzel der Nicht-Reproduktion, verwechselt man eine Wirkung mit einer Ursache. Wenn Ehrgeiz der Ehrgeiz zu etwas ist, muß dieses Etwas bereits aufgetaucht sein, um ihn zu ermöglichen.

Daher zeichnet man ein trügerisches Bild, wenn man dem Ehrgeizigen die Züge eines *Selfmademan* gibt, denn er hat sich nicht – nach dem Muster einer wundersamen *creatio ex nihilo* – aus nichts geschaffen. Sagt man »Er hat sich ganz aus sich selbst heraus geschaffen«, so drischt man leeres Stroh, denn es ist nicht zu sehen, woraus er sich geschaffen hat. Wer darauf erwidern würde, es sei ja die Definition des *Selfmademan*, daß er sich *aus sich selbst heraus* geschaffen habe, gerät in einen Teufelskreis, weil er dieses *sich selbst*, dessen Herausbildung oder Konstitution er doch erklären möchte, bereits als gegeben voraussetzt. Als Maske der Unwissenheit spielt Ehrgeiz die Rolle einer okkulten Qualität, die sich darauf beschränkt, mit einem Namen eine Realität abzudecken, deren Ursachen verborgen bleiben. Er ist nur eine scheinbare Ursache und nicht der Grund hinter der Nicht-Reproduktion. Als sichtbarer Teil des Eisbergs muß er mit seinem verborgenen Teil verbunden werden, um das Phänomen in seiner Totalität zu erfassen, weil es andernfalls von seinen Prämissen abgeschnitten wäre und unerkennbar bliebe.

Die Modelle und die Mimesis

Die Bedingung der Möglichkeit allen Ehrgeizes ist die Vorstellung eines realen oder fiktiven Vorbilds, welches das Individuum zu erreichen wünscht. Es gibt also keinen Ehrgeiz ohne Nachahmung. Insofern ist jede Nicht-Reproduktion eine Form der Reproduktion, denn es handelt sich darum, ein anderes als das in der Herkunftsklasse vorherrschende Modell nachzuahmen. Wie hätte sich Julien Sorel ein anderes Schicksal als das eines Bauern, Zimmermanns oder Holzhändlers ersehnen können, wenn er nicht andere Modelle vor Augen gehabt hätte als dasjenige, das sein Vater und seinesgleichen verkörperten? Juliens Ehrgeiz wird zunächst aus dem Napoleonischen Vorbild geboren. Von Kindheit an träumt er begeistert davon, daß er eines Tages den schönsten Frauen von Paris vorgestellt werde, und spielt wonnig mit dem Gedanken, vielleicht von einer von ihnen geliebt zu werden, so wie Bonaparte, der als einfacher, besitzloser Soldat von der strahlenden Madame de Beauharnais geliebt wurde. Der unbekannte Leutnant, der zum Kaiser wurde, verkörpert den Prototyp des sozialen Erfolgs auf dem Wege der Eroberung, der amourösen wie der militärischen. Seit Jahren, sagt uns Stendhal, verbrachte Julien wohl keine Stunde seines Lebens, ohne sich zu sagen, daß Bonaparte »sich durch sein Schwert zum Herrn der Welt gemacht hatte«.[37]

37 Stendhal, *Rot und Schwarz*, a. a. O., Erstes Buch, 5. Kapitel, S. 36 f.

Die Begeisterung Juliens für Napoleon nährt sich aus der Lektüre der Sammlung mit den Bulletins der Großen Armee und des *Memorial von Sankt Helena*, das von allen Büchern dasjenige ist, das er am liebsten hat.[38] Sie überschreitet den Rahmen der imaginären Kompensation, um ein wahres mimetisches Verhalten zu erzeugen, wie es die Übernahme der Körperhaltungen des Kaisers belegt: Während eines Essens mit Priestern, das im Hause von Monsieur Chélan stattfindet und bei dem er eine Eloge auf Napoleon hält, trägt er den rechten Arm in einer Schlinge auf der Brust, gibt vor, er habe ihn sich beim Heben eines Tannenstamms ausgerenkt, und trägt ihn zwei Monate in dieser unbequemen Stellung.[39]

Was Julien von Napoleon bewahren wird, ist nicht das Schwert, wohl aber der Aufstieg durch die Frauen. Madame de Rénal ist seine Joséphine, Mathilde de La Mole ist seine Marie-Louise. Kein Staatsstreich, dafür glänzende Streiche als Verführer; seine kaiserliche Waffe ist die Bibel. Das Florett ersetzt er durch die Zierde seiner lateinischen Briefe, denn nach einigem Zögern zwischen dem Rot und dem Schwarz verzichtet er auf das scharlachrote Kleid des Husaren zugunsten des düsteren geistlichen Gewands. Der Wind der Geschichte hat sich gedreht: Frankreich ist nicht mehr von einer Invasion bedroht, militärische Verdienste und das Prestige der Waffen sind aus der Mode, und das Gehalt eines Priesters von vierzig Jahren ist dreimal höher als das der berühmten Divisionsgenerale Napoleons. Da ist kein Zagen erlaubt, man muß Priester werden.[40] Julien hört auf, von Napoleon zu sprechen, um die lukrativere Laufbahn eines Priesters einzuschlagen. Von da an weicht die bonapartistisch-militärische Mimesis der klerikalen. Julien bemüht sich, das Modell des perfekten Abbés

38 Ebd., S. 31.
39 Ebd., S. 37.
40 Ebd.

nachzuahmen, er studiert die Figuren und Haltungen, um sie getreu zu reproduzieren. Er übt sich zunächst darin, das *non culpa* zu erreichen, doch trotz seiner Bemühungen fällt es ihm schwer, das fromme Gebaren des Seminaristen anzunehmen, der sich dem religiösen Glauben unterwirft, denn nach einigen Monaten der beflissenen Anstrengung sieht man ihm immer noch an, daß er *denkt*: »Wieviel Mühe gab er sich, jenes Gesicht des inbrünstigen und blinden Glaubens zu bekommen, der bereit ist, alles zu glauben und alles zu erdulden, jenes Gesicht, das man so oft in italienischen Klöstern findet [...].«[41]

Gleichwohl bietet der Roman Stendhals ein Beispiel der willentlichen Nachahmung, die man nicht verallgemeinern darf, weil man sonst annehmen müßte, die Nicht-Reproduktion ergäbe sich stets aus freier Entscheidung und gehorchte einer Form des Voluntarismus. In Wirklichkeit geschieht die Mimesis, die das Verhalten beherrscht, ohne das Wissen der Akteure, und sie folgt weniger bewußter Veranlassung als einem Automatismus. Eben darauf macht Spinoza aufmerksam, wenn er das Phänomen der Nachahmung der Affekte in der *Ethik* beschreibt:[42] Die Erfahrung zeige, daß Kinder zum Beispiel zu lachen oder zu weinen beginnen, einzig weil sie sehen, daß andere sich so verhalten, und weil sie überhaupt alles auf spontane und völlig unreflektierte Weise nachahmen, was sie an den anderen beobachten. Das liege daran, daß der junge Körper anhaltend nahezu im Gleichgewicht ist: Er besitze große Plastizität und sei noch nicht von fixen Gewohnheiten geprägt, so daß er sich zu verschiedenen Haltungen eigne.

So reproduziere das Kind, auch wenn Gründe zu lachen oder zu weinen fehlen, ohne jede Überlegung das Verhalten

41 Ebd., Erstes Buch, 26. Kapitel, S. 244.

42 Baruch de Spinoza, *Ethik*, a. a. O., Dritter Teil, Lehrsatz 32, Anmerkung, S. 281.

eines Gleichen, dessen innere Motive sich ihm entziehen. Diese kindliche Mimesis sei keinesfalls die Wirkung eines Willens oder eines geistigen Prozesses, sie entwickele sich anhand von Bildern und Reflexen, die aus dem Sehen der Körper und ihrer Ähnlichkeit hervorgegangen sind. Worauf ist das zurückzuführen? Es liege daran, daß der menschliche Körper von äußeren Körpern affiziert wird, daß er deren Spuren oder Bilder bewahrt und dazu neigt, sie zu reproduzieren. Die Ursache dafür ist Spinoza zufolge, daß »die Vorstellungsbilder von Dingen [...] genau die Affektionen des menschlichen Körpers [sind], das heißt die Weisen, in denen der menschliche Körper von äußern Körpern affiziert und disponiert wird, dieses oder jenes zu tun«.[43] Die Mimesis ist die Folge eines körperlichen Determinismus, der nicht systematisch bewußt ist; wenn sie sich in der Kindheit festsetzt, geht sie eher auf einen Reflex als auf Reflexion zurück. Die Nachahmung der Affekte und Verhaltensweisen in einer Klasse oder einem gegebenen Milieu ist ihrem Wesen nach nicht-intentional. Man kann sogar davon ausgehen, daß sie sich in den meisten Fällen eher aus einem körperlichen Spiegelschema denn aus einer explizit getroffenen Wahl oder aus einem bewußten Lernvorgang ergibt.

Doch ob die Mimesis bewußt ist oder nicht, ändert nichts Grundlegendes an den Gegebenheiten des Problems, denn in beiden Fällen stellt sich die Frage, wie ein Individuum ein Vorbild nachahmen kann, das nicht das seines Herkunftsmilieus ist. Wenn nach allgemeiner Regel die Individuen zur Reproduktion des herrschenden Modells bestimmt sind, ist es in der Tat nicht leicht zu verstehen, daß sie andere Beispiele nachahmen können als diejenigen, die sie vor Augen haben und die sie fortwährend affizieren. Wie könnte es eine Mimesis der Nicht-Reproduktion geben? Der Widerspruch liegt auf der Hand. Man müßte sich ein Ausnahmeschicksal

43 Ebd.

vorstellen oder es nachahmen können, doch wie sollte man sich vorstellen oder nachahmen, was der allgemeinen Regel entgeht?

Das familiale Modell

Um von den besonderen Fällen Rechenschaft zu geben, die sich dem ehernen Gesetz der Reproduktion entziehen, bringen Bourdieu und Passeron eine Erklärungshypothese vor, die darin besteht, eine Eigentümlichkeit des familialen Umfelds gegen das allgemeine Gesetz des sozialen Milieus auszuspielen.[44] Die beiden Soziologen stützen sich dazu auf die Feststellung einer Anomalie: Wenn die objektiven Chancen für den Besuch einer Hochschule für den Sohn eines leitenden Angestellten *vierzigmal* höher sind als für den Sohn eines Arbeiters, sollte man erwarten, daß in Arbeiterfamilien und in Familien leitender Angestellter das gleiche Verhältnis zwischen der Anzahl von Individuen, die ein Studium absolvieren, besteht. »Man stellt aber fest, daß bei einer Gruppe von Medizinstudenten die durchschnittliche Zahl der Mitglieder des weiteren Familienkreises, die studieren oder studiert haben, nur im Verhältnis *eins zu vier* zwischen den Studenten aus den unteren Schichten und Kindern von leitenden Angestellten schwankt.«[45] Somit unterscheiden sich die wenigen Studenten aus den unteren Schichten, die eine Hochschule besuchen, von anderen Individuen ihres Milieus aufgrund der Tatsache, daß es im Familienkreis einen Verwandten (oder mehrere) gibt, der sozial aufgestiegen ist. Diese kulturelle Situation ist insofern eine besondere, als die Existenz naher oder ferner Verwandter, die studiert haben, bei den übrigen Familienmitgliedern eine größere subjektive Hoffnung weckt, bis zur

44 Pierre Bourdieu und Jean-Claude Passeron, *Die Erben*, a. a. O., S. 39 f.
45 Ebd., S. 39.

Universität zu gelangen. In diesem Falle wird die Unkenntnis der objektiven Erwartbarkeit des schulischen Erfolgs zu einem Faktor ebendieses Erfolgs. Das ist zumindest die von Bourdieu und Passeron vorgebrachte Erklärungshypothese, freilich unter dem Vorbehalt der Verifikation: Da sie intuitiv ihre schulischen Chancen auf der Grundlage des Erfolgs von Nahestehenden kalkulieren und die realen Statistiken nicht kennen, befreien sie sich von einem gewichtigen Hindernis, denn sie werden nicht dazu verleitet, von vornherein zu resignieren und auf Ausbildungswege zu verzichten, die für Leute ihrer Kategorie als unmöglich gelten.[46]

Zweifellos verhält es sich hier wie mit Glücksspielen oder der Lotterie, bei denen die Wahrscheinlichkeit, unfehlbar zu verlieren, die logischerweise die Spieler entmutigen müßte, auf magische Weise vergessen wird, sobald man einen Nachbarn oder Nahestehenden gewinnen sieht. Das Phänomen der Identifikation mit dem Gewinner wirkt hier zugunsten der Wette, und das Verhalten des Spielers, das den Eindruck eines magischen und irrationalen Benehmens wecken könnte, gehorcht in Wirklichkeit einer Form der Mimesis. Statt die Ähnlichkeit mit den Verlierern zu betonen, folgt diese Mimesis dem Beispiel des potentiell ähnlichen Gewinners, mit dem sich das Individuum um so mehr identifiziert, als es ihm eifrig nachstrebt und dazu angeregt wird, dies aufgrund seiner verwandtschaftlichen Bindungen zu tun. Damit stünde paradoxerweise eine gewisse Form von Unwissenheit und Selbstverblendung am Ursprung von Ausnahmeschicksalen, während der klare Blick eher zum Verzicht auf eine höhere Ausbildung anregen würde, um sich der Gefahr des Mißerfolgs erst gar nicht auszusetzen. In diesem Sinne kann selbst eine vage Hoffnung auf Wirkungsmacht günstig sein, wie Spinoza bemerkte.

Das impliziert nun nicht, daß diejenigen, die keine Schritte unternehmen, um ihre Lage zu verändern, Opfer

46 Ebd., S. 40 f.

ihrer Vorsicht wären und an einer allzu vernünftigen Einstellung litten. Die ungeheure Mehrheit der Individuen aus den unteren Schichten, die ihre Ausbildung nicht fortsetzen, tut dies nicht in voller Kenntnis der Gründe infolge einer wohlerwogenen Betrachtung der Erfolgs- und Mißerfolgsquoten. Gewiß tritt das verworrene Bewußtsein des sozialen Schicksals, das sie erwartet, in der berühmten Formulierung zutage, der man häufig im Munde von Söhnen und Töchtern von Arbeitern begegnet: »Das ist nichts für uns«, doch die Selbstelimination folgt weniger einer wohlüberlegten Entscheidung als einem komplexen Prozeß, in dem die soziale Selektion die heimtückische Form der Entmutigung, der mangelnden Motivation und der Vorwegnahme des Scheiterns annimmt, die schlicht und einfach dazu führt, eine Prüfung nicht zu machen.

Auch wenn sie nicht weiter vertieft wurde, hat die Bourdieusche Erklärung das Verdienst, die Frage der Reproduktion nicht auf ein Phänomen zu beschränken, das strikt an das soziale Milieu gebunden wäre, sondern die Existenz eines Kausalitätsnetzes an den Tag zu bringen, das zum familialen Umfeld gehört. Sie öffnet damit den Weg für Forschungen, die sich auf familiäre Eigentümlichkeiten beziehen, und mildert die reduktionistischen Züge, die dem Begriff der sozialen Klasse anhaften mögen. Sie bleibt jedoch unvollständig und problematisch, weil sie zwei Grundfragen in der Schwebe läßt, eine vor- und eine nachgelagerte. Erstens: Nimmt man an, daß eine familiäre Mimesis die entscheidende Ursache der Nicht-Reproduktion ist, wie ist dann zu erklären, daß es einem ersten Verwandten trotz des Mangels an irgendeinem Vorbild innerhalb der Verwandtschaft gelingt, sich durchzuboxen? Zweitens: Wenn jemand der Logik der Selbstzensur deshalb entgeht, weil ein naher oder ferner Verwandter sozial aufgestiegen ist, wie soll man dann erklären, daß innerhalb derselben Familie zwei Kinder, die auf vergleichbare Weise aufgewachsen sind und das gleiche Modell des sozialen Aufstiegs vor

Augen haben, nicht das gleiche Ausnahmeschicksal haben und daß eines ein Studium beginnt, das andere jedoch nicht?

Das erste Problem sprengt den Rahmen der Familiengeschichte, denn es hat allgemeiner mit der Paradoxie des Anfangs und der Möglichkeit einer erstmaligen Nicht-Reproduktion zu tun. Um es zu lösen, muß man sich in die Besonderheit einer individuellen Geschichte hineinbegeben und zu verstehen versuchen, wie jemand ohne familiäre oder soziale Präzedenzfälle sich von seiner Lage losreißen und der Reproduktion entkommen kann. Der Weg der Schriftstellerin Annie Ernaux – sie wuchs in bescheidenen Verhältnissen auf, ihre Familie führte einen kleinen Lebensmittelladen mit angeschlossenem Café in Yvetot – ist in dieser Hinsicht besonders aufschlußreich, weil er es gestattet, einer exemplarischen Figur der Nicht-Reproduktion trotz fehlender Vorgänger zu begegnen. Diese Geschichte ist der Prototyp jenes Universell-Singulären, das die Literatur aufdeckt und das Anregungen vermittelt, an denen die Philosophie höchstes Interesse haben muß, wenn sie die Ausnahmen von der Reproduktion verstehen will. In *La Honte* analysiert Annie Ernaux die Welt ihrer Kindheit und deren geheimen Wendepunkt am Sonntag, den 15. Juni 1952, als ihr Vater ihre Mutter töten wollte – ein Zwischenfall, der rasch mit Schweigen übergangen wurde. Die anfängliche Beschreibung, die sie davon liefert, macht die Schwierigkeit, ja Unmöglichkeit deutlich, der Reproduktion zu entkommen, so sehr zwingt sich die Welt des Laden-Cafés als die einzige Wirklichkeit auf. So bekennt sie: »Ich lebte zwölf Jahre nach den Richtlinien und Regeln dieser Welt, ohne andere auch nur erahnen zu können.«[47]

Die Welt Annie Ernaux' besteht aus einer Schichtung von Regeln und Richtlinien, die »einen Eindruck von Geschlos-

47 Annie Ernaux, *La Honte*, a. a. O., S. 61.

senheit« vermitteln[48] und als »Gesetzestafeln« fungieren.[49] Genauer gesagt, sie unterliegt einer dreifachen Gesetzgebung, in der allgemeine Sitten und Bräuche des Viertels, Verhaltensnormen für kleinstädtische Einzelhändler und Gebote der katholischen Privatschule ineinandergreifen. Die junge Annie ist zuerst den Lebensregeln unterworfen, die die Kunden des Laden-Cafés von Yvetot teilen. Diese Regeln sind zunächst solche der Überwachung. Es geht darum, sowohl die Kinder zu »dressieren« als auch die Erwachsenen auszuhorchen, indem man alles über das Leben der anderen zu erfahren versucht und dabei vom eigenen so wenig wie möglich offenbart. Diese Regeln erweisen sich zugleich als Prinzipien der Einstufung und Bewertung der Menschen nach Maßgabe einer Umgänglichkeit, die auf Schlichtheit, Offenheit und Höflichkeit beruht. Es geht darum, die »ehrlichen Leute« zu schätzen und diejenigen zu verurteilen, die als Einzelgänger leben, so wie Bären oder Wilde, die sich Einladungen verweigern, Höflichkeit nicht erwidern und niemanden beachten. Diese Regeln entsprechen letztlich einer Forderung nach Konformität und Uniformität, deren Ideal darin besteht, so wie jeder zu sein und Exzentrik zu meiden, so sehr, daß sämtliche Hunde des Viertels Miquet oder Boby heißen.[50] In dieser geschlossenen Sphäre gilt ein Original als geistig gestört.

Zu dieser gemeinsamen Moral kommen zweitens die besonderen Regeln des Laden-Cafés hinzu, die das Ethos des rechtschaffenen Kaufmanns ausmachen, der – weil er fortwährend dem Blick der anderen ausgesetzt ist – es sich schuldig ist, ein respektables Verhalten an den Tag zu legen, seine Gefühle des Zorns oder Kummers zu zügeln und den Neid der anderen durch die Zurschaustellung von Reichtum zu vermeiden. Zu dieser zweiten Schicht, die Annie Ernaux

48 Ebd., S. 69.
49 Ebd.
50 Ebd., S. 66.

als »Artikel des Gesetzbuchs der kaufmännischen Vollkommenheit« bezeichnet,[51] gehört eine besondere Form von Höflichkeit, bestehend aus Diskretion, Bescheidenheit und Zurückhaltung, um keine Kunden zu verlieren und nicht bankrott zu gehen. Für die kleine Annie geht es darum zu lernen, den Kunden mit klarer Stimme Guten Tag zu sagen, als erste zu grüßen, keinen Klatsch und keine böswilligen Bemerkungen zu kolportieren, niemals die Höhe des Umsatzes zu verraten und sich nie mit irgend etwas zu brüsten oder den Eindruck von Überlegenheit zu vermitteln.[52]

Vor allem aber ist es das Universum der katholischen Privatschule mit seiner unauflöslichen Einheit der beiden Pflichten des Glaubens und Wissens,[53] das ihr Dasein beherrscht und ihrem Körper und ihrem Geist die tiefsten Spuren aufdrückt. Tatsächlich folgt das Leben dort nicht nur dem Rhythmus von Gebet und Katechismus sowie der Befolgung der religiösen Praktiken, die noch wichtiger scheinen als das Wissen,[54] sondern auch einer strengen Disziplin, welche die Körperhaltungen beherrscht: sich in einer Reihe aufstellen und schweigend in die Klassen gehen; sich erheben und vor der Lehrerin aufrecht stehen bleiben, bis man zum Hinsetzen aufgefordert wird; den Kopf senken, die Augen niederschlagen und den Oberkörper beugen, wenn man mit ihr spricht oder ihr begegnet; sich zurückhalten und nicht außerhalb der Pausen zur Toilette gehen ...

Die Welt Annie Ernaux' besteht also aus Habitusformen, die sie nicht für ein Ausnahmeschicksal prädisponieren, weil dort ein Ideal des Konformismus und des Gehorsams gegenüber Regeln herrscht, die so stark verinnerlicht wurden, daß sie ebenso zeitlos wie Naturgesetze erscheinen. Ebendies geht aus *La Honte* klar hervor:

51 Ebd., S. 68.

52 Ebd.

53 Ebd., S. 71.

54 Ebd., S. 78.

> Ich kann die Regeln dieses Universums erst heute aussprechen und beschreiben, als ob sie immer noch so unveränderlich wären, wie sie für mich mit zwölf Jahren waren. Ein Universum, dessen Lückenlosigkeit und Macht mir erschreckend scheinen, je mehr ich mich ihm wieder zuwende. Trotzdem mußte ich still in dieser Welt leben, ohne eine andere zu ersehnen.[55]

Wichtig ist der Hinweis, daß Annie Ernaux sich nicht nur keine andere Welt vorstellt, sondern daß sie vor allem auch keine andere ersehnt. In dieser Hinsicht entspricht ihre Lage derjenigen der Gefangenen in der Höhle, die Platon im siebten Buch der *Politeia* beschreibt. Gewiß, das Höhlengleichnis beschreibt keinen sozialen Aufstieg, es zeichnet das Bild von der Natur des Menschen, je nachdem, ob er durch Erziehung und Bildung aufgeklärt ist oder nicht. Es erlaubt es gleichwohl, den Übergang vom Unwissen zur Kultur und die Bedingungen einer Veränderung der Welt zu verstehen. Wie die Gefangenen der Höhle, die nichts anderes als die Schatten sehen, die auf die Wand vor ihnen geworfen werden, bestätigt die Geschichte Annie Ernaux', daß die Menschen, die in einer gegebenen sozialen Situation leben, kein anderes Bild von der Welt haben als dasjenige, das in ihrem Milieu Geltung hat.[56] Sie haben keine Vorstellung von der Existenz eines anderen Lebens, und ihre Wünsche beschränken sich auf dieses geschlossene Universum. Wie könnten sie es dann verlassen?

Es ließe sich zweifellos einwenden, daß das Gleichnis eine Fiktion ist und daß der Fall Annie Ernaux' heute nicht

55 Ebd., S. 79.

56 Das bestätigt auch Richard Hoggart, *A Local Habitation*, a. a. O., S. 38: »Wir hatten praktisch keine Neugier auf das Leben, die Interessen, die Sorgen anderer. Das war weder angeborene Selbstbezogenheit noch Selbstgenügsamkeit; es waren die eigentlichen Bedingungen, der Grundriß unseres Lebens, wie sie uns durch die Härte, mit der unsere Mutter handeln mußte, aufgezwungen wurden.«

mehr eintreten kann, denn mit der Existenz moderner Informationsmittel (Zeitungen, Fernsehen und Internet), die in großem Umfang alternative Bilder verbreiten, haben die Individuen nur noch die Last der Wahl einer Lebensweise. Trotzdem wäre es illusorisch zu glauben, daß das Vorliegen anderer Modelle ausreichte, um die Individuen dazu anzuregen, sich von dem ursprünglichen Schema abzuwenden. Tatsächlich gibt es im Leben der Höhlengefangenen keinen Raum für Kritik, für Einbildungskraft oder den Wunsch nach einem Anderswo, da ihre Welt die wahre Welt ist. Platon macht das sehr deutlich: »Auf keine Weise können diese irgend etwas anderes für das Wahre halten als die Schatten jener Kunstwerke.«[57] Und selbst wenn er die Höhle verlassen hätte und die wirkliche Realität vor sich hätte, wäre der freigelassene Gefangene von dem blendenden Licht ganz verwirrt und würde »glauben, was er damals gesehn sei doch wirklicher als was ihm jetzt gezeigt werde [...].«[58]

Annie Ernaux sagt nichts anderes; so mag sie durchaus mit einer anderen Welt konfrontiert werden, derjenigen der laizistischen staatlichen Schule, die ihr eine Alternative bieten könnte, doch diese Welt wird ihr nicht katholisch – im starken Sinne des Wortes: rechtgläubig – erscheinen. Sie ist das Negativ einer Welt, ohne Messen und ohne Priester, voller Irrtümer und Finsternis, im Gegensatz zu der Welt der Wahrheit und des Lichts, in der sie sich bewegt. Eine unbenennbare oder zumindest selten benannte Welt: Das Wort »laizistisch« klingt nach Gotteslästerung und bedeutet in ihren Augen irgend etwas Böses.[59]

Demnach führt das Vorhandensein einer anderen Welt, die den ursprünglichen Zusammenhalt stören könnte, nur

57 Platon, *Politeia* 515 c; *Sämtliche Werke*, griechisch und deutsch, nach der Übersetzung Friedrich Schleiermachers, herausgegeben von Karlheinz Hülser, Bd. V, Frankfurt am Main und Leipzig: Insel 1991, S. 511.

58 Ebd., 516 d, S. 511.

59 Annie Ernaux, *La Honte*, a. a. O., S. 80.

zu deren Festigung, so stark ist das Gewicht der gemeinschaftlichen Vorstellungen oder dessen, was man angemessen als herrschende Ideologie bezeichnen müßte. Jede andere Welt wird abgelehnt, weil sie eine Welt des Falschen oder der Verfehlung ist. Wer annimmt, man brauche die Modelle für ein anderes Leben nur ins Schaufenster zu stellen, um den Käufer anzulocken und ihn zu veranlassen, sie zu übernehmen, so wie man in einen Anzug »von der Stange« schlüpft, ignoriert die erschreckende Kraft der Ideologie, die bis zu einer völligen Umkehrung der Werte gehen kann: Die Gefangenen der Höhle bieten dafür ein schlagendes Beispiel; das Illusorische erscheint ihnen real und das Reale illusorisch.

Wie also könnte man eine Welt verlassen, die in sich selbst sämtliche Bedingungen ihrer Reproduktion produziert? Selbst wenn es möglich wäre, sich ihr zu entziehen, bliebe immer noch die Frage: wie. Es ist undenkbar, sich allein ohne äußere Hilfe zu retten, denn es ist unmöglich, eine Existenz zu begreifen, von der man nicht die geringste Vorstellung hat. Die Nicht-Reproduktion verläuft nicht auf dem Wege der Urzeugung. Im Höhlengleichnis verlassen die Gefangenen ihre Höhle nicht spontan, sondern man befreit sie zwangsweise. Doch wer ist dieses rätselhafte »Man«, das in die Höhle eindringt und die angeketteten Menschen ihrem Schicksal entreißt? Platon weicht der Frage zunächst aus, läßt uns aber später wissen, daß die Aufgabe der Befreiung dem von der Gesellschaft erzogenen Philosophen zufällt, der wieder in die Höhle hinabsteigen muß, um seine Dankesschuld abzutragen und andere Menschen zu bilden. Die Ursprungsfrage aber kehrt immer wieder. Wie konnte der erste Philosoph auftauchen? In dem Fall, der uns beschäftigt, ist klar, daß die Nicht-Reproduktion auf äußerer Hilfe beruht. Die Höhle mag noch so offen sein, man verläßt sie nicht ganz allein. Wenn es nicht ein »erster Verwandter« ist, der die Einbildungskraft anregt, muß man annehmen, daß es andere nachzuahmende Vorbilder gibt.

Sieht man von der Gestalten in der Familie ab, ist die erste exemplarische Imago, mit der sich ein Individuum identifizieren kann, die des Lehrers oder der Lehrerin. So spielt in den Ländern, in denen ein staatliches Bildungssystem besteht, das schulische Modell eine wesentliche Rolle, denn es stellt eine Alternative zum vorherrschenden familialen und sozialen Modell dar. Auch wenn die Schule durch Selektion und Elimination der unterprivilegierten Schichten unbestreitbar zur sozialen Reproduktion beiträgt, kommt ihr vielfach doch eine befreiende und emanzipatorische Funktion zu. Dies ist die Paradoxie einer Institution, die von ihren inneren Widersprüchen heimgesucht wird und aufgrund der Vielzahl und Unterschiedlichkeit ihrer einzelnen Akteure, die mehr sind als bloße Transmissionsriemen, ebenso die Perpetuierung des Systems wie seine Infragestellung bewirkt.

So würdigt Richard Hoggart die Hingabe und den missionarischen Geist mancher Lehrer, die von dem Gefühl ihrer pädagogischen wie auch sozialen Verantwortung durchdrungen sind, insbesondere gegenüber intelligenten Schülern aus Familien, aus denen zuvor niemand aufs Gymnasium geschickt wurde.[60] So kritisch er der Schule auch gegenübersteht, betont Bourdieu selbst die Tatsache, daß der heranwachsende und lernende Student, der sich hocharbeiten und etwas aus sich machen will, Anregungen von Lebensmodellen und geistigen Vorbildern erfährt, die er in der intellektuellen Welt und zumal in der Lehrerschaft findet, mit der er während seines Studiums in näherer Berührung steht.[61] Er räumt ein, daß es »kein *curriculum* eines Studenten [gibt], in dem nicht der Name eines ›großen Professors‹ auftaucht«.[62]

60 Richard Hoggart, *A Local Habitation*, a. a. O., S. 154.
61 Pierre Bourdieu und Jean-Claude Passeron, *Die Erben*, a. a. O., S. 58.
62 Ebd.

Auch wenn in Frankreich die Kampagne, die nach der Einführung der Gesetze Jules Ferrys für die laizistische, unentgeltliche und obligatorische Schule geführt wurde, eher in den Bereich des Mythos als den der Realität fällt, muß man die grundlegende Rolle der sogenannten »Husaren der Republik« hervorheben, die es möglich machten, den Jungen und Mädchen der unteren Schichten ein Erfolgsmodell oder ein Muster alternativer Werte anzubieten. Damals galten der Lehrer oder die Lehrerin in den Dörfern als Honoratioren und lieferten das erste Bild eines Gebildeten und Intellektuellen. Daß diese »Husaren« selbst zum Teil aus den besten Schülern der unteren Schichten rekrutiert und ausgewählt worden waren, begünstigte die Identifikation mit ihrem Bild um so mehr, als sie das Herkunftsmilieu kannten und von ihm anerkannt werden konnten.

Obwohl Annie Ernaux keine Schülerin der laizistischen staatlichen Schule war, verdankt sie ihr Heil doch zum Teil ihrer Lehrerin Mademoiselle L., einer Nonne ohne Ordenstracht, die dazu beitrug, Annie ihrer Welt zu entreißen, insofern sie für diese ein ersehntes Vorbild für Vorzüglichkeit und Vollkommenheit verkörperte. Mademoiselle L. hat dennoch nichts Liebenswertes, wenn man nach dem fast schon karikaturhaften Porträt einer strengen Grundschullehrerin urteilen darf, das Ernaux von ihr zeichnet: klein, flachbrüstig, alterslos, mit grauem Haarknoten und einer Brille mit starken Gläsern. Sie steht in einem schrecklichen Ruf, bei den Eltern wie bei den Schülern. Doch die junge Annie stellt sich nicht die Frage, ob sie sie liebt oder nicht; sie kennt in ihrer Umgebung niemanden, der so gebildet wäre, und entdeckt in ihr eine weibliche Figur, die sich von den Kunden ihrer Mutter oder ihrer Tante unterscheidet, »die leibhaftige Gestalt des Gesetzes«, die ihr »mit jeder gekonnten Lektion, mit jedem ›null Fehler‹ die Gewißheit [ihrer] ausgezeichneten schulischen Fähigkeiten geben« konnte.[63]

63 Annie Ernaux, *La Honte*, a. a. O., S. 89.

Mademoiselle L. führt also eine Form von Alterität in ein weibliches, homogenes und undifferenziertes Milieu ein. Von ihrer Bildung und ihrer Strenge her bietet sie das Bild einer überlegenen Frau, die imstande ist, das Dasein der kleinen Annie zu verändern, indem sie das Mädchen von seiner Identität einer bloßen Krämerstochter befreit. Sie ist die objektive Gewähr einer potentiell »Gebildeten«, die Garantin einer durch die schulische Arbeit erworbenen Perfektion, da ihr Urteil unfehlbar den guten Schüler vom schlechten unterscheidet, indem sie das Wahre vom Falschen trennt. So ist sie die leibhaftige Gestalt des Gesetzes, die belohnt und straft und die Hierarchien festlegt, die nicht unbedingt die bestehende soziale Ordnung reproduzieren. Die Anerkennung ihrer vorzüglichen schulischen Leistungen verschafft Annie Ernaux eine Distinktionserfahrung; sie spürt ihre Andersheit, als sie keine Schülerin wie jede andere mehr ist und sich nach einer Logik des stillen Einverständnisses und der Gleichheit mit der Lehrerin auf eine Stufe stellt. Wenn also Mademoiselle L. sie korrigiert, so nicht um sie zu erniedrigen, sondern um ihre eigene Perfektion mit Annie zu teilen;[64] wenn sie sie im Unterricht daran hindert zu antworten, um den anderen Zeit zum Überlegen zu lassen, oder wenn sie sie auffordert, eine logische Analyse vor den anderen zu explizieren, behandelt sie sie als Gleichrangige.[65] Symbolisch steht der gebremste gute Schüler bereits neben dem Lehrer, und er kann von der Höhe seines Podests seinen Mitschülern zuschauen, wie sie sich abmühen. Wenngleich er von sozialer Scham gequält wird, ist diese auserwählte Position eine Quelle narzißtischer Befriedigung und eine Rache am Schicksal, die er gewiß sein ganzes Leben lang nicht mehr missen möchte. So bekennt Annie Ernaux, daß sie in dieser Welt, in der der schulische Erfolg hohen Wert hat, die Anerkennung ihrer ausgezeich-

64 Ebd., S. 90.
65 Ebd.

neten Leistungen, die Freiheit und die Privilegien, die ihr der erste Platz verleiht, genießt.[66] Man versteht dann, daß die Schule für sie alles ist, wie ihre Umgebung feststellt,[67] und daß diese entscheidende Erfahrung eine um so mächtigere Antriebskraft der Nicht-Reproduktion ist, als sie auf keine massive Gegenkraft innerhalb der Familie stößt, wo die Mutter offenbar als Vermittlerin zwischen den religiösen und den schulischen Regeln wirkt.[68]

Auch im Falle von äußerstem Elend, in dem der Schulbesuch nur episodisch bleibt, dient das Modell einer Lehrerin oder eines Geistlichen als Bezugspunkt und Rettungsanker, wie Richard Wright in *Black Boy* zeigt.[69] Geboren 1908 in Natchez (Mississippi), wo die Rassentrennung auf brutale Weise herrscht, ist dem jungen Richard ein Leben in Armut und Unterwürfigkeit vorherbestimmt, wie den meisten der Schwarzen, die seine Existenzweise teilen. Er kennt die Schrecken des Hungers, denn sein Vater, Nachtportier in einem Drugstore, läßt seine mittellose Familie im Stich. Seine Mutter, Hausangestellte bei Weißen, nimmt ihn und seinen Bruder oft mit zur Arbeit, um sie daran zu hindern, »Dummheiten zu machen«. Richard Wright sieht mit leerem Magen und mit dumpfer Wut den Weißen beim Essen zu. Wenn die Weißen etwas übriglassen, ernährt er sich von ihren Essensresten, sonst müssen sich sein Bruder und er

66 Ebd., S. 86.

67 Ebd. S. 100.

68 Ebd. Annie Ernaux beschränkt die Rolle ihrer Mutter nicht darauf, da diese ihr ein anderes Modell als das der Hausfrau anbot. In *L'Écriture comme un couteau* (a. a. O., S. 70) deutet sie auch den entscheidenden Einfluß an, den eine Lehrerin in der Abschlußklasse, Madame Berthier, auf ihre berufliche Laufbahn und auf ihre politische Bewußtwerdung nahm. Jenseits des schulischen Modells erwähnt sie ihre Entdeckung des Werkes von Beauvoir und später der Arbeiten von Bourdieu.

69 Richard Wright, *Black Boy. Bericht einer Kindheit und Jugend*, deutsch von Kurt Heinrich Hansen, Köln: Kiepenheuer & Witsch 1978 (deutsch gekürzt zuerst unter dem Titel *Ich Negerjunge*, autorisierte Übersetzung von H. Rosbaud, Zürich: Steinberg 1947).

mit Tee und Brot begnügen.[70] Richard wird dennoch ein berühmter Schriftsteller, der erste große schwarze amerikanische Romancier, der Autoren wie James Baldwin oder Chester Himes den Weg bereitet hat. Die Idee, Schriftsteller zu werden, ist ihm natürlich nicht von seiner Familie in den Kopf gesetzt worden: Seine sehr fromme Großmutter verbietet ihm sogar, Romane zu lesen, in denen sie Teufelszeug sieht. Noch weniger ist ihm der Gedanke von den Weißen, bei denen er angestellt ist, nahegelegt worden. Weit gefehlt, denn sie tun alles, um ihn zu erniedrigen und an seinen Platz zu verweisen, wie der Dialog zwischen dem jungen Richard und seiner »Mad'm« belegt, dessen Brutalität begreiflich macht, wie sehr der Wunsch, Schriftsteller zu sein, für ein schwarzes Kind eine Anomalie, ja ein Skandal ist. Als diese »Mad'm« ihn fragt, zu welchem Zweck er eigentlich zur Schule geht, und er unsicher zu sagen wagt, er wolle Schriftsteller werden, erhält er die schneidende Erwiderung: »Das wirst du doch nie im Leben. [...] Wer hat dir bloß diese fixe Idee in den Niggerschädel gesetzt?«[71]

Wenn ein derart törichter Gedanke in diesem »Niggerschädel« zu keimen vermochte, so zum Teil dank der sehnsüchtigen Liebe zur Literatur, die Ella, eine junge schwarze Grundschullehrerin, die bei seiner Großmutter als Haushaltshilfe arbeitet, bei dem kleinen Richard Wright weckt, indem sie ihm trotz des familiären Verbots die Geschichte von *Blaubart* erzählt. Dieses schweigsame und verträumte Mädchen, das auf ihn anziehend und einschüchternd zugleich wirkt, öffnet ihm den »Zugang zu einem verbotenen, mich verzaubernden Land«,[72] einer Welt von Wörtern, in denen Verschwörungen, Bluttaten und Leidenschaften wüten. Diese größere Welt, die seine Wahrnehmung schärft und seine Einbildungskraft erweitert, bricht in sein freud-

70 Ebd., S. 26.
71 Ebd., S. 180 f.
72 Ebd., S. 51.

loses und enges Dasein ein; von da an hört er nicht auf, aus Ellas Zimmer Bücher zu stehlen, heimlich zu lernen, wie man sie entziffert, und seine Mutter mit Fragen zu bestürmen, um den Sinn der unbekannten Wörter herauszufinden: »[I]ch hatte einen Vorgeschmack dessen bekommen, was für mich Leben war, und ich wollte mehr davon, ganz gleich auf welche Weise.«[73]

Gewiß hat man es mit einem romanhaften Blick auf die Geburt einer literarischen Berufung zu tun, mit dem Anteil an retrospektiver Illusion, den die Beschreibung der Begeisterung eines Menschen enthalten mag, der die Existenz eines verzaubernden Anderswo entdeckt. Der Autor macht sich jedoch nichts vor, er läßt seine vergangene Leidenschaft wiederaufleben, indem er andeutet, daß der tiefe Grund seines Begehrens zu lesen vielleicht zunächst das Begehren einer Leserin war. Das Begehren einer Leserin in mehrfachem Sinn: das Begehren nach der lesenden Ella, das Begehren Ellas, daß er liest, oder auch das Begehren, daß Ella ihn lesen möge ... Unbewußte oder vergessene Mimesis der Anfänge: notwendige Etappe, um sich ein Begehren wiederanzueignen und sich ruhmvoll zu dessen bewußtem Urheber zu machen?

Wenngleich eine große Zahl von Romanciers oder Autoren intellektueller Autobiographien die entscheidende Rolle erwähnt, die Grundschul- oder Gymnasiallehrer auf ihrem Weg der sozialen Nicht-Reproduktion gespielt haben,[74]

73 Ebd.

74 Siehe zum Beispiel James Baldwin, *Schwarz und weiß oder was es heißt, ein Amerikaner zu sein*, übertragen von Leonharda Gescher Ringelnatz, Reinbek: Rowohlt 1979, »Autobiographische Notizen«, S. 15 ff. James Baldwin, der als Sohn eines Harlemer Predigers mit acht Brüdern und Schwestern in tiefer Armut lebte, hebt die Bedeutung hervor, die für seine Familie und für ihn eine großzügige junge weiße Lehrerin hatte, die sich für ihn interessierte, ihm Bücher lieh und ihn ins Theater mitnahm. Auch Richard Hoggart, *A Local Habitation. Life and Times, 1918–1940*, a.a.O., betont, in welcher Schuld er gegenüber seinen Lehrern steht, insbesondere gegenüber dem Schuldirektor Mr. Harrison, der einer von

bleibt doch richtig, daß das schulische Modell keineswegs ein Allheilmittel ist. Die Mimesis ist eine notwendige, doch keine hinreichende Bedingung. Wie viele unbekannte Jude the Obscure[75] sind gegenüber einer Annie Ernaux oder einem Richard Wright im Dunkel geblieben, weil sie trotz ihrer Versuche, sich ihrer prekären Lage zu entwinden, auf ihrem Weg scheiterten?

Die sozioökonomischen Bedingungen der Nicht-Reproduktion

Es wäre illusorisch zu glauben, daß die Nicht-Reproduktion gänzlich an die Existenz von universitären und schulischen Vorbildern gebunden ist, die von den Individuen nachgeahmt werden, weil sie sich mit ihnen auf dem Wege einer Übertragung identifizieren und ihrem Beispiel folgen, um sich ihren eigenen Weg zu bahnen. Sie beruht tatsächlich auf ökonomischen und politischen Bedingungen, insbesondere auf der Einrichtung eines Ausbildungsprogramms für alle in unentgeltlichen, laizistischen und obligatorischen Schulen, verbunden mit einem System umfassender Erziehungsbeihilfen, ohne welche die Ausbildung einzig den Erben vorbehalten ist. Michel Étiévent hebt darüber hinaus die entscheidende Rolle der *comités d'entreprise* [Betriebsausschüsse] in der Welt der Arbeiter hervor, die den benachteiligten Kindern Erziehungsbeihilfen anbieten, um ihnen eine längere Ausbildung zu ermöglichen: »Dem Betriebs-

denen war, die ihm im rechten Moment weit über ihre Pflicht hinaus Hilfestellung gaben (S. 153), damit er das Gymnasium besuchen konnte; aber auch und vor allem gegenüber Bonamy Dobrée, einem faszinierenden Dozenten für englische Literatur an der Universität Leeds, der für ihn die intellektuelle Vaterfigur war (S. 209).

75 [Der Protagonist des gleichnamigen Romans von Thomas Hardy (1895); deutsch: *Im Dunkeln*, übersetzt von Eva Schumann, Reinbek bei Hamburg: Rowohlt 1990. – *A. d. Ü.*]

ausschuß der Fabrik verdanke ich alles. Als Kind konnte ich aus seiner Bibliothek Bücher ausleihen, dank seiner Ferienkolonien fuhr ich in die Ferien, dank seiner Erziehungsbeihilfen konnte ich die Schule fortsetzen.«[76] Ohne Institutionen und finanzielle Mittel verwandelt sich das Begehren nach Wissen sehr oft in das Unglück, es nicht zu erreichen.

Zum Beispiel konnte in Frankreich das Modell der »Husaren der Republik« nur deshalb zum Motor der Nicht-Reproduktion werden, weil es in den institutionellen Rahmen der *Écoles normales d'instituteurs et d'institutrices* [Ausbildungsanstalten für Vor- und Grundschullehrer und -lehrerinnen] eingebettet war. Diese hatten die Aufgabe, in jedem Departement die erforderlichen Lehrkräfte für den obligatorischen Schulbesuch der Kinder zu rekrutieren. Während sie unter dem Vichy-Regime abgeschafft worden waren, konnten sie nach ihrer Wiedereinrichtung 1945 die besten Schüler aus den unteren Schichten auswählen und, indem sie die Kosten für einen längeren Schulbesuch übernahmen, eine Elite herausbilden. Dieser soziale Aufstieg funktionierte vor allem nach dem Zweiten Weltkrieg, als ein *concours* [Zulassungswettbewerb] für die Rekrutierung künftiger Lehrer sich speziell an diejenigen Schüler der *troisième* [neunten Klasse] wandte, die an den Förderkursen des sogenannten *cursus populaire* [für Schüler aus den unteren Schichten] – im Unterschied zu dem sogenannten *cursus bourgeois* der Gymnasiasten – teilnahmen. Die zu diesem schwierigen *concours* zugelassenen Schüler setzten ihre Ausbildung in den *Écoles normales primaires* fort, wo sie – unentgeltlich – innerhalb von vier Jahren das *baccalauréat* [Abitur] ablegen und dann das *Certificat d'aptitude pédagogique* (CAP) [die Lehrbefähigung für den Unterricht in der Primarstufe] erwerben konnten. Darüber hinaus boten diese *Écoles normales* den besten Lehramtsschülern interne Fördermöglichkeiten an, die ihnen Zugang zu den *Écoles normales supérieures* und

76 Michel Étiévent, *Fils d'usine*, Éditions Gap 2005, S. 133.

zum *Professorat du second degré* [Lehramt für die Sekundarstufe II] verschaffen konnten.

Die erste Möglichkeit, die es bereits in der Dritten Republik [1870–1940] gab, bestand darin, im vierten Jahr wiederum über einen *concours* in spezielle Klassen aufgenommen zu werden, die auf die *concours* zur Aufnahme in die *École normale supérieure* in Saint-Cloud (für Jungen) oder in Fontenay-aux-Roses (für Mädchen) vorbereiteten, mit der Perspektive, Lehrer oder Direktor einer *École normale primaire* oder *inspecteur du primaire* [Schulinspektor für Grundschulen] zu werden.

Seit der Vierten Republik bestand die zweite Möglichkeit der Förderung darin, vom zweiten Jahr an den besten Schülern ein Stipendium zu gewähren, um ihr drittes Jahr in einer der beiden streng ausgewählten Klassen am Hauptort einer regionalen *Académie* [Schulverwaltungseinheit] zu absolvieren, die entweder auf das »bac Math-élem« (*baccalauréat de mathématiques élementaires*) für die Besten in Mathematik, Physik und Chemie oder auf das »bac philo« (*baccalauréat en philosophie*) für die Besten im sprachlichen Zweig vorbereiteten. Nach der Ablegung des Abiturs und je nach dem *classement de sortie* [der Bestenliste, die die Lehrerschaft nach den Prüfungen aufstellt], konnten diese Schüler entweder in eine Vorbereitungsklasse für die *École normale supérieure* in Saint-Cloud (für Jungen) oder in Fontenay-aux-Roses (für Mädchen) oder in ein Ausbildungszentrum für *professeurs de collèges* [Lehrer an der als Gesamtschule organisierten Sekundarstufe I] eintreten oder aber in ihre ursprüngliche *École normale* zurückkehren.

Als dritte Möglichkeit wurde den Schülern der *Écoles normales* nach dem Abitur oder nach dem vierten Ausbildungsjahr angeboten, für die Zeit der praktischen Ausbildung zum *professeur d'enseignement général en collège* (PEGC) ein Stipendium zu erhalten. Diese Schüler konnten sich gleichzeitig an einer Fakultät der Universität einschreiben und den *concours* der *Instituts préparatoires à l'enseignement du second degré* (IPES) absolvieren, wo sie wie Beamte auf Probe bezahlt wurden, um sich innerhalb von drei Jahren auf das *Certificat d'aptitude pédagogique à l'enseignement secondaire* (CAPES) [die Lehrbefähigung für den Unterricht an Gymnasien] oder innerhalb von vier Jahren auf den *concours* zur *agrégation* oder auf ein *Diplôme d'études supérieures* (DES) vorzubereiten: Abschlüsse, die es ihnen erlaubten, Gymnasiallehrer oder Direktor einer *École normale primaire* zu werden oder anschließend eine Laufbahn im privaten Sektor einzuschlagen. Als vierte Möglichkeit konnten die sportlich besonders herausragenden Schüler der *Écoles normales* am *concours* zur Aufnahme in die *Instituts régionaux d'éducation physique et sportive* (IREPS) [regionale Institute für Körpererziehung und Sport] teilnehmen, um nach einer dreijährigen Ausbildung Lehrer für Körpererziehung und Sport (EPS) zu werden oder, wiederum nach einem *concours*, in die *École normale supérieure d'éducation physique et sportive* (ENSEPS) einzutreten.[77]

Die *Écoles normales primaires* spielten für die Nicht-Reproduktion eine entscheidende Rolle, nicht nur weil sie finanzielle Mittel in bis dahin ungekanntem Umfang anboten, indem sie ab dem Jahrgang der *deuxiéme* [zehnten Klasse] die Ausbildungskosten – mit Stipendien für Kost und Logis – übernahmen, sondern auch weil sie einen geeigneten institutionellen schulischen Rahmen boten, in dem die Schüler ihrem Herkunftsmilieu entzogen wurden, um von einer spezifischen kulturellen und pädagogischen Umgebung zu profitieren, die ganz auf ihre Ausbildung auf höchstem Niveau und auf ihren erfolgreichen Abschluß ausgerichtet war. Tatsächlich genügt es nicht, die ökonomischen Barrieren durch Stipendien, Gehälter oder

77 Zu weiteren Einzelheiten siehe Alain Vincent, *Des hussards de la République aux professeurs des écoles. L'École normale*, Joué-lès-Tours: Éditions Alan Sutton 2001; André Payan-Passeron, *Quelle École et quels enseignants? Métamorphoses françaises sur trois générations à partir de 34 Normaliens d'Avignon*, Paris: L'Harmattan 2006.

Zuwendungen niederzureißen, um der sozialen Reproduktion zu entgehen; vielmehr gilt es darüber hinaus die soziokulturellen Barrieren aufzubrechen, die die Schüler aus den unteren Schichten daran hindern, an ihre eigenen Fähigkeiten zu glauben, und einen angepaßten intensiven Unterricht zu entwickeln. In dieser Hinsicht ist eine Feststellung sehr lehrreich: Als nach 1970 die besten Schüler und Schülerinnen aus den unteren Schichten, die am Ende der *troisième* [neunten Klasse] den *concours* zur Aufnahme in die *École normale* erfolgreich absolviert hatten, nicht mehr die Möglichkeit hatten, in den *Écoles normales* ihr Abitur vorzubereiten, sondern in die Gymnasien geschickt wurden, wo sie in der Gesamtheit der Schüler einer Jahrgangskohorte aufgingen, ohne von einem stützenden Rahmen zu profitieren, sank ihre Erfolgsquote bei den *concours* zur Aufnahme in die *Écoles normales supérieures* von Saint-Cloud und Fontenay-aux-Roses fünf Jahre später beträchtlich, obwohl die finanzielle Hilfe nicht vermindert wurde. Und als mit der Abschaffung des *concours* in der *troisième* zur Aufnahme in die *École normale* und seiner Verschiebung in die Zeit nach dem Abitur einerseits, mit der Abschaffung der *Instituts de préparation aux enseignements de second degré* (IPES) im Jahr 1978 andererseits die finanzielle Hilfe ihrerseits reduziert wurde, verlor der soziale Aufstieg erheblich an Tempo.

Um die Rolle besser einschätzen zu können, die Institutionen wie die *Écoles normales d'instituteurs* gespielt haben, bis sie 1991 durch die *Instituts universitaires de formation des maîtres* (IUFM) [universitäre Institute für die Lehrerausbildung] ersetzt wurden, und um an ihrem Fall den entscheidenden Charakter der sozioökonomischen Bedingungen der Nicht-Reproduktion zu ermessen, bedarf es nicht vieler Illustrationen. Ein Beispiel genügt: das eines kleinen savoyardischen Dorfes über drei Generationen nach dem Zweiten Weltkrieg. In diesem Gebirgsdorf, dessen Bevölkerung im Verlauf von dreißig Jahren zwischen 80 und 50 Einwohnern schwankte, lebten sehr arme Kleinbauern und Viehzüchter, manchmal Bauern, die sich in der nahegelegenen Fabrik und in einer Mine verdingten, oder später Saisonarbeiter in den Skistationen. Die Lebensbedingungen waren sehr hart. In 1300 Metern Höhe wächst kein Getreide mehr, und auf den stark abschüssigen Feldern und Wiesen muß jedes Jahr mit Hilfe von Tragbahren wieder Erde aufgeschüttet werden. Die steilen und kleinen Wiesen lassen sich nur schwer mit Motorgeräten mähen, und die Kuhherden zählen selten mehr als ein Dutzend Stück Vieh.

Dieses Dorf, dessen Bewohner in den Jahren 1945 bis 1975 von Einkünften in Höhe des Mindestlohns und oftmals darunter in großer Not lebten – manche ohne jeden Komfort, nicht einmal mit fließendem Wasser im Hause –, hat nun die Besonderheit, daß von den 30 Schülern, die in dieser Zeit ihre Schulausbildung absolviert haben, 7 den *concours* zur Aufnahme in die *École normale d'instituteurs et institutrices* von Savoyen bestanden (3 Jungen, 4 Mädchen), während ein achter Sportlehrer wurde, nachdem er den CREPS durchlaufen hatte.

Von den 7 Lehramtsschülern wurden 4 (2 Jungen und 2 Mädchen) zur *École normale supérieure* in Saint-Cloud bzw. in Fontenay-aux-Roses in der Sektion Philosophie zugelassen. Von den 4 ehemaligen Schülern der ENS wurden 3 *agrégés de philosophie*, der letzte sattelte nach 1968 um und lebt heute von seiner Feder. Von den 3 *agrégés de philosophie*, Gymnasiallehrern (2 Frauen, 1 Mann), wurde die eine Lehrerin an den Vorbereitungsklassen [zu den ENS] in Paris, während die andere in Philosophie promovierte und Universitätsprofessorin an der Sorbonne ist. Insgesamt also von 50 Einwohnern 3 Grundschullehrer, 4 Schüler an der ENS, darunter 3 Gymnasiallehrer mit *agrégation*, 1 Lehrer für Körpererziehung und Sport.

Dieses Mikrophänomen brachte den Bewohnern des Weilers in den umliegenden Dörfern den Ruf von »Intellektuellen, die die Welt umstürzen«, ein. Diese Reputation kommt in der rituellen, halb bewundernden, halb spöttischen

Formulierung gut zum Ausdruck, die die Einwohner zu hören bekommen, wenn sie ihren Wohnort verraten: »Ach, du kommst aus der Universität von T.!«

Fragt man die Einwohner nach den Gründen für dieses außergewöhnliche Schicksal, so ist das erste, das ihnen in den Sinn kommt, die einflußreiche Rolle von Mademoiselle G., einer unverheirateten und kinderlosen Grundschullehrerin, die wegen ihrer Kompetenz, ihrer Hingabe und Großzügigkeit hoch geschätzt und respektiert wurde und die ihr ganzes berufliches Leben in diesem schroffen, von den Schneemassen im Winter blockierten Dorf verbracht hat. Gewiß ist es kein Zufall, daß die ersten beiden Schüler, die unter der Fuchtel dieser vorbildlichen Husarin den *concours* zur Aufnahme in die *École normale primaire* erfolgreich durchliefen, Mädchen waren und daß letzten Endes eine von ihnen und deren Nichte in ihrer Ausbildung am weitesten kamen. Diesen beiden Pionierinnen folgten vier Jungen, nämlich ihre Brüder und Cousins, dann in der nachfolgenden Generation eine Nichte und ein Neffe, die inzwischen von einer neuen Grundschullehrerin, Mademoiselle R., ausgebildet worden waren.

Doch wenngleich das schulische Modell sich hier mit dem familialen verbunden und eines das andere verstärkt hat, ist zu beachten, daß es ohne die Einrichtung eines Systems von Erziehungsbeihilfen völlig wirkungslos geblieben wäre, denn in der vorangegangenen Generation konnten die Eltern und die älteren Schwestern dieser Lehramtsschüler trotz ihrer Bewunderung für ihre Lehrerin, trotz des lebhaften Wunsches zu lernen und trotz ihrer ausgezeichneten Noten ihre Ausbildung wegen fehlender Geldmittel nicht über das *certificat* [die Bescheinigung zum Abschluß der Schulpflicht] hinaus fortsetzen. Und was die folgenden Generationen angeht: Als in den siebziger Jahren die Grundschule im Dorf geschlossen wurde und die wenigen Dorfkinder ihren Schulbesuch im Nachbarort fortsetzen mußten, gab es keinen sozialen Aufstieg mehr, da einerseits der Rahmen eines privilegierten Unterrichts in einer einklassigen Dorfschule mit geringer Klassenstärke, andererseits der *concours* zur Aufnahme in die *École normale* in der *troisième* abgeschafft wurden. Der letzte Schüler des Dorfes, der zu diesem *concours* zugelassen wurde, absolvierte ihn 1973.

Auch wenn das schulische Modell zusammen mit ökonomischen und pädagogischen Hilfestellungen wirksam sein kann, läßt es sich nicht systematisch als Dreh- und Angelpunkt der Nicht-Reproduktion betrachten. Es mag für die sehr guten Schüler gelten, doch Exzellenz bleibt definitionsgemäß eine Ausnahmeerscheinung. Es gibt nur einen Ersten oder allenfalls Gleichrangige, aber was ist mit der nächsten Kohorte? Der Erfolg ist nicht für alle in Reichweite, und in aller Regel ist die Schulerfahrung von Kindern aus den unteren Schichten eher eine Erfahrung des Scheiterns als des Erfolgs. Das Schulsystem wird weniger als Instrument der Befreiung durch Bildung denn als Repressionssystem wahrgenommen. Die Sanktion der Note fällt wie ein Fallbeil, und der soziale Aufstieg erscheint oft genug als Fahrstuhl zum Schafott.

Das Modell des charismatischen Lehrers ist also nicht verallgemeinerbar, ganz und gar nicht. Selbst ausgezeichneten Schülern aus den unteren Schichten gelingt es nicht, sich ohne innere Konflikte damit zu identifizieren. Zwischen Musterschüler und Schlußlicht schwankend, stellen sie die schulische Ordnung in Frage und sind oft frech und aufsässig. Annie Ernaux gesteht, sie habe im Unterricht viel geschwätzt und habe sich nicht sehr viel Mühe gegeben, sondern den Nimbus einer nachlässigen und verträumten Schülerin gepflegt, um von ihren guten Noten abzulenken und ihren Mitschülern nahe zu bleiben. So spielt sie auf zwei Ebenen: Sie will als schlechte Schülerin erscheinen, ohne es zu sein, um nicht von den anderen auf Distanz gehalten zu werden, und sich gleichzeitig die Gunst der Lehrerin bewahren.[78]

78 Annie Ernaux, *La Honte*, a. a. O., S. 87.

In *Rückkehr nach Reims* beschreibt sich auch Didier Eribon als »ausgezeichneten Schüler«, der aber immer kurz vor der »totalen Schulverweigerung« stand,[79] und er betont die Spannung bei den sehr guten Schülern aus den unteren Schichten zwischen der sozialen Unfähigkeit, sich den Normen der Schuldisziplin anzupassen, und dem Wissenshunger. Diese Ambivalenz gegenüber der Schule, die in den Zeugnissen als Bewertung vom Typus »guter Schüler, aber schlechter Charakter« erscheint, ergibt sich freilich nicht aus konstitutiven psychischen Prägungen. Sie ist die Konsequenz einer sozialen Situation, einer Zwitterstellung, in der das Subjekt hin- und hergerissen ist zwischen dem Wunsch nach Erfolg und der Furcht, seine Klasse zu verraten, oder der Unfähigkeit, sich einer anderen Ordnung zu beugen. Wie Didier Eribon bemerkt, geht Bourdieu, auch wenn er den fruchtbaren Begriff des *gespaltenen Habitus* geprägt hat, in seinem *Soziologischen Selbstversuch*[80] zweifellos nicht weit genug, wenn er sich als ausgezeichneten, jedoch undisziplinierten und streitsüchtigen Schüler beschreibt, denn er bringt Erklärungen vor, die mehr zur Charakterpsychologie, zur persönlichen Idiosynkrasie gehören als zur Logik der sozialen Kräfte, die bei der Prägung des Verhaltens am Werk sind.[81]

Die Unangepaßtheit an die schulische Ordnung mit der Mutlosigkeit und Widerspenstigkeit in ihrem Gefolge bewirkt die wirksamste Selektion, die man sich denken kann: die Selbstelimination der Schüler aus den unteren Schichten, die es sich manchmal als Ruhmestitel zuschreiben, das System abzulehnen und die Schule zu verlassen, noch ehe sie hinausgeworfen werden. Solche Widerspenstigkeit gegenüber der schulischen Ordnung ist jedoch kein Vorrecht von Schülern aus den unteren Schichten, sie ist manchmal

79 Didier Eribon, *Rückkehr nach Reims*, a. a. O., S. 151, 166.

80 Pierre Bourdieu, *Ein soziologischer Selbstversuch*, a. a. O., S. 107 ff.

81 Didier Eribon, *Rückkehr nach Reims*, a. a. O., S. 152 ff.

auch bei Kindern des Großbürgertums zu finden, die zur Sprache und zur Kultur ein anderes Verhältnis haben als dasjenige, das die Bildungspraxis der Lehrer beherrscht. Weniger geprägt von dem Geist der Gewissenhaftigkeit, dafür von Kindesbeinen an durchdrungen von einer kulturellen Bildung, die mühsam zu erwerben und anzuhäufen ihnen vulgär erscheint, geben sie sich als Dilettanten und werden wegen angeblicher Faulheit sanktioniert, einer Faulheit, die in Wirklichkeit nur Ausdruck eines Klassen*ethos* ist, das die ostentativen Praktiken der Gelehrsamkeit verabscheut. Ein jeder erkennt die Seinen, und es ist nicht erstaunlich, daß diejenigen Schüler, die in der Schule am weitesten vorankommen, die Lehrerkinder sind ...

Die ausgezeichneten Schüler aus den unteren Schichten, für die die Schule eine Chance ist, machen daher immer eine Gratwanderung und fühlen sich gespalten zwischen dem Gehorsam gegenüber den schulischen Regeln, die ihnen die Bewunderung der Lehrer einbringt, und der Disziplinlosigkeit, die für die Bewunderung der Mitschüler sorgt. Zwei Erfolgsmodelle also: Klassenbester sein oder Schlußlicht. Es gilt die Logik zu verstehen, die es erlaubt, eher in die eine als in die andere Richtung zu kippen oder aber die beiden gegensätzlichen Begierden miteinander zu vereinbaren.

Jenseits der Frage, wie der Wissensdurst über die Verweigerung, wie die Hoffnung auf Erfolg über die Furcht vor dem Scheitern siegen kann, geht es darum, auf allgemeinere Weise die Gründe zu bestimmen, aus denen jemand sich an einem anderen als dem in seinem Milieu gültigen Modell orientiert. Die Präsenz eines anderen Lebens reicht nicht aus, um einen Mechanismus der Nicht-Reproduktion auszulösen. Gewiß haben Kinder eine unreflektierte Tendenz zur Nachahmung, doch diese unwissentliche und unwillentliche Mimesis genügt nicht, um eine dauerhafte Orientierung zu definieren, da sie nicht notwendigerweise die Kraft hat, sich gegen konträre Neigungen durchzusetzen. Man muß also das Kräftespiel verstehen, das bei der Befolgung eines Modells, sei es des familialen oder des schulischen, wirksam ist. Dazu gehört, daß man analysieren muß, was dieses Vorbild eigentlich so attraktiv macht, indem man den Knoten der Bestimmungen ans Licht bringt, die mit- und gegeneinander arbeiten, um eine Wirkungsmacht zu erzeugen, die seine Anforderungen zu erfüllen vermag.

Deshalb ist es notwendig, die Logik der Affekte zu berücksichtigen, die bei der Nicht-Reproduktion im Spiel ist, denn weder die Existenz alternativer Modelle noch die Schaffung politischer Institutionen und ökonomischer Mittel reichen zu seiner Erklärung aus.

Affekte und Affektionen

Wie einsam sie sich auch fühlen mögen, Individuen sind keine von sich aus bestehenden Substanzen oder Monaden ohne Tür und Fenster, sondern Beziehungswesen, die fortwährend von äußeren Ursachen affiziert werden; Ursachen, von denen sie modifiziert werden und die sie im Zuge ihrer Begegnungen wiederum modifizieren. Ein Individuum verstehen heißt also die dynamische Konstitution seines Wesens vermittels seiner Affekte verstehen. Mit Affekt meinen wir nicht eine psychologische Bestimmung oder einen Charakterzug, sondern im Anschluß an Spinoza[82] die Gesamtheit der körperlichen und geistigen Modifikationen, die einen Einfluß auf die Begierde eines Menschen haben, indem sie sein Wirkungsvermögen vermehren oder vermindern. Affekt bezeichnet das, was uns berührt, bewegt

82 »Unter Affekt verstehe ich Affektionen des Körpers, von denen die Wirkungsmacht des Körpers vermehrt oder vermindert, gefördert oder gehemmt wird, und zugleich die Ideen dieser Affektionen. Wenn wir also die adäquate Ursache einer dieser Affektionen sein können, dann verstehe ich unter dem Affekt eine Aktivität, im anderen Fall eine Leidenschaft.« Baruch de Spinoza, *Ethik*, a. a. O., Dritter Teil, Definition 3, S. 223.

und erregt; er ist der Ausdruck der Begegnung [*rencontre, affectio*] zwischen der kausalen Macht eines Individuums und derjenigen der äußeren Welt, und er verweist ebensowohl auf das, von dem es geformt und gestaltet wird, wie auf das, was es formt und gestaltet, in dem Maße, wie ein jeder zugleich affiziert und affiziert wird. Da es unmöglich ist, sich dem Wirken der äußeren Ursachen völlig zu entziehen, sind die Menschen vielfachen Modifikationen ausgesetzt und werden durch gegensätzliche Affekte hin und her geworfen. Der Affekt hat seine eigene Notwendigkeit: Er gehorcht nicht den Befehlen der Vernunft und verschwindet nicht per Dekret; er behält seine Macht der äußeren Ursachen, die weiterhin Effekte hervorrufen und Spuren hinterlassen. Darum kann ein Affekt, wie uns Spinoza sagt, »nicht anders gehemmt oder aufgehoben werden als durch einen Affekt, der dem zu hemmenden Affekt entgegengesetzt ist und stärker ist als dieser«.[83]

In dem Fall, der uns beschäftigt, geht es darum, die Kombination der Affekte zu verstehen, die ein Kind dazu bestimmen, eine Begierde zu bejahen und zu verstärken, die durch gegensätzliche Kräfte erschüttert wird. Diese Kräfte drängen es gleichzeitig dazu, in seinem Herkunftsmilieu zu bleiben und es zu verlassen: wie Eribon der ausgezeichnete Schüler zu sein, der ständig kurz vor der Schulverweigerung steht. Wenn der Übergang von einer Welt zur anderen trotz aller Widrigkeiten möglich ist, dann auf dem Weg über Affekte, die diesen Übergang stützen und die widersprüchlichen Kräfte ausbalancieren können. Bevor es die Form einer bewußten und akzeptierten Wahl annimmt, ist das Auftreten einer souveränen Begierde das Ergebnis einer untergründigen Arbeit.

Was Didier Eribon betrifft, so ist klar, daß die Identifikation mit dem kulturellen Modell, das von der Lehrerschaft verkörpert wird, nicht unmittelbar und offenkundig

83 Ebd., Vierter Teil, Lehrsatz 7, S. 393.

erfolgte. Der Schwenk von einem Universum zum anderen erfolgte auf dem Wege einer Begegnung, eines Affekts, den er später als verliebtes Begehren verstehen wird, der aber in den Augen eines dreizehnjährigen Jugendlichen die Form einer Freundschaftsbeziehung mit einem Jungen aus seiner Schulklasse, Sohn eines Universitätsprofessors, annahm. Diese affektive Bindung half ihm dabei, die Tore zu einer Welt zu öffnen, in der er sich immer als Eindringling fühlte; half ihm dabei, sich diese fremde Kultur anzueignen, die von den unteren Schichten ins Lächerliche gezogen wird. Als in einer Musikstunde – in jenem Fach also, das als Inbegriff der »feinen Unterschiede« gelten darf – der Lehrer ein Stück klassischer Musik vorspielt und nach dem Komponisten fragt, ist der junge Didier Eribon verblüfft, wie jener Junge nach ein paar Takten die richtige Antwort weiß, und er spürt, wie seine Gewißheiten ins Wanken geraten. Er, der diesen Unterricht lächerlich und die »große Musik« unerträglich fand – so sehr, daß man bei ihm zu Hause sofort weiterdrehte, wenn man im Radio zufällig auf eine Sendung mit klassischer Musik stieß, da man »hier doch nicht in der Kirche« sei –, entdeckt nun, daß der Junge, dem er gefallen möchte, solche Musik andächtig hört und sie wiederzuerkennen und zu schätzen weiß.[84]

Wenngleich diese Beziehung nicht lange andauert, erzeugt die von diesem Jungen ausgehende Faszination, der bewundert, was Eribon selbst verabscheut, den Wunsch, dem Kameraden zu gefallen und ihm zu ähneln. Der junge Eribon fängt an zu schreiben, so wie er, und beginnt sich mit der schulischen Ordnung zu arrangieren, statt sich der erzwungenen Disziplin zu widersetzen. Didier Eribon betont den entscheidenden Einfluß dieser Freundschaft, die ihm jene gebildete Welt eröffnete, die ihm zuvor verschlossen war und die er seinem Klassenhabitus folgend eher ablehnte. Diese Begegnung spielt also die Rolle eines sozialen

84 Didier Eribon, *Rückkehr nach Reims*, a.a.O., S. 164.

Gegengewichts, das ihm dabei hilft, auf die Seite der Bildung überzuwechseln, statt achtlos an ihr vorbeizugehen.[85]

Die Macht des Begehrens und die Kraft der Freundschaft können also zumindest für eine gewisse Zeit die Klassendistanz beseitigen und zur Aneignung fremder Modelle führen. Wie jeder Kulturschock geht die freundschaftliche oder amouröse Begegnung zwischen Menschen aus verschiedenen Klassen mit einem Neuentwurf der Identität durch Öffnung zu einer Andersheit einher, die man zu seiner eigenen machen und integrieren möchte. Dieses Abenteuer geht nicht ohne Reibungen und Widerstände ab, denn die Mißverständnisse und Verletzungen, die mit der Unkenntnis der Klassencodes verbunden sind, verflüchtigen sich nicht so leicht. Insofern kann man der schönen Definition von Freundschaft, die Eribon gibt, ohne weiteres zustimmen: »Zwei Freunde, die mit- und nebeneinander zu existieren versuchen, sind immer auch zwei Verkörperungen der Sozialgeschichte [...].«[86]

Diese Macht der Freundschaft, welche die sozialen Barrieren niederreißt, gilt erst recht für die Liebe. Gewiß ist die Liebe oft blind, doch manchmal bewirkt sie eine tiefgreifende Veränderung des Blicks. Die wunderbaren Seiten, auf denen Stendhal die Begegnung Julien Sorels mit Madame de Rénal beschreibt, bezeugen die Kraft des verliebten Begehrens, das die Klassenvorurteile zu Fall bringt. Julien entdeckt wider alles Erwarten nicht eine hochmütige und geringschätzige Gemahlin, sondern eine strahlende, sanfte und aufmerksame junge Frau; Madame de Rénal hingegen, die fürchtete, ihre Kinder einem »schmutzigen und schlechtgekleideten Priester«[87] ausliefern zu müssen, sieht einen furchtsamen schönen jungen Mann mit großen schwarzen Augen eintreten. Nach und nach

85 Ebd., S. 166.

86 Ebd.

87 Stendhal, *Rot und Schwarz*, a. a. O., Erstes Buch, 6. Kapitel, S. 41.

vergehen die Befürchtungen, die mit dem Alters- und Vermögensunterschied verbunden sind, unter der Wirkung des verliebten Begehrens. Julien, fortwährend auf der Hut, vermag schließlich sogar eine Zeitlang sein gezwungenes Benehmen abzulegen. »Genauso verschwand die dumme Einbildung, wegen seiner bescheidenen Herkunft als subalterner Liebhaber betrachtet zu werden.«[88] Im Umgang mit Madame de Rénal pflegt und poliert der Sohn des alten Sorel seine Manieren und läßt die Welt von Verrières hinter sich. Die Nicht-Reproduktion nimmt für ihn die Form einer Erziehung des Herzens an, die seine Ambitionen nähren wird, indem sie ihm jenes historische und politische Weltwissen vermittelt, das ihm versagt blieb, solange sein ganzes Wissen auf die Arkana der Theologie beschränkt war.[89] Wie romanhaft sie auch sei, diese amouröse Erziehung ist keine bloße Fiktion; sie ist inspiriert von der realen Begegnung Jean-Jacques Rousseaus mit Madame de Warens. Von daher versteht man, warum für den Stendhalschen Helden die *Bekenntnisse* Rousseaus »das einzige Buch [waren], mit dessen Hilfe seine Phantasie sich die Welt ausmalte«.[90]

Die *Bekenntnisse* lassen sich in der Tat als eine exemplarische Autobiographie der Nicht-Reproduktion auf den Wegen der amourösen Erziehung betrachten. Als Sohn eines Uhrmachers – die Mutter starb bei seiner Geburt – wird der junge Jean-Jacques zu einem Graveur in die Lehre gegeben, aus der er mit 16 Jahren flieht, um der Philosoph zu werden, den wir kennen. Diese Flucht führt ihn nach mancherlei Irrungen zu Herrn von Pontverre, der ihn zu einer jungen Frau schickt, Madame de Warens, die – zwölf Jahre älter als er – seine Beschützerin wird. Ganz wie der spätere Julien Sorel hatte sich Rousseau »eine alte, hochnäsige

88 Ebd., Erstes Buch, 16. Kapitel, S. 123.
89 Ebd., Erstes Buch, 17. Kapitel, S. 132.
90 Ebd., Erstes Buch, 5. Kapitel, S. 31.

Betschwester vorgestellt [...] und nun erblickte ich ein liebreizendes Antlitz mit schönen blauen, sanften Augen, eine blendende Haut und die Umrisse eines bezaubernden Busens«.[91] Er empfindet ihr gegenüber vom ersten Augenblick an vollkommenes Vertrauen und legt sein Schicksal in die Hand dieser liebenswerten und gebildeten Frau, die einem höheren Stand angehört als er, wird ihr Proselyt, indem er unter ihrer Obhut lebt. So fühlte er sich »als das Werk, den Schüler, den Freund, ja fast als den Geliebten der Frau von Warens.«[92] Bei ihr, die er »Mama« nannte und die ihn in die Liebe einführte, unternimmt Rousseau in Charmettes autodidaktische Studien. Er beginnt mit der Lektüre philosophischer Werke, mit »der *Logik von Port-Royal* oder dem *Essay* von Locke, mit Malebranche, Leibniz, Descartes und so weiter«, kniet sich in die elementare Geometrie und lernt eifrig Latein.[93]

Die Kraft der Liebe ist also ein mächtiger Helfer bei der Transformation im Kontakt mit dem geliebten Wesen und spielt bei der Nicht-Reproduktion eine treibende Rolle. Die Liebe verleiht Flügel, um sich gesellschaftlich zu erheben und das Schuldgefühl zu mildern, das dem Bruch mit dem Herkunftsmilieu anhängt. Doch auch wenn der soziale Aufstieg manchmal den Weg über den siebten Himmel nimmt, muß man sich vor Klischees hüten und die Schlußfolgerung vermeiden, die Liebe sei der bevorzugte Affekt der Nicht-Reproduktion oder diene als Gegenmedizin zum Klassenkampf. Sie hat punktuelle Wirkungen, aber nichts von einem Allheilmittel. Der Traum vom Märchenprinzen oder der schönen reichen Erbin mag die Einbildungskraft anstacheln, doch bringt er wohl kaum Revolutionen hervor und festigt eher die soziale Ordnung, indem er die Individuen in einen Konservatismus des Abwartens einschließt.

91 Jean-Jacques Rousseau, *Bekenntnisse*, aus dem Französischen von Ernst Hardt, Frankfurt am Main: Insel 1985, Zweites Buch, S. 94.
92 Ebd., S. 106.
93 Ebd., Sechstes Buch, S. 342–344.

Im übrigen beruht die Nicht-Reproduktion nicht auf *einem* unerläßlichen Affekt. Es handelt sich um eine ganz besondere Kräfteökonomie, die man im Verlauf eines jeden einzelnen Lebenswegs bedenken muß. Von daher muß man bemerken, daß die freudigen Affekte nicht unbedingt eine Hauptrolle spielen. Ebenso entscheidend können auch Ressentiment, Haß und aus der Erniedrigung geborene Wut sein. Das gilt insbesondere für Richard Wright. Der dumpfe Zorn und die Frustration, sich nicht satt essen zu können, nicht das Recht auf Lektüre zu haben, sich im Leben auf den unsichtbaren Platz des Negers verwiesen zu sehen, sollten bei ihm eine dauerhafte Feindseligkeit gegenüber den Weißen erzeugen und die Ablehnung der bestehenden Ordnung nach sich ziehen. Im Unterschied zu den jungen Schwarzen, die sich unterwürfig den Regeln beugen, indem sie gegenüber den Weißen den braven, jovialen und schwachköpfigen Neger spielen, während sie sie intensiv hassen und hinterrücks bestehlen, empört er sich gegen diese entwürdigende Rolle und zeigt eine unbändige Lust, diese Ungerechtigkeit anzugreifen und zu bekämpfen, ohne genau zu wissen wie.[94] Ebenso wie die Liebe zu Büchern werden Zorn, Furcht und Haß zu Antriebsenergien, die das Aufbegehren gegen soziale und rassische Ausgrenzung nähren. Diese Energien bringen ihn dazu, ohne Blick zurück einer elenden Situation zu entfliehen und ohne Bedauern den feindseligen Süden zu verlassen, um eine bessere Existenz zu suchen. »[U]nd doch hatte ich in all den Konflikten, unter Flüchen, Schlägen, Wutausbrüchen und all dem Terror an dem Gedanken festhalten können, daß es ein anderes, reicheres und erfüllteres Leben geben müsse.«[95]

Auch bei Annie Ernaux sind die Affekte sehr ambivalent, denn es ist weniger die Liebe zu der wenig liebenswerten Mademoiselle L. als eine gewisse Form der Selbstliebe oder

94 Richard Wright, *Black Boy*, a.a.O., S. 238.
95 Ebd., S. 316.

vielmehr eine Mischung aus Stolz, Schmerz und stummer Scham, die sie dazu bewogen hat, sich vom Vorbild ihrer Mutter und ihrer Tanten zu entfernen: Stolz darauf, als exzellente Schülerin anerkannt zu sein, unaussprechliche Scham und geheimer Schmerz, einem ebenso finanziell wie kulturell armen Milieu anzugehören und in einer Familie zu leben, in der die Verhaltensregeln des perfekten Kleinhändlers, die Selbstbeherrschung und vorbildliches Verhalten fordern, an dem Tag in tausend Stücke zerspringen, als ihr Vater ihre Mutter umbringen wollte. Die Wahl des Titels eines ihrer autosoziobiographischen Hauptwerke, *La Honte* [Die Scham], läßt in dieser Hinsicht keinen Zweifel. Nach diesem Sonntag im Juni, gesteht die Autorin, sei sie »der Privatschule, aber auch ihrer eigenen Maßstäbe der Vorzüglichkeit und Vollkommenheit unwürdig geworden und in Scham versunken«.[96]

Doch diese traumatisierende Szene ist nur die Zuspitzung einer tieferen Schande, der sozialen Scham, die zu einer Lebensform wird, die sich dem Körper einprägt. Genau das bestätigt Annie Ernaux in *L'Écriture comme un couteau*. Sie erklärt, daß sie aufgrund der Schande und der Demütigung, die sie im Laufe ihrer Schulzeit an der Privatschule bis zur *primaire* [etwa: zwölften Klasse] empfand, die Unterschiede zwischen den Schülern als persönliche Unwürdigkeit und Minderwertigkeit erlebt habe, ohne in der Lage zu sein, sie mit der sozialen Herkunft in Zusammenhang zu bringen und sie explizit als Resultat der ökonomischen und wirtschaftlichen Lage der Eltern zu verstehen.[97] Scham ist somit der verworrene und schmerzende Ausdruck einer Bewußtwerdung des Klassenunterschieds und wird nach und nach zu einem Ansporn, der dazu treibt, das Schweigen zu brechen und sich von einer unerträglichen Situation loszureißen.

96 Annie Ernaux, *La Honte*, a. a. O., S. 109.

97 Annie Ernaux, *L'Écriture comme un couteau*, a. a. O., S. 69.

Auch wenn das Vergnügen am schulischen Erfolg und der Stolz auf die eigene Auszeichnung es ihr erlaubt haben, einen Weg der Nicht-Reproduktion einzuschlagen, sind sie doch nicht dessen maßgebliche Elemente. Tatsächlich wird der Erfolg in diesen Fällen nicht als sicherer Sieg, sondern als eine Art Anomalie erlebt, als ungewisse Chance und als Einbruch in eine Welt, die einem nicht zusteht.[98] Vor allem das tiefe soziale und familiäre Leid wird für ihre Laufbahn als Schriftstellerin bestimmend. Zumindest bekennt sie das im Hinblick auf *La Place* [*Das bessere Leben*]:

> Ich glaube, daß alles in *Das bessere Leben*, seine Form, seine Stimme, sein Inhalt aus dem Schmerz geboren ist. Diesen Schmerz bemerkte ich zuerst in der Adoleszenz, als ich mich von meinem Vater zu entfernen begann, einem ehemaligen Arbeiter, Patron eines kleinen Ladencafés. Namenloser Schmerz, Mischung aus Unverständnis und Empörung (warum liest mein Vater nicht, warum hat er »ungeschliffene Manieren«, wie es in Romanen heißt?). Schmerz, dessen man sich schämt, den man niemandem eingestehen oder erklären kann. Und dann der andere Schmerz, den ich dabei empfand, ihn plötzlich zu verlieren, in dem Moment, in dem ich eine Woche bei meinen Eltern verbrachte, nachdem ich im Grunde seinen Traum des sozialen Aufstiegs erfüllt hatte: Ich war Prof geworden, in jene andere Welt übergetreten, für die wir in ihrer herablassenden Sprache »einfache Leute« waren.[99]

Das Leid entsteht aus der Erfahrung einer Distanz und einer kritischen Befragung, welche die Zugehörigkeit zum umgebenden Milieu verhindert und in Frage stellt. Annie Ernaux betrachtet die Welt, die die ihre ist, mit den Augen

98 Ebd.

99 Annie Ernaux, *L'Écriture comme un couteau*, a. a. O., S. 32 f.

des Anderen, als wäre sie ihr äußerlich, weil sie begonnen hat, andere Normen zu verinnerlichen, die es ihr erlauben, Vergleiche anzustellen; Normen des sozialen Urteils, welche die Unbildung der »einfachen Leute« und ihren Mangel an Raffinesse stigmatisieren. Daher die Scham über die unglaublichen geschmacklichen Fehlgriffe des Vaters, verdoppelt durch das Leiden daran, vielleicht ungerecht über die Ihren zu urteilen, die nichts dafür können, und sie insgeheim zu verleugnen, indem man die Bindungen löst. Das Schreiben entsteht also aus einem Schmerz, der dazu treibt, die Übel in Worte zu fassen, um überleben und sich retten zu können, sich und die Ihren. Insofern kann die Nicht-Reproduktion aus einer Form von Sublimierung und Lösung von dem Leiden hervorgehen, aus seiner Transformation in antreibende und schöpferische Energie.

Unter diesen Bedingungen haben die Affekte, die Spinoza als solche der Trauer bezeichnet, wie Haß, Wut oder Scham, und die im allgemeinen die Wirkungsmacht vermindern, positive Wirkungen, indem sie sich mit Affekten der Freude kombinieren. Sie üben wahrscheinlich sogar einen wesentlicheren Einfluß auf die Nicht-Reproduktion aus als die freudigen Affekte. In der Tat kann der unklare Wunsch nach einem anderen Leben, der die Orientierung an einem Modell voraussetzt, das sich von den Modellen der Umgebung unterscheidet, nur entstehen, wenn eine Unzufriedenheit, ja ein Leid existiert. Wer sich vollkommen glücklich und seinem Milieu angepaßt fühlt, hat nicht den starken Wunsch, es zu verlassen, und ist weniger offen für Freundschafts- oder Liebesbegegnungen, die seine Welt umstürzen könnten. Das in eine soziale oder familiale Ordnung vollständig integrierte Individuum hat keinen Grund, seine Bindungen zu lösen oder auf ein Anderswo zu hoffen. Ganz im Gegenteil wird es geneigt sein, sich zum Wächter des Familien- oder Gesellschaftstempels aufzuschwingen und die herrschenden Werte zu reproduzieren, indem es jeden Versuch, dem gewöhnlichen Schicksal zu entgehen, anprangert. Wer es wagt, das Gesetz des Milieus zu verletzen, muß also mächtige Motive besitzen, denn er verstößt gegen das Bewahrungsstreben der Klasse und – in dessen Gefolge – gegen die gebieterischen Forderungen nach Konformismus und Normalität, die im allgemeinen die Form einer dreifachen Schmähung als Illusion, Verrat und Überheblichkeit annehmen.

Schmähung der Illusion zunächst: Der Wunsch, aus dem Glied herauszutreten, wird als Chimäre, als eitle Hoffnung gegeißelt, ein Urteil, das sich in der berühmten Formulierung verdichtet: »Das ist nichts für uns.« Die manichäische Aufteilung der sozialen Welt zwischen »ihnen« und »uns« (wobei »sie« die Bourgeois, »wir« die Arbeiter sind – oder umgekehrt) definiert die Klassengrenzen und stellt sie als unüberwindliche Barrieren dar. Unüberwindliche Barrieren nicht nur *de facto*, sondern auch *de jure*, denn es liegt etwas Illegitimes darin, sie überspringen zu wollen, das einem Einbruchs- oder Täuschungsversuch gleichkommt. Der Wunsch nach sozialem Aufstieg bei Proletarierkindern oder die freiwillige Deklassierung bestimmter Bourgeoissöhne, die sich dafür entscheiden, die Lage der Arbeiter zu teilen, werden als Illusionen oder Irreführungen denunziert. »Glaub mir, du kannst dich noch so sehr anstrengen, du wirst nie sein wie sie« oder »Sie sind anders als wir«. Die politischen Aktivisten, die mit einem bequemen Leben gebrochen haben, um Arbeiter zu werden und in der Fabrik zu arbeiten, mußten dafür häufig büßen. Trotz ihrer Ehrlichkeit sind sie Unverständnis und Verdächtigungen ausgesetzt; selten werden sie als »echte Arbeiter« betrachtet, da man annimmt, sie könnten jederzeit wieder gehen und den Komfort und das Adressenheft wieder nutzen, das sie von ihrem Herkunftsmilieu ererbt haben.

Dann die Schmähung des Verrats. Sozialer Aufstieg ist mehr als ein Bruch, er ist eine Art Treuebruch. Als Verleugnung der Klassenherkunft verstanden, gibt er Anlaß zu Klagen und Unterstellungen, die bei dem schwarzen Schaf

Schuldgefühle wecken sollen. »Du verleugnest uns«, »Du verachtest uns«, »Du schämst dich für uns«: Dem Überläufer wird vorgeworfen, ein Sozialverräter zu sein, und er wird als hochmütiger Renegat dargestellt.

Schließlich die Schmähung der Überheblichkeit. Man muß »wissen, wo man hingehört«, darf »sich nicht für etwas Besseres halten«, muß »auf dem Teppich bleiben« etc. Der Parvenu ist schlecht angesehen, seine neue Bildung reimt sich auf Einbildung, und hinter der Selbstgefälligkeit, die man ihm andichtet, verbergen sich Neid und ein Rattenschwanz von Verleumdungen.

Ob real oder imaginär, diese kollektive Mißbilligung von Illusion, Verrat und Überheblichkeit trägt zur Erhaltung der bestehenden Ordnung und zu einer Gleichheit bei, über deren Niveau keiner die Nase emporrecken darf. Wegen ihrer abschreckenden Wirkungen ist sie eine bedeutende Bremse für den sozialen Aufstieg. Unter diesen Bedingungen reicht die Existenz eines wünschenswerten alternativen Modells nicht aus, um eine dauerhafte Identifizierung auszulösen; zudem muß vielmehr das umgebende Milieu als drangsalierend, erstickend, ja zerstörerisch erscheinen. Daher können nur starke Motive wie der unbändige Wunsch, einem unerträglichen Leiden ein Ende zu setzen, die Kraft dazu geben, sich von den Habitusformen zu lösen und die Furcht zu zerstreuen, als Naivling, Judas oder Fatzke zu gelten.

Genau dies zeigt übrigens eine poetische, unsichere, aber sehr suggestive Etymologie des Wortes *désirer* [begehren, wünschen]. *De-siderare* heißt einen Stern ersehnen, etwas Siderisches oder Siderales, das einen bezaubert und die Nacht des Leidens erhellt. So gesehen ist das obskure Objekt der Begierde etwas Lichtes; es geht darum, nach den Sternen zu greifen und einen ausstrahlenden Schmerz in eine strahlende Zukunft zu verwandeln. Ohne den Schmerz zu verklären, muß man anerkennen, daß das Leiden eine Positivität besitzt, insofern es dazu treibt, eine Situation des Unwohlseins und Unbehagens zu verlassen, sich auf die

Suche nach einer erträglicheren Lebensweise zu machen. Darum ist es eine der wesentlichen Ursachen der Nicht-Reproduktion. Leiden heißt im Aufbruch sein und das Anderswo eines besseren Lebens ersehnen.

Der Platz und die Rolle des Milieus

Dieser antreibende Schmerz ist polymorph und nicht auf die soziale Scham beschränkt. Er kann sich in einem Unbehagen an der Klasse, der Rasse, am biologischen oder sozialen Geschlecht sowie an der Familie äußern, das die Assimilation an das Herkunftsmilieu verhindert und neue Orientierungen begünstigt. Dieses Unbehagen stammt nicht notwendigerweise aus der Introjektion äußerer Normen, welche die bestehenden sozialen Verhältnisse umstürzen; es kann aus dem inneren Druck des Herkunftsmilieus entstehen, das die Homogenisierung der Individuen anstrebt, indem es Differenzen ausdünnt. So ist es manchmal sehr schwierig zu entscheiden, ob die Nicht-Reproduktion ursprünglich dem Individuum anzulasten ist, das sich von seiner Umgebung entfernt, oder der Umgebung, die das Individuum entfernt. Tatsächlich läßt sich die Ablehnung des Milieus doppelsinnig verstehen: als Ablehnung des Milieus durch ein Individuum und als Ablehnung eines Individuums durch ein Milieu. Welche Determination im Reich der Ursachen auch stärker sein mag, das ablehnende oder das abgelehnte Milieu – es gilt diese doppelte Bewegung zu denken und ihre beiden einander wechselseitig verstärkenden Facetten gemeinsam zu fassen. Von daher ist es möglich, die gleiche Geschichte auf zwei einander notwendig korrelierende Weisen zu schreiben, indem man die Nicht-Reproduktion als Import eines alternativen Modells in die ursprüngliche Umgebung und zugleich als Export eines Individuums, das sich in seinem Herkunftsmilieu deplaziert fühlt, in eine fremde Umgebung konzipiert.

Die Geschichte Julien Sorels läßt sich nach diesem zweifachen Lektüreraster verstehen. Wenn der junge Julien Ehrgeiz zeigt, wenn er sich nacheinander mit Napoleon, Rousseau, mit kirchlichen Vorbildern wie dem Abbé, dem Bischof, dann mit der Figur des Adligen identifiziert, so deshalb, weil er innerhalb seines familiären und sozialen Milieus keinen Platz hat. Er wird abgelehnt, weil er den übrigen Sprößlingen nicht ähnelt. Die älteren Söhne sind nach dem Bild des Vaters geraten, sie haben seine männliche Robustheit und reproduzieren seine Lebensweise. Sie werden als Riesenkerle beschrieben, die mit ihren schweren Äxten Tannenstämme abvieren.[100] Dagegen hat Julien feminine Züge, so fein ist sein Gesicht geschnitten, und von seinen Brüdern unterscheidet er sich nicht nur durch seine schwächliche, zu Schwerarbeit wenig geeignete Konstitution, sondern auch durch seine geistigen Interessen. Er liebt es zu lesen in einem Milieu, in dem Lektüre als Zeitverschwendung gilt, als Manie der Faulpelze. Julien wird also als schwächliches, gedankenverlorenes Kind von großer Blässe und nachdenklichem Gesichtsausdruck vorgestellt. Er gehört nicht der robusten Linie der Holzsäger an und kann in der sozialen und familialen Ordnung keinen Platz finden. Er ist das Opfer von Repressalien oder Mißhandlung in einem Milieu, das ihn nicht ertragen kann und das er nicht erträgt. Denn die Ablehnung ist wechselseitig: Der alte Sorel verabscheut Julien, und Julien vergilt es ihm. »Da er von allen im Haus gedemütigt wurde, haßte er auch seine Brüder und seinen Vater [...].«[101] Der Vater ist verblüfft, daß Monsieur de Rénal bereit ist, Julien die unverhoffte Summe von dreihundert Francs jährlich zu zahlen, dazu Kost, Logis und Kleidung,[102] und versucht herauszufinden, was einen so angesehenen Mann dazu bewegen mag, einen Nichtsnutz

100 Stendhal, *Rot und Schwarz*, a. a. O., S. 27.
101 Ebd., S. 29.
102 Ebd., S. 26.

wie seinen Sohn zu sich zu nehmen.[103] Er faßt die Gelegenheit beim Schopf, diesen »Heuchler« loszuwerden,[104] und verhandelt geschickt über Juliens Abschied. So ist es ebensosehr Julien, der sein Milieu flieht, wie sein Milieu, das ihn verjagt.

In diesem Sinne ist Nicht-Reproduktion die Fortsetzung der Reproduktion mit anderen Mitteln. Die soziale Ordnung wird bewahrt durch die Ausstoßung eines Elements, das sie bedroht, das Unordnung einführt, denn es stimmt mit dem umgebenden Modell nicht überein. »So bin ich dich wenigstens los, und meiner Sägemühle kann das nur gut bekommen«,[105] sagt der alte Sorel statt eines Abschieds zu seinem Sohn. Nicht-Reproduktion erscheint demnach als List der Reproduktion. Weit davon entfernt, ihr zu schaden, trägt sie zu ihrer Erhaltung bei, indem sie alles fernhält, was sie zerstören könnte. Wer dort nicht seinen Platz hat, ist dazu verurteilt, deplaziert zu werden, im wörtlichen wie im bildlichen Sinne. Wenn man keinen Platz hat, um dort zu existieren, ist man gezwungen, Migrant zu werden.

Im Mittelpunkt steht also die Frage des Platzes in der Familie oder der Klasse. Nicht zufällig nannte Annie Ernaux ihr Buch schließlich *La Place*, nachdem sie ihm den vorläufigen Arbeitstitel *Éléments pour une ethnologie familiale* [Elemente einer Familienethnologie] gegeben hatte.[106] Denn dieser Begriff erlaubt es, die von einem Individuum im sozialen und familialen Raum eingenommene Position zu umkreisen und zu ermessen, ob sie – je nachdem, wie gespannt oder locker die Bindungen sind – erträglich, starr oder beweglich ist. Wenn die Identifikation möglich ist, liefert sie dem herrschenden Modell eine stabile Grundlage und erlaubt es, sich leichter in eine familiale und soziale Ordnung einzufügen. Doch wenn es diese Möglichkeit nicht

103 Ebd.
104 Ebd., S. 30.
105 Ebd.
106 Annie Ernaux, *L'Écriture comme un couteau*, a. a. O., S. 34.

gibt, weil ein Gefühl der Alterität vorherrscht, das aus dem mehr oder weniger unklaren Bewußtsein entstanden ist, an den Rand gedrängt, überflüssig, anders oder abweichend zu sein, dann öffnet sich eine Bresche in der Reproduktion, die dazu einlädt, Seitenpfade zu beschreiten und sich einen eigenen Weg zu bahnen, um zu überleben und sich zu behaupten. Fehlende Anerkennung, Ignoranz, sogar Verachtung durch das Umfeld, Verdammung und öffentliche Verbannung fördern den Abschied der »schwarzen Schafe« und »häßlichen Entlein«. So gesehen ist es kaum erstaunlich, daß unerwünschte, ungeliebte Kinder, Opfer der familialen und sozialen Schande, geneigt sind, ihr Herkunftsmilieu zu verlassen, um sich einen Platz an der Sonne zu suchen und an ihrem Schicksal Revanche zu nehmen.

So entdeckt Richard Wright, daß er stets ein räudiges Schaf innerhalb seiner Familie war, der vor ihm graut, seit er einmal in Kindestagen die Vorhänge in Brand gesteckt hatte und beinahe alle getötet hätte. Als er plötzlich eine Szene aus seiner Adoleszenz noch einmal durchlebt, in der er seinen Onkel Tom mit Rasierklingen in der Hand in Schach gehalten hatte, sieht er sich zum ersten Mal mit fremden Augen und versteht, daß er während dieser Jahre als gewalttätiger und zu allem fähiger Junge erschienen sein mußte. Ihm wird dieser schlechte Ruf bewußt, der ihm anhaftet, und er ist völlig bestürzt. Diese abrupte Offenbarung, welcher Art seine Beziehungen zu seiner Familie eigentlich waren, erschüttert ihn existentiell und veranlaßt ihn, das Haus zu verlassen und endgültig fortzugehen.[107]

Sicherlich ist es das Zusammentreffen verschiedener, einander verstärkender Determinanten, die zur Nicht-Reproduktion führen können, doch wie könnte man übersehen, daß die Art und Weise, wie die Feen sich über die Wiege beugen und im Chor gute und böse Gaben verteilen, das künftige Schicksal vorzeichnet? Bereits in der Wahl

107 Richard Wright, *Black Boy*, a. a. O., S. 213.

eines Taufnamens äußert sich ein Wunsch, und manchmal genügt schon ein Vorname, der nicht auf einen Verwandten Bezug nimmt und seinen Träger nicht in eine Abstammungslinie einbettet, um ihn später aus dem Hause zu treiben. Wie soll man existieren, wenn die Eltern es vorgezogen hätten, daß man nicht geboren wäre, oder wenn sie einem den Platz eines Toten zuweisen, indem man als Ersatz eines früh gestorbenen Kindes dient und womöglich gar dessen Vornamen erhält? Bedeutet fortzugehen dann nicht auch ein wenig zu sterben und mittelbar den mehr oder weniger bewußten Wunsch der Eltern zu erfüllen? Wie sollte man bleiben, wenn man mit Schande belegt ist, weil man ein Kind der Sünde, der verachtete Bastard oder der »Homo« ist, »der sich verpissen soll«? Ein Platz in der Besenkammer ist ziemlich finster und eng, und der Drang, sich zu »outen« und sein Leben in aller Öffentlichkeit zu leben, kann dazu führen, daß man abwandert, um seinen rechtmäßigen Platz beanspruchen zu können.

Wenn Didier Eribon unter dem Impuls einer freundschaftlichen Begegnung mit einem Jungen aus einer wohlhabenden Familie sich mit einem anderen Modell identifiziert, das durch Bildung und intellektuelles Leben geprägt ist, so auch und vor allem, weil »die Homosexualität [...] einen dazu zwingt, einen Ausweg zu finden, damit man nicht erstickt«.[108] Für einen jungen Schwulen gibt es keinen Platz in seiner Umgebung, nicht einmal einen geeigneten Namen, um ihn zu definieren. Bestenfalls unnennbar – »Leute wie du«, sagt seine Mutter in der Verlegenheit, ihn zu bezeichnen –, entdeckt er, was er ist, unter dem Zeichen der Schmähung und Anzüglichkeit. Die ganze Kultur um ihn herum wirft ihm seine Schande ins Gesicht und bannt ihn in seine Angst und Verworfenheit, indem sie ihm das stigmatisierte Etikett des *pédé* anheftet. Er ist nach seinen

108 Didier Eribon, *Rückkehr nach Reims*, a. a. O., S. 192 f.

eigenen Worten »das Produkt einer Beschimpfung. Ein Sohn der Schande.«[109]

Die Homophobie seines Vaters und des Arbeitermilieus bringt den jungen Eribon dazu, Reims und seine Banlieue zu verlassen, um ein Studium in Paris zu beginnen und die Welt der Kultur und die Orte der schwulen *community* aufzusuchen. Sein Weg ist typisch für junge Schwule, die aus den Kleinstädten der Provinz, aus dem bäuerlichen und proletarischen Milieu fliehen, um in Großstädten zu leben, wo Homosexualität eher toleriert wird, und die sich durch ihre Bildung eine Identität aufbauen, um sich vom Männlichkeitskult der Unterschichten abzusetzen und einen Modus der Subjektkonstitution zu finden, der es erlaubt, ihrer »Differenz« Sinn und Halt zu geben. Um sich selbst zu akzeptieren und erhobenen Hauptes zu leben, muß er sich selbst erfinden und sich auf Figuren der Distinktion wie die des Philosophen, des Künstlers oder Intellektuellen stützen, die es gestatten, sich positiv von denen zu unterscheiden, von denen man unterschieden ist.[110] Die Nicht-Reproduktion des herrschenden Sexualmodells ist hier ein entscheidender Faktor, ja der Ursprung der sozialen Nicht-Reproduktion, wie Eribon vermutet: »Weiter oben habe ich mich in bezug auf meine Schullaufbahn als jemanden beschrieben, der ›wie durch ein Wunder‹ gerettet worden ist. Gut möglich, daß in meinem Fall die Homosexualität dieses Wunder ermöglicht hat.«[111]

Die sexuelle Schande, die sich in *gay pride* verwandelt, ist die Lokomotive des sozialen Aufstiegs. Bei Didier Eribon hat die Schande eine wesentliche Rolle bei der Nicht-Reproduktion gespielt, in mehr als einer Hinsicht: die sexuelle Schande, die dazu führt, sich von einem homophoben

109 Ebd., S. 194.

110 Ebd., S. 158. Siehe auch Didier Eribons *Réflexions sur la question gay*, Paris: Flammarion 2012, und *Une morale du minoritaire*, Paris: Fayard 2001, wo er diesen Punkt näher ausführt.

111 Ebd., S. 193.

Arbeitermilieu zu entfernen, und die soziale Schande, einer armen Familie anzugehören, beide eine Zeitlang kaschiert hinter der stolz für sich reklamierten Homosexualität. So kann eine Schande eine andere verdecken, und das stolze Selbstbewußtsein als Schwuler kann als Schutz dienen, um sich eine neue Identität zu definieren, die jeden Bezug auf die soziale Herkunft maskiert.[112]

Es ist also eine Arbeit der Differenz und an der Differenz, die in der Nicht-Reproduktion am Werk ist. Darum ist es notwendig, den Platz innerhalb der Klasse zu denken und das Prinzip der Distinktion, der »feinen Unterschiede«, innerhalb des Gleichen anzuwenden, um das Auftauchen von Ausnahmephänomenen zu denken. Denn die Klassenhomogenität, die auf einer Gemeinsamkeit der Klassenlage beruht, darf nicht die Heterogenität der Situationen verdecken. Es geht hier nicht darum, das Individuum gegen die Familie oder die Klasse auszuspielen und zu glauben, als Überzähliger werde man kühn, abweichend und unternehmungslustig, sondern zu verstehen, wie und warum ein einzelner innerhalb einer Konfiguration sich auf den Startpunkt stellt oder gestellt wird. Denn man wählt nicht so sehr den Weggang, sondern wird dazu auserwählt.

Wenn ein Individuum so sehr leidet, daß es sich trennt, so leidet auch der Familien- und Gesellschaftskörper und sucht mit der Trennung nach einem Ausweg. Darum ist die Nicht-Reproduktion nie bloß ein individuelles Abenteuer, sondern eine Ausstoßung aus dem Milieu – oder ein Vorstoß. Sie kann in der Tat einem Hinauswurf, aber auch einem

112 In der Tat sieht sich Didier Eribon bei seiner Rückkehr nach Reims einer lange verleugneten Frage gegenüber: ob nämlich die Tatsache, daß er seine Homosexualität als theoretischen Rahmen und als Erklärungsprinzip seiner Geschichte und des Bruchs mit seiner Familie nutzte, ihm nicht einen guten Vorwand lieferte, dem Gedanken auszuweichen, daß das Motiv seiner Distanz wahrscheinlich ebensosehr die soziale Scham wegen seiner Herkunft und die Klassenschranke ist. Vgl. *Rückkehr nach Reims*, a.a.O., S. 22.

Plan entsprechen. Der Wunsch nach einem anderen Leben, entstanden aus Begegnungen und verschiedenen freudigen oder traurigen Affekten, ist nicht unbedingt die ureigene Idee des Individuums, das mit dem Reproduktionsschema bricht. Er kann auch die Frucht einer familiären oder kollektiven Bestrebung sein, die sich in ihm ausdrückt. Das Kind ist mehr oder weniger unwissentlich der Weg und die Stimme der enttäuschten Wünsche seiner Eltern; es bemüht sich, ihren Willen zu erfüllen, und an dem Elend, der Schande und der Stigmatisierung, deren Opfer sie wurden, Vergeltung zu üben. Es macht sich zum Rächer des Leidens derer, die weniger als nichts sind, indem es den frommen Traum zu verwirklichen sucht, dem zufolge die Letzten die Ersten sein werden, und den Wunsch der Eltern zu erfüllen, daß die nächste Generation es einmal besser haben solle.

So werden Eltern, die widerwillig eine Ordnung reproduzieren, die sie erdrückt, ihre ganze Kraft dafür aufbieten, daß ihr Kind nicht das gleiche Leben führen muß wie sie, um den Preis ungeheurer Opfer einschließlich des größten, nämlich dieses Kind, das sich notwendig aus dem Schoß der Familie entfernen wird, zu verlieren. In seinem Wunsch, geliebt zu werden und seiner Familie zu gefallen, wird es sich bemühen, diesen Erwartungen zu entsprechen, und beinahe wider Willen aus seinem Milieu ausgestoßen werden. Die Nicht-Reproduktion ist also die einzigartige Form, die eine kollektive Verweigerung der Reproduktion annehmen kann. In Ermangelung einer offenen sozialen Revolte oder kollektiven Revolution ist sie ein dumpfer Protestschrei des ganzen Familienverbands, den ein Individuum in sich widerhallen läßt und den es sich zu eigen macht, weil ihm in der Geschwisterkohorte dieser Platz zugewiesen wurde. Eine der Triebkräfte der Nicht-Reproduktion ist der Wille zur Gerechtigkeit, verwurzelt in der erlittenen Demütigung und in dem Wunsch, sich zu rächen, dem Wunsch, nicht das gleiche Leben von einer Generation zur nächsten zu wiederholen. Annie Ernaux notierte mit 22 Jahren in ihren Tagebüchern, daß sie schreibe, »um ihr Geschlecht [*sa race*] zu rächen«. Die Stirn heben, um frontal dem Affront zu trotzen.

Bei Didier Eribon nährt sich der positive Wunsch nach Bildung nicht nur aus der Freundschaft mit dem Schulkameraden, den er nachahmen möchte, oder aus der sexuellen und sozialen Scham, die es vermittels der Kultur zu tilgen gilt, sondern auch aus der Familiengeschichte, die unter dem Zeichen der Schande und des Begehrens nach Vergeltung oder Wiedergutmachung steht: Eine Großmutter – alleinstehende Mutter –, der man eine Affäre mit einem deutschen Offizier nachsagte, wurde deshalb nach der Befreiung geschoren und erhielt, weil sie abgetrieben hatte, eine Gefängnisstrafe. Eine Mutter, »Kind der Sünde«, die darunter litt, ein Bastard zu sein, und die von ihrer eigenen Mutter mehrere Jahre lang im Stich gelassen wurde, wäre gern Grundschullehrerin geworden, weil sie eine sehr gute Schülerin war, konnte aber wegen des Krieges und der Armut nicht studieren und blieb darüber zutiefst verletzt und frustriert.[113] Auch wenn er auf den Familienroman nicht weiter insistiert, hat Eribon das Bewußtsein, in einer insgeheim verfluchten und erniedrigten Abstammungslinie zu stehen, eine Geschichte ererbt zu haben, in der die moralische Schande zum sozialen Elend hinzukommt, eine Geschichte, die für die Persönlichkeit und Subjektivität seiner Mutter schwerwiegende Folgen hatte. Er erkennt an, daß dieses Geschehen sich tief auf seine Jugend und alles Spätere auswirken mußte.[114] Die Schande wiederholt sich von einer Generation zur nächsten, indem sie sich auf seine Homosexualität verschiebt; er muß also diese Vergangenheit, die er nicht ändern kann, emotional auf sich nehmen und Passivität in Aktivität transformieren, indem er in der Welt der Kultur eine Legitimität erobert, die durch ihn zugleich seine Familie rehabilitiert.

113 Didier Eribon, *Rückkehr nach Reims*, a. a. O., S. 72.
114 Ebd.

Der Fall Didier Eribons ist da überhaupt keine Ausnahme. In dem Dorf T. haben all die Schüler, die der sozialen Reproduktion unter der Ägide ihrer Grundschullehrerin entgangen sind, eine Gemeinsamkeit darin, daß ihre Mütter – oder gar beide Elternteile – den starken Wunsch hatten, wegen ihrer sehr guten Noten ihre Ausbildung über das *certificat* [die Erfüllung der Schulpflicht] hinaus fortzusetzen, daß sie sich aber mangels finanzieller Mittel damit begnügen mußten, bereits sehr früh in die Arbeitswelt einzutreten, manchmal schon mit neun Jahren, um zum Unterhalt ihrer Familie beizutragen. Grausamkeit des Schicksals und der Geburt: Eine von ihnen mußte auf ihre Hoffnungen verzichten, um Zimmermädchen in einem Hotel zu werden, und ihr magerer Lohn diente dazu, einen Teil des Studiums ihrer jüngeren Schwester zu finanzieren, derjenigen, die zur Pionierin der Nicht-Reproduktion im Dorf wurde. Unter diesen Bedingungen ist es nicht verwunderlich, daß diese geopferte Frau zwei Kinder hatte, die der Reproduktion entkamen; die ältere Tochter, die Professorin an der Sorbonne wurde, entfernte sich am weitesten von der sozialen Ordnung, insofern ihr im Laufe eines einzigen Lebens der Übergang vom Status einer Grundschullehrerin, dann einer Lehrerin für die Sekundarstufe zum dem einer wissenschaftlichen Mitarbeiterin und schließlich Universitätsprofessorin gelang, ein Karriereweg, für den im allgemeinen mehrere Generationen erforderlich sind.

Doch dies ist nicht nur die Revanche der geopferten Familie, es ist manchmal auch die der Gruppe, der Sippe oder des ganzen Dorfes, die sich bei einem singulären Aufstieg vollzieht. In ebendiesem Dorf T. mit seinen engen Verwandtschaftsbeziehungen sind die Einwohner wegen der Höhenlage des Ortes ärmer als die der umgebenden Weiler, doch aufgrund einer Mentalität, die mehr auf religiösen Glauben und Spiritualität denn auf materielle Güter gerichtet ist, außerordentlich stolz darauf, »Intellektuelle« in ihrer

Gemeinschaft zu haben und sich durch diesen Ruhmestitel glänzend von den Nachbarn zu unterscheiden – einen Ruhm, der die Verachtung ihnen gegenüber in dumpfen Neid verwandelt. Die »Zurückgebliebenen« beweisen damit, daß sie zur »Spitze« gehören, und zeigen ihre Überlegenheit all denen, die sie in die Gruppe der »Schlußlichter« abdrängen zu können glaubten. Der Stolz auf die erfolgreichen Kinder der Gegend beschränkt sich nicht auf den familiären Rahmen und gibt dem sozialen Aufstieg ebenfalls einen mächtigen Schub. Um die Nicht-Reproduktion zu verstehen, darf man sie also nicht als einsamen Weg betrachten, sondern als fest verbunden mit einem familiären oder sozialen Milieu, das sie irgendwie anreizt oder wenigstens zuläßt. Man geht nicht ganz allein fort, sondern wird vor die Tür gesetzt oder von seinem Milieu getragen.

Das tragende Milieu ist übrigens nicht unbedingt das Herkunftsmilieu. Auch die herrschende Klasse kann zur sozialen Mobilität ermuntern, nicht aus Menschenliebe, sondern aus dem Bedürfnis, sich eine Elite von Spezialisten, Werkmeistern und Vorarbeitern heranzuzüchten, um ihre wirtschaftlichen und sozialen Interessen zu befriedigen. Die besten Schüler der unteren Schichten bilden also ein Reservoir für Talente, eine Art Fischteich, aus dem man schöpfen kann. Nizans Held Antoine Bloyé, Sohn eines Arbeiters und einer Hausfrau, der aus dem Glied heraustritt und Kleinbürger wird, veranschaulicht das sehr gut. Er ist ein Reinprodukt der industriellen Revolution, die in der zweiten Hälfte des 19. Jahrhunderts Vorgesetzte und neue menschliche Ressourcen verlangt. Es ist kein Zufall, wenn das Parlament 1858 ein Gesetz über das Berufsschulwesen verabschiedet und wenn in dieser Zeit die *Écoles des Arts et Métiers* florieren. Der junge Antoine, der Beste seiner Gruppe in der Schule, wird in diesen Prozeß der Fabrikation einer kleinbürgerlichen Klasse im Dienst der Aktionäre und Chefs hineingerissen:

> Den Söhnen der Großbourgeoisie, der Bürger mit freien Berufen, sind höhere Lebenswege vorbehalten, solche, die mit den Schlüsselwörtern der Humaniora geschmückt sind, aber welche Reserven gibt es unter den begabten Arbeitersöhnen, welche unerschöpflichen Quellen an ergeben Dienenden. Man braucht sie, man verlockt sie also, indem man ihnen die große Zukunft der gleichen Chancen verspricht, die Demokratie geht auf wie eine Sonne, jeder Arbeitersohn hat in seiner Schulmappe das Diplom eines Führers von Menschen, das Blanko-Diplom eines Bourgeois …[115]

Gewiß, der Klassenübergänger tritt nicht durch das Hauptportal ein und bleibt sozusagen auf dem Treppenabsatz, auf halber Höhe stehen, so wie Antoine, der »nie in seine Gespräche Zitate aus der *Lateinischen Flora* von Monsieur Larousse oder die Immortellen aus dem *Garten griechischer Wurzeln* einflechten« wird.[116] Dennoch, mag es Stendhal nun gefallen oder nicht, tut die »nächsthöhere« Klasse nicht immer ihr Möglichstes, die untere Klasse am Aufstieg zu hindern; sie kann diese aus kalkuliertem Interesse auch bis zu einem gewissen Grad fördern.

Doch welcher Hebel auch zum Einsatz kommt, derjenige der Ausgangs- oder der Ankunftsklasse, ein Problem bleibt ungelöst: Wie kommt es, daß innerhalb derselben Familie zwei Kinder, Erben einer identischen Geschichte, in analoger Weise aufgezogen, mit derselben sexuellen Orientierung, ganz unterschiedliche soziale Schicksale haben, so daß eines von ihnen das Herkunftsmodell reproduziert und das andere sich davon radikal entfernt? Wie erklärt sich die Einzigartigkeit und Unterschiedlichkeit der Lebenswege, während doch die Ausgangsbedingungen anscheinend gleich sind?

115 Paul Nizan, *Das Leben des Antoine B.*, deutsch von Gerda Scheffel, Frankfurt am Main: Suhrkamp 1974, S. 56.

116 Ebd., S. 40.

Das ist ein Problem, das John Edgar Wideman in *Bruder und Hüter* behandelt. John Edgar Wideman wird im Schwarzenghetto in Pittsburgh, Pennsylvania geboren, und sein soziales Schicksal nimmt einen ganz anderen Lauf als das seines Bruders Robby. Trotz des Elends und des Rassismus wird er Universitätsdozent, dann Schriftsteller, der nicht nur in der schwarzen *community*, sondern auch außerhalb anerkannt ist, während sein Bruder Robby nach einem Mord schließlich zu lebenslanger Haft verurteilt wird. *Bruder und Hüter* erscheint als ein zweistimmiger Bericht, in dem es darum geht, die Verkettung der Ursachen und der Umstände zu verstehen, die dazu geführt haben, daß zwei Gleichen, zwei Brüdern, ein so unterschiedliches Los zufiel. Auch wenn John Edgar sein Autor ist, entsteht das Buch aus den Begegnungen mit seinem Bruder im Besucherraum des Gefängnisses, und es erzählt beider Lebensgeschichte parallel.

Anfangs erscheint der Unterschied zwischen den beiden Schicksalen als dummer Zufall. Robbys Geschichte war im Grunde nur ein einfacher und narrensicherer Plan, der schieflief: Bei einem bewaffneten Raubüberfall zusammen mit zwei Ganoven, Mike Dukes und Cecil Rice, auf einen Hehler wurde der Mann getötet, weil er eine unvorsichtige Geste gemacht hatte und einer der Komplizen, der eine Pistole in dessen Jacke vermutete, nervös wurde und schoß.[117] Dieser tragische Irrtum hatte einen hohen Preis: den Tod eines jungen Mannes und drei durch lebenslange Haft ruinierte Leben. In einer ersten Phase rückt John Edgar die Ähnlichkeit und Austauschbarkeit der Plätze in den Vordergrund, und er erklärt den Unterschied aus kontingenten äußeren Faktoren, wie Pech oder eine willkürlich angeordnete Einweisung. Er sieht in der Gefängnishaft seines Bruders – sein eigen Fleisch und Blut, von denselben Eltern im selben Haus aufgezogen – eine Art Störung im

117 John Edgar Wideman, *Bruder und Hüter*, aus dem Amerikanischen von Peter Bartelheimer, Frankfurt am Main: Suhrkamp 1987, S. 18.

System, weil jeder andere Grund zu belastend wäre. Er interpretiert diesen Justizirrtum als Zeichen seiner eigenen Angreifbarkeit, weil er selbst ganz genauso hinter Gittern sein könnte.[118] Mit dieser Option für eine Logik der Klassenidentität, Rassenidentität und Austauschbarkeit der Plätze verbietet sich John Edgar, die Differenzen anders denn als Schicksalsschlag, als Folge von Glück oder Unglück zu verstehen, und verwandelt damit Determinanten in ein Los des Schicksals. Was bedeutet, daß die Differenz rätselhaft bleibt, so sehr läßt die Berufung auf den Zufall, der wie ein *deus ex machina* hervorgekehrt wird, die kausal wirkenden Determinationen im dunkeln und dient als Maske der Unwissenheit.

In einer zweiten Phase entdeckt Wideman, daß die Identifikation mit seinem Bruder – die ein Mittel ist, ihn zu entschuldigen, sich durch ihn zu entschuldigen und sich von den Verbrechern mit Hilfe von Floskeln zu unterscheiden wie »Du bist mein Bruder, bist wie ich. Anders«[119] – eine Form der Verneinung der jedem eigenen Singularität ist. Gewiß, der erste Moment, der darin besteht zu sagen: »Du bist wie ich«, ist notwendig, denn er stellt einen Akt der Anerkennung der Verwandtschaft und der Ähnlichkeit dar, doch darf er die Differenz nicht verdunkeln. Mein Bruder ist nicht ein anderes Ich; er ist ein anderer als ich. John Edgar wird sich fortschreitend darüber klar, daß es ihm gelingen muß, seinen Bruder so zu sehen, wie er ist, mit seiner eigenen Geschichte und seinen eigenen Bezügen, daß es ihm gelingen muß, seine Differenz jenseits der Ähnlichkeit zu verstehen und seine Manie abzulegen, sich selbst beim Zuhören zuzuhören.[120]

Die Arbeit des Verstehens beschränkt sich also nicht darauf, eine Sympathiegemeinschaft mit dem anderen herzustellen, sondern impliziert die Bejahung einer

118 Ebd., S. 78.
119 Ebd.
120 Ebd., S. 121.

unauflöslichen Singularität. Die Unterschiedlichkeit der beiden Wege erscheint dann als Ergebnis einer doppelten Bewegung, der Kausalität der Differenz und der Kausalität der Welt, die diese Differenz modelliert und transformiert, indem sie jedem einen Platz zuweist. Das ist zumindest die Feststellung, die John Edgar trifft: »[D]ie Welt hatte sich dieser Andersartigkeit bedient, um mir Raum zur Entfaltung zu geben, während er in einen Käfig gezwängt wurde. Warum war das so gekommen? Worin bestand diese Andersartigkeit?«[121] So geht er vom Zufall zur Notwendigkeit über, indem er auf die Idee einer »Lotterie« verzichtet und sich der Idee eines Wirkens der Andersartigkeit unter der Mitwirkung der äußeren Welt zuwendet.

Die Frage ist also nur, das Wesen dieser Andersartigkeit zu klären. Diese Fragestellung läuft nicht darauf hinaus, die Essenz präetablierter singulärer Seinsweisen bestimmen zu wollen. In Wirklichkeit ist der Unterschied zwischen den beiden Brüdern weniger eine ontologische als eine topologische Differenz, wenn man so sagen darf. Tatsächlich wurzelt sie hauptsächlich in der Position der beiden innerhalb der Geschwisterkohorte. John ist der Älteste, auf ihm liegen die Hoffnungen der Familie auf ein besseres Leben für die kommende Generation. Ihn treibt der im Ghetto ziemlich banale Gedanke an, daß man sich für die Kränkung, die den Schwarzen angetan wird, rächen muß, indem man »aussteigt« – durch Bildung. Er flieht vor der Armut und dem Schwarzsein, um in eine Welt von Weißen einzutreten, die einzige Gewähr dafür, weiterzukommen. Sein Weg führt über die obligaten Stufen des sozialen Erfolgs für einen jungen amerikanischen Schwarzen, der in Armenvierteln lebt: die Etappe des College, »mit guten Noten, mit gutem Englisch«,[122] die die Kluft vergrößert, und den Abschied vorbereitet; die ökonomische Etappe, »ein Stipendium und

121 Ebd.
122 Ebd., S. 46.

eine Bahnfahrkarte über die Berge nach Philadelphia«;[123] die geographische Etappe schließlich, das Exil, in dem Ortswechsel und Klassenwechsel zusammenkommen, mit den seltenen Gelegenheiten der Rückkehr nach Hause, als Zeichen der Bestätigung von Überlegenheit und Erfolg.

Robbys Weg ist dagegen durch seinen Platz als Küken in der Geschwisterreihe gekennzeichnet. Er ist der Jüngste in der Familie, und sein Problem besteht darin, sich in seiner Singularität zu behaupten, wie John es zu tun vermochte, ohne doch die von seinen Brüdern gebahnten Wege einzuschlagen. Ihm geht es darum, »wer zu sein« und nicht irgendein letzter Kleiner, von dem die Leute sagen: »er wird'n guter Schüler sein« wie alle Widemans, und dessen Weg damit vorgezeichnet ist. In der Schule und im Sport gibt es nichts, was seine Brüder oder seine Schwester nicht schon getan hätten, und er weigert sich, sie nachzuahmen, wie er John Edgar gesteht: »Aber irgendwas in mir sagte nein. Wollte nicht so sein wie ihr anderen alle. Ich mußte ein Rebell sein.«[124]

Die Divergenz der Wege ist nicht das Ergebnis einer angeborenen Differenz, sondern einer Differenzierung, die historisch mit der Umgebung und der Familienkonstellation in Wechselwirkung steht. Das Modell des Rebellen, der das Gesetz herausfordert und Angst und Schrecken herrschen läßt, bietet Robby die Aussicht, sich einen Platz zu erobern, »ein Star [zu] werden«, »ganz nach oben« zu kommen, wie er selbst sagt.[125] Die Haltung des Rebellen einzunehmen, stellt sich als Protest gegen das Elendsmilieu und zugleich gegen die klassischen Lösungen dar, die den jungen Schwarzen der Ghettos angeboten werden: die Rettung durch Sport oder Schule. Da die Plätze des Sportlers und des Intellektuellen nun aber von seinen Brüder schon besetzt sind, muß Robby

123 Ebd.
124 Ebd., S. 134.
125 Ebd.

sich »Neuland« suchen und darf nicht den Spuren von irgend jemandem folgen.

Sein Weg folgt einer doppelten Distinktionsbewegung, die die Nicht-Reproduktion auf den Gipfel treibt. Robby weigert sich, das Leben seiner Eltern zu reproduzieren, und lehnt die Nicht-Reproduktion seiner älteren Geschwister ab. Im Heil durch den Sport oder die Schule sieht er eine Art Klassenverrat, eine Verbürgerlichung, denn solche Formen der Nicht-Reproduktion werden von der Gesellschaft in dem Maße erlaubt und gefördert, wie sie die bestehende Ordnung stärken, ohne sie je in Frage zu stellen. Die Nicht-Reproduktion erscheint demnach als Sicherheitsventil der Reproduktion, als die subtilste Form der Fügsamkeit. Dagegen hält sich die Pose des Rebellen, die Robby einnimmt, für eine radikale und originäre Figur der Nicht-Reproduktion: »Ich wollte das Rampenlicht. Ich wollte ganz nach oben. Mir [war] völlig klar, daß Schule Sport es nicht bringen würden. Kam so weit, daß ich mir sagte, meine Brüder und meine Schwester, das sind Normalos. Ich hatte euch gern und alles, aber da gab's für mich keinen Platz. Mußte irgendein Neuland ausfindig machen. Ich mußte ein Rebell werden.«[126] Robby sieht sich im Schatten und will einen Platz an der Sonne erobern. So glänzt er und macht sich einen Namen.

Dabei ist es unwichtig, daß das Modell des Rebellen nicht minder konventionell ist als das des Sportlers oder des Intellektuellen und daß Gesetzesüberschreitungen die soziale Ordnung, die sie mit Marginalisierung oder Gefängnis belegt, nicht umstürzen. Die Bekräftigung der eigenen Existenz führt dazu, sich von dem Hintergrund des Identischen abzuheben und die Austauschbarkeit zu verneinen. So daß die äußerste Form der Differenz darin besteht, das herrschende Modell der Nicht-Reproduktion nicht zu reproduzieren.

126 Ebd.

Um den Anspruch auf einen einzigartigen Weg in der Nicht-Reproduktion zu verstehen, genügt es nicht, nur erfassen zu wollen, »was ein jeder aus dem macht, was man aus ihm gemacht hat«, wie Sartre meint, sondern man muß analysieren, was jeder aus dem macht, was man aus ihm *und* den anderen gemacht hat. Die Gegebenheiten des Problems lassen sich nicht nach individualistisch-atomistischer Logik auf die direkte Konfrontation eines Einzelwesens mit seinem Milieu zurückführen. Sie implizieren die Erfassung der komplexen Modalitäten, mit denen jeder sich einen Platz im Sein erobert, indem er sich durch Identifizierung und Differenzierung innerhalb eines gegebenen Raumes mit den anderen und gegen sie definiert. Die Nicht-Reproduktion gehorcht dem Schema einer Vernetzung, in dem das Individuum nicht als isoliertes Wesen gedacht werden kann, das sich von seiner eigenen Klasse trennt. Auch wenn es als Ausnahme angesehen wird, ist es keine Insel, die von allem anderen abgeschnitten wäre, eine Herrschaft innerhalb einer Herrschaft, um mit Spinoza zu sprechen. Es ist Ausnahme nur in einer Umgebung, die es duldet, so daß eine atypische Laufbahn keine Abweichung darstellt; es geht seinen Weg unter Mitwirkung des Milieus und wird von ihm zugleich an- und abgestoßen. Es ist nicht die Frucht einer Störung, sondern einer anderen als der üblichen Kombination von Regeln. Der Klassenübergänger ist weniger ein einsamer Held als vielmehr ein Herold, der persönliche und kollektive Bestrebungen verkörpert, seien es solche der Familie, des Dorfes oder des Viertels, der Rasse oder Klasse sowie von *sex* oder *gender*.

Die Nicht-Reproduktion ist also kein individuelles, sondern ein transindividuelles Phänomen; sie wird nur verständlich, wenn man die ökonomischen, soziologischen, familialen und affektiven Determinanten, die in der Geschichte eines jeden wirksam sind, gesondert erfaßt.

Folglich geht es nicht darum, einen Primat entweder des persönlichen Willens oder der sozialen und materiellen Bedingungen zu denken, als wäre das Begehren nicht durch Ökonomie und Soziologie determiniert und als wären umgekehrt Ökonomie und Soziologie nicht von Affekten durchzogen. Annie Ernaux erinnert mit Recht daran, daß »auch das Private immer noch Gesellschaftliches [ist], weil ein reines Ich, in dem die anderen, die Gesetze, die Geschichte nicht präsent wären, unvorstellbar ist«.[127] Umgekehrt verbietet der Widerwille, die Existenz von Affekten zu berücksichtigen – ein Widerwille, der sich manchmal in einer verächtlichen Ablehnung des »Psychologismus« oder in einem a priorischen Mißtrauen gegenüber *der* Psychoanalyse äußert (als ob es nur eine gäbe) –, ein Verständnis der prägenden Wirkung von Emotionen auf den Gesellschaftskörper.

Die Nicht-Reproduktion fordert dazu auf, ineinander verschachtelte Geschichten und miteinander verschränkte Ursachen zu denken. Sie sind nicht das Produkt *einer* ersten und determinierenden Ursache, die man als *die* Ursache präsentieren könnte, sondern eine singuläre Konfiguration von vielerlei Ursachen, deren Resultante ein Lebensweg ist. Insofern ist keine Ursache für sich allein entscheidend. Weder Ehrgeiz noch das Vorhandensein alternativer familialer oder schulischer Modelle, noch die Existenz finanzieller Anreize und fördernder sozioökonomischer Maßnahmen können die Nicht-Reproduktion für sich allein erklären. Es gibt auch keinen bevorzugten Affekt – etwa die Scham, den Wunsch nach Gerechtigkeit oder Anerkennung –, den man als ausschlaggebende Ursache herausstellen könnte. Affekte sind durch Ambivalenz gekennzeichnet und können Menschen dazu bringen, sich in durchaus gegensätzliche Richtungen zu wenden, je nach der Intensität der Affekte selbst und je nach den mit ihnen oder gegen sie wirkenden Kräften. So macht Didier Eribon auf die tiefe Ambivalenz der Scham

127 Annie Ernaux, *L'Écriture comme un couteau*, a. a. O., S. 152.

aufmerksam, die abwechselnd Furcht oder Kühnheit weckt und die jemanden ebensogut verstummen lassen wie zum Sprechen bringen, zur Unterwerfung wie zum Aufbegehren gegen die bestehende Ordnung anspornen kann.[128] In dieser Hinsicht kann jede isolierte Bestimmung bestenfalls eine notwendige, aber keine hinreichende Ursache für das Auftreten von Klassenübergängern sein. Die Nicht-Reproduktion setzt also ein kombinatorisches Denken in Gang, ein Denken des Mitwirkens oder der Verbindung, und erfordert die Analyse eines Netzes oder Bündels von Ursachen.

Von daher stellt sich die Frage, wie man das Ganze der affektiven, ökonomischen, politischen und historischen Bestimmungen, die beim Auftreten von Klassenübergängern zusammenwirken, unter die Einheit eines Begriffs fassen kann. Es ist klar, daß die Nicht-Reproduktion nicht auf Formen des Klassenhabitus beruhen kann, die eher den gegenteiligen Effekt hervorbringen. Sie impliziert trotzdem weder deren Unterdrückung noch einen völligen Bruch mit dem Herkunftsmilieu, sondern setzt eine Neuanordnung der Determinanten voraus. In dieser Hinsicht bringt sie nicht so sehr ein *Genie* [génie] wie ein *Ingenium* [ingénierie] ins Spiel, denn sie verlangt nicht eine natürliche Disposition, Originelles zu schöpfen, sondern ein komplexes Dispositiv, das die Synthese der konstitutiven Bestimmungen eines Individuums und seiner Umgebung herstellt. Man müßte also das *ingenium* des Klassenübergängers – eher als den *genius* im Sinne einer außerordentlichen Erfindungsgabe – denken.

Gewiß stehen die beiden Ausdrücke, die von demselben Verb *genere* (hervorbringen, schaffen, schöpfen) abgeleitet sind, ursprünglich nicht in Opposition zueinander. Von der römischen Antike bis in die Moderne ist *ingenium* in der philosophischen Sprache ein Begriff, der auf den Geist, seine Intelligenz oder seine Gewandtheit verweist und

128 Didier Eribon, *Retours sur Retour à Reims*, a. a. O., S. 44.

sein angeborenes Vermögen zum Ausdruck bringt, Ideen und Werke hervorzubringen: seinen theoretischen und praktischen Einfallsreichtum, seinen »Witz«.[129] Allerdings verschiebt sich seine Bedeutung vom Angeborenen zum Erworbenen. In seinem *Totius latinitatis lexicon* (1865) zählt E. Forcellini vier miteinander zusammenhängende Bedeutungen des Begriffs auf. Im weiteren Sinn bezeichnet *ingenium* die angeborenen Qualitäten einer Sache. In einem engeren Sinn wird der Anwendungsbereich des Begriffs auf den Menschen eingeschränkt und umfaßt die Gesamtheit seiner natürlichen Anlagen, Charaktermerkmale und Verhaltensweisen; spezieller bezeichnet er dann seine Intelligenz und seine Erfindungskraft und dient schließlich dazu, die mit diesen Fähigkeiten versehenen Menschen zu bezeichnen.[130] Auch wenn der Ausdruck keine genaue Entsprechung im Französischen hat, leiten sich von diesem letzteren Verständnis das Substantiv *ingéniosité* und das Adjektiv *ingénieux* [Scharfsinn, scharfsinnig] ab.

Was uns hier interessiert, ist jedoch nicht der Verweis auf angeborene natürliche Anlagen, sondern die leichte Bedeutungsverschiebung, die innerhalb derselben Etymologie die Idee des *ingenium* gegenüber der des *genius* vollzieht. Indem sie den Akzent auf die Seins- und Lebensweisen der Menschen legt, unterstreicht sie die historische Dimension der Natur eines menschlichen Wesens und seiner Formung durch die äußeren Ursachen, derart, daß seine distinktive Eigenheit weniger konstitutiv als konstituiert ist. Wenn Einfallsreichtum und Originalität vorliegen, sind sie weniger die Frucht natürlicher Anlagen als vielmehr Fertigkeiten, die sich aufgrund der Umstände entwickeln.

In diesem Sinne wird der Begriff *ingenium* beispielsweise in der Philosophie Spinozas verwandt. Das *ingenium* ver-

129 Siehe zu diesem Punkt den Artikel *ingenium* von Alain Pons aus dem *Robert*: http://robert.bvdep.com/public/vep/pages_html/ingenium.htm.
130 Ebd., S. 1 (von 5).

weist auf die Gesamtheit der singulären Merkmalszüge eines Individuums, die das Produkt der gemeinsamen Geschichte, seiner eigenen Gewohnheiten, seiner Begegnungen mit der Welt sind. Das *ingenium* ließe sich definieren als Komplex sedimentierter Affekte, die für ein Individuum, seine Lebensweise, seine Urteile und sein Verhalten konstitutiv sind. Es wurzelt in den Anlagen des Körpers und umfaßt ebenso physische wie geistige Seinsweisen. Es bildet sich aus den Spuren, welche die Dinge in uns einprägen und die der Körper bewahrt, Spuren, aus denen wir Bilder und Vorstellungen formen oder die wir umformen, indem wir sie als Zeichen interpretieren, indem wir sie gemäß der unserem Geist und seinen vorherigen Denkerfahrungen eigenen Logik untereinander verknüpfen. Dieser Begriff drückt die bei einem Menschen ebenso wie bei einem Volk wiedererkennbare Individualität aus.

So spricht Spinoza vom *ingenium* des vernunftgeleiteten Menschen, der sich vom Unwissen entfernt,[131] vom »ungebildete[n]« und »widerspenstige[n]« *ingenium* des hebräischen Volkes, wie es sich im Laufe seiner religiösen und politischen Geschichte herausgebildet habe.[132] Es ist klar, daß *ingenium* in diesem Zusammenhang nicht auf eine angeborene natürliche Anlage verweist. Spinoza lehnt es in der Tat ab, das rebellische *ingenium* des hebräischen Volkes einer Natur anzulasten, sondern macht dafür seine Gesetze und seine Sitten verantwortlich.[133] Das *ingenium* hat etwas unhintergehbar Singuläres und ist nicht ohne weiteres von einem Individuum auf ein anderes übertragbar. Das ist übrigens einer der Gründe, weshalb Spinoza zufolge »nach dem Recht der Natur niemand verpflichtet ist, nach dem

131 Baruch de Spinoza, *Ethik*, a. a. O., Vierter Teil, Lehrsatz 66, Anmerkung, S. 493.

132 Baruch de Spinoza, *Theologisch-politischer Traktat*, auf der Grundlage der Übersetzung von Carl Gebhardt neu bearbeitet von Günter Gawlick, Hamburg: Meiner 1984, 5. Kapitel, Absatz 10, S. 86.

133 Ebd., 17. Kapitel, Absatz 26, S. 268.

Sinne [*ingenium*] eines anderen zu leben«,[134] auch wenn jeder tyrannisch danach trachtet, daß die anderen nach dem seinen leben. Das *ingenium* erlaubt es, die Verschiedenheit der Individuen zu denken, ohne auf eine gemeinsame Natur oder eine unveränderliche individuelle Natur Bezug zu nehmen. Namentlich in der Vorrede zum *Theologisch-politischen Traktat* beharrt Spinoza auf dieser Verschiedenheit des *ingenium*, aus der die unbegrenzte Vielfalt der Urteile und Glaubenshaltungen hervorgeht, da »die Sinnesart [*ingenium*] der Menschen sehr verschieden ist und dem einen diese, dem anderen jene Ansicht mehr zusagt und diesen zur Andacht stimmt, was jenen zum Lachen bringt.«[135]

Wenngleich der Ausdruck *ingenium* im Französischen manchmal mit *esprit* oder *tempérament* oder *caractère* wiedergegeben wird, wird er im spinozistischen Kontext zweifellos am besten mit *complexion* übersetzt, denn er gibt treffend die Vorstellung einer komplexen und einzigartigen Montage miteinander verbundener physischer und mentaler Bestimmungen wieder.[136] Der Ausdruck *complexion*, der in der französischen Sprache im 13. Jahrhundert auftrat, verweist ebensowohl auf eine singuläre physische Konstitution (man spricht von schmächtiger oder fülliger, schwächlicher oder robuster Komplexion) wie auf individuelle Neigungen und Verhaltensweisen. Montaigne zum Beispiel spricht von der »einzelgängerischen, weltabgewandten Gemütsart« [*complexion solitaire et mélancholique*], die einen Knaben dazu treibt, sich dem Bücherstudium zu ergeben.[137]

134 Ebd., Vorrede, Absatz 13, S. 11.

135 Ebd., Vorrede, Absatz 12, S. 10.

136 [Die hier verwendeten deutschen Spinoza-Übersetzungen von Günter Gawlick und Wolfgang Bartuschat geben *ingenium* mit »Sinnesart« wieder. – *A.d.Ü.*]

137 Michel de Montaigne, *Essais*, erste moderne Gesamtübersetzung von Hans Stilett, Frankfurt am Main: Eichborn 1998, Erstes Buch, 26. Kapitel, S. 90.

Historisch verweist der Begriff zunächst auf Bestimmungen physischer und physiologischer Art, wie die Augen- und Haarfarbe und der Hauttyp eines Menschen. Er betrifft nicht nur die physische Erscheinung und das Aussehen des Körpers, sondern seine organischen Anlagen. Komplexion ist somit ein medizinischer Ausdruck, der die physische Konstitution einer Person unter dem Gesichtspunkt ihrer Gesundheit bezeichnet. Diese Konstitution wird in ihrer Singularität betrachtet, mit ihren Besonderheiten und Varianten, und sie vereint natürliche, biologische und andere Merkmale, die sich aus der persönlichen Geschichte des Individuums und seiner Schicksale ergeben. Unter diesem medizinischen Blickwinkel betrachtet, läßt sich Komplexion als das Gefüge zusammenwirkender physischer Bestimmungen definieren.

Weiterhin wird der Ausdruck Komplexion in der Philosophie gebraucht, um die Organisation der körperlichen und geistigen Anlagen eines Individuums, seiner Neigungen, Tendenzen oder Stimmungen zu charakterisieren. Das Wort geht auf das lateinische Wort *complexio* zurück, das aus dem Präfix *con*, »mit«, und der Wurzel *plexus* – aus dem Partizip Perfekt von *plectere*, »verknüpfen, weben«, gebildet ist –, und drückt die komplizierte Verschlingung der Fäden aus, die das Gewebe eines Lebens ausmachen und dieses Leben an das der anderen anbinden.

In diesem Sinne verstanden, bezeichnen *ingenium* oder Komplexion die Kette der Bestimmungen, die sich zur Textur eines singulären Lebens verknüpfen. Vom Begriff Genie bewahren sie die Idee der Originalität, nehmen ihr jedoch jede angeborene oder transzendente Dimension, um den Akzent auf die historische Produktion einer kunstreichen Webarbeit zu legen, die mit einem Milieu verbunden ist. Sie legen es also nahe, den Klassenübergänger als ein Wesen zu denken, das einen Knoten von Beziehungen und Affekten bildet, die sich kombinieren und komponieren, um eine Neukonfiguration hervorzubringen. Es geht also nicht darum, mit Montaigne zu sagen: »Wir gehen nicht, wir werden geschoben wie Treibholz«, »als ob fremde Hände uns wie Marionetten zappeln ließen«.[138] Der Klassenübergänger ist so wenig wie jeder andere Mensch eine hölzerne Marionette, und auch wenn er nicht alle Fäden zu lösen vermag, webt er doch das Gewebe seiner Existenz, indem er die Fäden zu entwirren, zu lösen oder neu zu verflechten versucht, ohne jemals die Verbindung mit den anderen zu zerreißen, selbst wenn er mit ihnen im Streit liegt. Kurz, einzig der Gedanke der Komplexion vermag die Nicht-Reproduktion zu erklären.

138 Ebd., Zweites Buch, 1. Kapitel, S. 166.

Zweiter Teil
Die Komplexion der Klassenübergänger

Es ist weniger schwer zu steigen,
als dabei derselbe zu bleiben.

Michelet, *Das Volk*

Wenn man die Textilmetapher fortspinnt, erscheint die Komplexion der Klassenübergänger als eine Kontextur, als eine singuläre Bindungs- und Organisationsweise der Teile einer Gesamtexistenz. Komplexion ist weniger der Ausdruck einer Form als einer Formation, eine Stickerei, die auf einem zugrundeliegenden Stramin immer neue Maschen schlingt. Doch wenn sich die Komplexion des Klassenübergängers als Einheit der körperlichen und geistigen Charakteristika definieren läßt, die unter der Einwirkung einer vielfältigen Kausalität miteinander verschlungen sind, bleibt die Natur dieses Flechtwerks von Gegebenheiten noch zu klären. Von der Vereinigung zur Einheit ist es ein weiter Weg. Ein Knoten kann mehr oder weniger locker gebunden sein, Bindungen können mehr oder weniger festgezogen sein, so daß die Kontextur nicht unbedingt fest und haltbar ist. Schon Montaigne zeigte sich skeptisch gegenüber dem Gedanken einer beständigen menschlichen Natur: Er habe »oft den Eindruck gewonnen, daß selbst die guten Schriftsteller irren, wenn sie sich in den Kopf setzen, ein festes und haltbares Ganzes aus uns zu weben«;[139] und er fügt an, wir verwandelten uns »wie jenes Tier, das die Farbe des Ortes annimmt, an den man es jeweils versetzt«.[140] Was wäre dann erst vom Klassenübergänger zu sagen? Ist er ein Chamäleon ohne Beständigkeit? Ein

139 Ebd., S. 165.
140 Ebd., S. 166.

Wesen von da und von dort? Ein Übergangsphänomen? Die ganze Frage würde dann lauten, was hinter dem bunten Gewirr von Bestimmungen am Werke ist.

In dieser Hinsicht ist es interessant zu sehen, daß Littré in seinem Wörterbuch der französischen Sprache (1880) *complexion* im philosophischen Sinne als »Verflochtenheit« definiert und dabei auf den Text der sechsten Meditation zurückkommt, in der Descartes die Natur des Menschen im weiten Sinne als Komplexion all der Dinge, die Gott ihm verliehen hat, definiert [*complexionem eorum omnium (rerum), quae mihi a Deo sunt tributa*].[141] So verstanden, umfaßt Komplexion die Gesamtheit der Gegebenheiten, die dem einzelnen Geist, dem einzelnen Körper zukommen, sowie diejenigen, die ihre Vereinigung bewirken. Der Begriff der Komplexion erlaubt es, unter der Einheit ein und derselben Natur das Gefüge der physischen, mentalen und psychophysischen Bestimmungen zu fassen. Tatsächlich ist diese Einheit nicht selbstverständlich. Die Vereinigung von Körper und Seele ist eine Tatsache, die bei Descartes unverständlich bleibt, denn sie bringt zwei Substanzen unterschiedlicher Natur zusammen, von denen die eine ausgedehnt und die andere denkend ist. Als vereinte ändern Seele und Körper nicht ihre Natur und bilden nicht eine dritte Substanz. Die Bildung einer dritten Substanz ist unmöglich, denn ihre Existenz müßte ausgehend von derjenigen der denkenden und derjenigen der ausgedehnten Substanz gedacht werden. Diese dritte Substanz wäre also gar keine, denn außer der Mitwirkung Gottes bedarf eine geschaffene Substanz *per definitionem* keiner anderen geschaffenen Substanz, um zu existieren. Daher verschmelzen die Substan-

141 René Descartes, *Meditationes de prima philosophia/Meditationen über die Grundlagen der Philosophie*, übersetzt von A. Buchenau, überarbeitet von H. G. Zekl und L. Gäbe, in: *Philosophische Schriften in einem Band*, Hamburg: Meiner 1996, 6. Meditation, S. 145, 147. In der deutschen Übersetzung mit »Inbegriff all dessen, was Gott mir verliehen hat«, wiedergegeben.

zen nicht, so daß ihre Vereinigung den Unterschied nicht aufhebt und der Dualismus fortbesteht.

Die gelegentliche Verwendung des Ausdrucks Komplexion erlaubt es Descartes also, den Menschen als vereinigtes Ganzes zu betrachten und die metaphysische Schwierigkeit zu umgehen, die mit der Möglichkeit einer Verbindung zweier verschiedener Substanzen geknüpft sind. Wenn er von der Natur als Komplexion spricht, bezieht sich der französische Philosoph auf den Knoten der Vereinigung und erspart sich die Bezugnahme auf den Substanzbegriff. Doch indem er es so vermeidet, von Seele und Körper als Substanzen zu sprechen, läuft er Gefahr, sie zu entsubstantialisieren und wider Willen den Weg zu einer Idee der Komplexion als zufälliges Gefüge zahlreicher Gegebenheiten zu öffnen. Regius wird es nicht versäumen, sich in diese Bresche zu stürzen; er wird den Menschen mit einem Zufallswesen gleichsetzen und damit eine Polemik zur Frage seines ontologischen Status auslösen.

Blickt man über Descartes hinaus, so legt der Begriff der Komplexion den Gedanken nahe, daß die Natur der Klassenübergänger nichts Substantielles ist, denn es ist sehr schwierig, die Existenz eines Subjekts oder Substrats ins Auge zu fassen, das durch alle Veränderungen hindurch unveränderlich bleibt. Der Klassenübergänger kennt ein doppeltes Leben, dessen Einheit zumindest problematisch ist, denn die Veränderung ist manchmal derart, daß man zweifeln kann, ob es sich noch um denselben Menschen handelt. Seine Existenz steht unter dem Zeichen des Wandels und der Wandelbarkeit.

Genau dies bringt der Ausdruck Komplexion, dessen großer semantischer Reichtum zu begrüßen ist, sehr gut zum Ausdruck. Tatsächlich bezeichnet Komplexion im achtzehnten Jahrhundert auch die Phantasie oder die Laune und verweist auf den veränderlichen Charakter eines Menschen. Das Wörterbuch der französischen Akademie von 1694 veranschaulicht diese Bedeutung (wenigstens einmal) mit einem pikanten Beispiel: »Diese Frau hat sich an alle Launen [*complexions*] ihres Mannes gewöhnt.«[142] Der Klassenübergänger ist seinerseits ein Geschöpf mit vielen Gesichtern, das sich anverwandeln mußte und das fordert, daß man sich ihm anverwandle, um die wandelbaren Züge seiner Persönlichkeit zu entziffern. Es ist so sehr ein metamorphes Wesen, daß man sich nicht nur fragen kann, was noch vom alten Ich bleibt, sondern darüber hinaus, ob die Idee eines Ichs, das trotz aller Veränderungen mit sich identisch bleibt, nicht jede Plausibilität verliert.

I. Die Desidentifikation

Die Nicht-Reproduktion zeigt klar die Grenzen der Idee der Identität und der Klassifikation der Individuen nach sozialen Schichten, denn sie erlaubt es nicht, den Lebensverlauf der Klassenübergänger, ihre Singularität restlos verständlich zu machen. Um ihre Komplexion zu denken, muß man sich also vom klassischen Begriffsapparat entfernen und ihn kritisieren. Identität, sei es die persönliche oder soziale, setzt die Existenz von Individuen voraus, die dieselben bleiben und trotz aller Veränderungen auf eine gewisse Zahl beständiger Merkmale zurückführbar sind. Welche Definition man ihr auch geben mag, Identität beinhaltet stets die Anerkennung eines Substrats, das durch alle Modifikationen hindurch erhalten bleibt. Gleichviel ob dieses Substrat in der Form eines substantiellen Ichs, der Person, des Subjekts etc. gedacht wird, es stellt sich in jedem Fall als ein unwandelbarer Kern dar, der aller Veränderung widersteht. Das Bestreben, die Individuen anhand gleichbleibender Charakteristika zu definieren, die sie von den anderen unterscheiden, führt so zur Entwicklung von

142 *Dictionnnaire de l'Académie françoise*, 1. Auflage, 2 Bände, Paris: Coignard 1694.

Identifikationsprinzipien, wie der Klassifikation nach *gender* oder *sex*, Rasse oder Klasse.

Die Klassenübergänger zeigen uns nun aber, daß es keineswegs sicher ist, daß menschliche Wesen eine Identität besitzen, die gleichsam eine Visitenkarte wäre, mit deren Hilfe man sie wiedererkennen oder ihnen einen Status zuweisen könnte. Man wird zugeben müssen, daß die Individuen, die die soziale Ordnung nicht reproduzieren, notwendigerweise eine schwebende oder schwankende Identität besitzen, weil sie ihrem Herkunftsmilieu nicht zurechenbar sind und sich von ihresgleichen abgrenzen. Veränderung und Wandel sind es, die ihr Leben beherrschen. Sie sind eher durch einen Prozeß der Desidentifikation, der Trennung gekennzeichnet, der sie von ihrer Familie und ihrer Klasse losreißt.

Diese Desidentifikation beschränkt sich nicht auf die vorübergehende Etappe, in deren Verlauf sie eine neue Identität erwerben, denn letzten Endes sind sie ihrem Ankunftsmilieu nicht assimilierbar. Sie tragen unweigerlich die Spuren ihres Herkunftsmilieus, wären es auch nur die der vergangenen Geschichte, so daß sie niemals das gleiche gemeinsame Erbe haben werden wie diejenigen, deren Lage sie dennoch teilen. Die Klassenübergänger stellen also die statischen Prinzipien der Einteilung der Individuen in klar abgegrenzte soziale Schichten sowie das Postulat einer fixen Identität in Frage, weil es sehr schwierig ist, ihnen Eigenschaften oder Qualitäten zuzuschreiben, an denen man sie als dieser oder jener Klasse angehörig wiedererkennen [*reconnaître*] kann.

Das ist übrigens der Grund, weshalb der Begriff der Anerkennung [*reconnaissance*] im ethischen und politischen Bereich wiederum problematisch ist, da er eine verneinte Identität unterstellt, die es zu beanspruchen und durchzusetzen gilt. Tatsächlich beruht der Kampf um Anerkennung in den meisten Fällen auf einem Vorgehen, das darauf zielt, einer sexuellen, sozialen oder rassischen Identität mit mehr oder weniger Druck zur Akzeptanz zu verhelfen und ihr Respekt zu verschaffen, um einer bestimmten Würde und spezifischer Rechte teilhaftig zu werden. Damit droht er das Individuum in starre und abstrakte, *per definitionem* wiedererkennbare Bestimmungen einzuschließen – Bestimmungen wie *die* Frau, *der* Homosexuelle, *der* Arbeiter, *der* Bourgeois, *der* Chef etc. Unter politischem Gesichtspunkt ist es gewiß legitim, sich unter das Banner des Identitätsbegriffs zu stellen, denn man muß die Betonung auf gemeinsame Merkmale legen, welche die einzelnen verbinden und ihre Situation definieren, um sie im Kampf um die Eroberung ihrer Rechte wirksam zu mobilisieren.

Unter philosophischem Gesichtspunkt bleibt die Problematik der Anerkennung jedoch ungenügend, wenn sie postuliert, daß die Individuen sich auf eine fixe Identität zurückführen lassen, und sie auf eine Gattung oder einen Allgemeinbegriff reduziert, der nicht ihre singuläre Essenz ausdrückt. Wenn der Kampf um Anerkennung scheitert, erscheint diese dem Individuum beigelegte Identität als höchste Form der Entfremdung, da es für immer in das Korsett unveränderlicher Charakteristika gezwängt wird, seines Geschlechts, seiner Rasse, seines sozialen Status. Der Begriff Komplexion hingegen regt dazu an, die feinen Unterschiede zu berücksichtigen, die Besonderheiten der Menschen, und konflikthafte Beziehungen eher mit dem Begriff des Erkennens als des Anerkennens zu denken. Ein kognitiver Prozeß scheint geeigneter, weil es darum geht, eine Wirklichkeit zu erfassen, die sich selbst entgleitet, und nicht bei einer gemeinsamen Charakteristik stehenzubleiben. Deshalb impliziert das Denken der Komplexion einen Bruch mit dem Denken der Identität und legt eine Dekonstruktion des persönlichen und sozialen Ichs nahe.

In dieser Hinsicht erscheint der Klassenübergänger als exemplarische Figur der Entsubstantialisierung des Ego. Er radikalisiert die Erfahrung der Unhaltbarkeit des Ichs und der Unbeständigkeit seiner Eigenschaften, eine Erfahrung, zu der Pascal in den *Pensées* jedermann einlädt. In dem berühmten Fragment 688-323, das mit der Frage beginnt: »Was ist das Ich?«, offenbart uns Pascal die Nichtigkeit unseres Seins und die Vergeblichkeit des Anspruchs eines jeden, um seiner selbst willen geliebt zu werden. Dieses Ich, das ein jeder zum absoluten Mittelpunkt macht und das er überall vorzufinden glaubt, befindet sich nirgendwo. Pascal unternimmt eine Auflösung in drei Schritten, in deren Verlauf das angebliche Ich, verblendet durch seine Selbstliebe, unter dem Blick des anderen und der Gefühle, die er dem Ich entgegenbringen mag, sich als Illusion erweist. Er fordert zunächst jedermann auf, sich zu dezentrieren und die Perspektive eines Beobachters an seinem Fenster einzunehmen: »Ein Mensch, der sich ans Fenster setzt, um die Vorübergehenden zu betrachten: Wenn ich nun dort vorbeikomme, kann ich dann sagen, er habe sich dort hingesetzt, um mich zu sehen? Nein; denn er denkt nicht an mich im besonderen.«[143] Unter dem gleichgültigen Blick des anderen verläßt niemand die Anonymität des Passanten. Ich bin nicht eine Person [*une personne*], ich bin niemand [*personne*]. Weit davon entfernt, ein substantielles Ich zu sein, gelte ich nur als Passant. Diese Erfahrung der Ichauflösung entspricht genau der des Klassenübergängers, des Passanten *par excellence*. Definitionsgemäß ist er ein Wesen des Übergangs, ein vorübergehendes Wesen, das

143 Blaise Pascal, *Gedanken*, aus dem Französischen von Ulrich Kunzmann, Kommentar von Eduard Zwierlein, Berlin: Suhrkamp 2012, S. 12 (Fr. 688 nach der Zählung von Lafuma, Fr. 323 nach der Ausgabe von Brunschvicg).

sein Milieu verläßt, sich davon entfernt und doch oft in seiner Ankunftssphäre ein Fremder bleibt.

Anschließend variiert Pascal die Perspektive, indem er das Ich nicht mehr mit dem gleichgültigen Auge des Gaffers betrachtet, sondern mit dem Blick des Liebenden. Er verengt den Blickwinkel des Fensters, indem er ihn auf die Ich-Du-Beziehung beschränkt, die mit der Unpersönlichkeit des »sie« und der vorbeiziehenden Menge bricht. Man könnte nun glauben, daß die Liebe den alles entscheidenden Unterschied ausmacht. Indem sie den glücklichen Erwählten heraushebt, setzt sie der Undifferenziertheit ein Ende und entreißt ihn dem passageren Sein, dem sterblichen Werden, und verspricht ihm ein ewiges Sein. Indem er mich jedem anderen vorzieht – setzt nicht derjenige, der mich liebt, mich auf den zentralen Thron des einzigen und substantiellen Ichs? Doch was genau liebt der Liebende? Pascal läßt die liebenswerten Eigenschaften Revue passieren, an erster Stelle die physische Erscheinung, in der sich das geliebte Wesen zeigt: »[D]erjenige, der eine Person ihrer Schönheit wegen liebt, hat er sie selbst lieb? Nein: Denn die Pocken, die, ohne den Menschen zu töten, die Schönheit töten, werden bewirken, daß er sie nicht mehr liebt.«[144] Es ist klar: Wenn man mich wegen meines körperlichen Aussehens liebt, liebt man die Schönheit *an* mir, aber nicht *mich*. Die Erfahrung des Vorübergehenden wiederholt sich hier in der Form dessen, was vorübergeht, der vergänglichen Schönheit, und des Wesens, dessen man überdrüssig wird und das man in die Indifferenz des Nichts zurückstößt.

Doch die Illusion des Ichs ist zäh und zehrt von dem Gedanken, daß zwar die physische Schönheit stirbt, die moralische jedoch andauert. Also versetzt Pascal ihr den letzten Stoß: »Und wenn man mich meines Urteils oder meines Gedächtnisses wegen liebt, hat man dann mich selbst lieb? *Mich?* Nein, denn ich kann diese Eigenschaften einbüßen,

144 Ebd.

ohne mein eigenes Ich einzubüßen.«[145] Auch der Geist kann blatternarbig werden, und seine Eigenschaften haben nichts Substantielles, denn sie sind ebenso vergänglich wie die Schönheit. Alter, Hinfälligkeit und Krankheit, und vorbei ist's mit dem Schöngeist! Die Liebe richtet sich also nicht an mich, sondern an Qualitäten, die mir verliehen sind. Allmählich vergehen sie, und die Liebe muß sterben. Ob es körperliche oder geistige Qualitäten sind, ändert daran nichts, es sind immer entliehene: Sie gehören nicht mir, sind nicht ich. So hat Pascal leichtes Spiel, zu der Folgerung zu gelangen: »Wo also ist dieses Ich, wenn es weder im Körper noch in der Seele liegt? Und wie kann man den Körper oder die Seele lieben, wenn es nicht dieser Eigenschaften wegen ist, die keineswegs das sind, was das Ich ausmacht, da sie ja vergänglich sind? [...] Man liebt also niemals den Menschen, sondern immer nur Eigenschaften.«[146] Das Ich ist unauffindbar; es hat buchstäblich keinen Ort, um zu sein. Seiner akzidentellen Eigenschaften entkleidet, ist es seiner Substanz entleert und verdient es nicht, geliebt zu werden, denn es *hat nichts* Liebenswertes. Gewiß ist es nicht die Absicht Pascals, zu behaupten, der Mensch sei unrettbar, denn er kann seine Substanz in Jesus Christus finden, indem er das Ich haßt und Gott liebt.[147] Gleichwohl richtet der Verfasser der *Gedanken* die Aufmerksamkeit auf die gemeinsame anthropologische Situation, die dem Klassenübergänger bewußter wird als jedem anderen, denn er macht wegen seiner beträchtlichen physischen und mentalen Wandlungen unmittelbar die Erfahrung dieses gespenstischen Ichs.

Die Geschichte Martin Edens, jenes groben und ungebildeten Seemanns, der, von Kunst und Literatur ergriffen, Schriftsteller wird, liefert dazu die perfekte Illustration. Jack Londons Held verwandelt sich an Leib und Seele, um

145 Ebd.

146 Ebd.

147 Siehe insbesondere Pascal, *Gedanken*, a. a. O., S. 187 (Lafuma, Fr. 373/Brunschvicg, Fr. 476; Lafuma, Fr. 417/Brunschvicg, Fr. 548).

das Gegenteil dessen zu werden, was er war. Er, der sich in seinem robusten Körper eines rauflustigen Seemanns wohlfühlte, einem Körper, dem er all seine Erfolge bei den Frauen verdankt, fühlt sich ungelenk und eingezwängt wie ein Elefant im Porzellanladen, wenn er sich in bürgerlichen Salons bewegt. Sein ungebildeter Geist und seine ungehobelte Sprache weichen einer verfeinerten Kultur und einer gepflegten Wortwahl. Doch diese Metamorphose kündigt mitnichten die ruhmreiche Geburt eines neuen Ichs an, sondern zersetzt und vernichtet das alte, bis er sich wie ein Gespenst fühlt und sehr bald ins Schattenreich heimkehrt, indem er sich tötet. Der Bericht über dieses soziale Abenteuer, das schlecht ausgeht, läßt daran keinen Zweifel:

> Er blickte sich nach den wohlerzogenen, gutgekleideten Männern und Frauen um, die ihn umgaben, und atmete die Atmosphäre von Kultur und Bildung ein, während er gleichzeitig sich selbst als ganz jungen Menschen mit seinem steifen Hut, seiner Wolljacke und seinen zähen, schwingenden Bewegungen durch die Stube schlendern sah. Und dieses Bild des jungen Stromers von den Straßenecken verschmolz mit dem jungen Manne, der hier saß und mit einem richtigen Universitätsprofessor sprach.[148]

Doch der glänzende Schriftsteller Martin Eden, furchtsam und gelähmt von der Angst, mit einer ungeschickten Schulterbewegung das Mobiliar zu zertrümmern,[149] ist ebenso gespenstisch wie der jugendliche Seemann mit den »schwingenden Schulterbewegungen des jungen Banditen, der er früher selbst gewesen war«,[150] dessen »Ansichten [...]

148 Jack London, *Martin Eden*. Roman in zwei Teilen, übersetzt von Erwin Magnus, Berlin: Büchergilde Gutenberg 1927; Reprint Hildesheim: Olms 2008, Zweiter Teil, S. 47.
149 Ebd., Zweiter Teil, S. 42.
150 Ebd., Zweiter Teil, S. 78.

fertig gekauft [waren] wie [s]eine Anzüge«.[151] Zum Liebling des mondänen Publikums und der Magazine geworden, die sich um die gleichen Texte, die sie ein paar Jahre zuvor verschmäht hatten, nun reißen, um sie um jeden Preis zu veröffentlichen, hat Martin Eden das schmerzliche Bewußtsein, eher eine Kunstfigur als eine Person zu sein, und entdeckt seine eigene Nichtigkeit. Die bohrende Frage, die ganz zu Beginn seines sozialen Aufstiegs sein Spiegelbild an ihn richtet – »Wer bist du, Martin Eden? [...] Wer bist du? Was bist du? Wo gehörst du hin?«,[152] mündet letztlich in eine unwiderrufliche Antwort.

> Eine unerbittliche Logik trieb ihn zu dem Schluß, daß er nichts war. Der Tagedieb Martin Eden und der Seemann Martin Eden waren wirkliche Menschen, waren er selber gewesen; aber Martin Eden, der berühmte Schriftsteller, war Dampf, der im Pöbelhirn entstanden und vom Pöbelhirn in den Körper gepreßt war, der einst Martin Eden, der Tagedieb und Matrose, gewesen.[153]

Jack London ist in diesem weithin autobiographischen Roman letztlich pascalischer als Pascal, denn er zeigt nicht nur, daß die Erfahrung der Liebe nichts mit der Anerkennung einer substantiellen Identität zu tun hat – weil diese Empfindung sich an Eigenschaften richtet, die mir ebensogut fehlen könnten, und nicht an mich –, sondern daß die Eigenschaften, die mir verliehen sind, gar nicht existieren. Es sind reine Fiktionen und Projektionen der anderen, die aus der Laune einer Mode und reinem Herdentrieb heraus zu schätzen beginnen, was sie geringgeschätzt hatten. »Ich bin persönlich genau so viel wert wie damals, als niemand mich gebrauchen konnte«, lautet Martin Edens Leitmotiv,

151 Ebd.
152 Ebd., Erster Teil, S. 139.
153 Ebd., Zweiter Teil, S. 238.

als er seinen geblähten Ruhm abschwellen läßt und die Avancen Ruths ablehnt, des Mädchens aus gutem Hause, das ihn jetzt liebenswert findet, während sie ihn einst zurückgewiesen hatte.[154] So ist selbst das Erborgen von Eigenschaften ein schlechtes Geschäft, denn es verleiht mir, was nicht ist, was ich nicht habe. Man stickt sozusagen auf einem durchscheinenden Stramin.

Man kann also dem Ich letztlich kein Vertrauen schenken, denn alles ist entliehen. Man tut so, als wüßte man das nicht, wenn man »über diejenigen [spottet], die sich ihrer Stellungen und Ämter wegen ehren lassen«: zu Unrecht, wie Pascal sagt, »denn man liebt einen Menschen nur angenommener Eigenschaften wegen«.[155] Die Eingebildeten, die Sein und Haben, Inneres und Äußeres zu verwechseln scheinen, weil sie sich nicht ihrer selbst, sondern ihrer angesehenen Posten und berühmten Positionen wegen bewundern lassen wollen, offenbaren eigentlich die Wahrheit der menschlichen Verhältnisse, die nur aus Gemachtem und Vorgemachtem bestehen. Das boshafte Lachen, das die Eingebildeten trifft, ist nur die Kehrseite einer Selbstverblendung. So macht man sich lustig über den Parvenu, der den Bourgeois nachäfft, und glaubt darin eine lächerliche Karikatur eines natürlichen Modells zu sehen. All unsere Verhaltensweisen und Identitäten sind jedoch künstlich und vergänglich wie Blendwerk. Deshalb verwundert es nicht, daß dem Klassenübergänger etwas Uneigentliches anhaftet, weil er sich geliehene Eigenschaften zueignet, so wie jedermann. Er fühlt sich unbehaglich in seiner Kleidung, im Unterschied zu den Angehörigen ihrer Klasse, die den Eindruck von Natürlichkeit vermitteln, weil sie vergessen haben, daß der Brauch die Tracht bestimmt. So verläuft die Pascalsche Entzauberung über eine Gleichsetzung intrinsischer Qualitäten mit

154 Ebd., Zweiter Teil, S. 246.
155 Blaise Pascal, *Gedanken*, a. a. O., S. 12 (Lafuma, Fr. 688/Brunschvicg, Fr. 323).

extrinsischen Qualitäten, die mit Status und gesellschaftlicher Funktion zu tun haben.

Die Dekonstruktion des sozialen Ichs

Jede Identität, die persönliche wie die soziale, ist stets eine Form von Usurpation, bei der man sich mit Qualitäten schmückt und ausstattet, die von Rechts wegen keine Eigenschaften sind. Ebendies zeigt Pascal meisterhaft in der ersten der »Drei Abhandlungen über den Stand der großen Herren«, in denen er sich an einen Herzog wendet, um ihn über seine Lage als reicher und mächtiger Grandseigneur aufzuklären und ihm die genaue Natur seines Standes mit Hilfe eines erstaunlichen Bildes zu offenbaren. Der Stand des Herzogs gleicht der Situation eines Mannes, der, vom Sturm auf eine Insel geworfen, sich bereitwillig von den Bewohnern als König behandeln läßt, weil diese ihn aufgrund seiner physischen Ähnlichkeit irrtümlich für ihren verlorengegangenen Herrscher halten.[156] Auch wenn er sich seinem günstigen Schicksal ergibt, weiß er doch, daß das Königreich nicht ihm gehört, und spaltet sein Denken auf: in ein offenes, nach dem er als Monarch handelt, und ein verborgenes,

156 »Um zur wahren Erkenntnis eures Standes zu kommen, betrachtet ihn unter folgendem Gleichnis: Ein Mann wird von einem Sturm auf eine unbekannte Insel verschlagen, deren Einwohner sich bemühen, ihren König zu finden, der verlorengegangen war; und da er an Körpergestalt und Angesicht eine große Ähnlichkeit mit diesem König hat, wird er für ihn gehalten und in dieser Eigenschaft vom ganzen Volke anerkannt. Zunächst weiß er nicht, wofür er sich entscheiden soll, aber endlich beschließt er, sich seinem günstigen Geschick zu überlassen. Er empfängt alle Ehren, die man ihm erweisen will, und läßt sich als König behandeln.« Blaise Pascal, »Drei Abhandlungen über den Stand der großen Herren«, in: *Gedanken*, übertragen von Wolfgang Rüttenauer, Bremen: Carl Schünemann ^{6}1964, S. 125–129. [Dieser Text, der den meisten Pascal-Editionen nicht als Teil der *Pensées* gilt, ist in der bisher zitierten deutschen Ausgabe nicht enthalten. – *A. d. Ü.*]

das ihm sagt, welchen Stand er wirklich einnimmt und welche Rolle dem Zufall zukommt, der ihn an diesen Platz gestellt hat. Auf der Grundlage dieser Analogie zieht Pascal in seiner Ansprache an den Herzog daraus Lehren:

> Bildet euch nicht ein, daß ihr die Reichtümer, als deren Herren ihr euch fühlt, einem geringeren Zufall verdankt als jenem, der diesen Menschen zum König machte. Ihr habt durch euer Verdienst und durch eure Natur kein Recht darauf, nicht mehr als er: Und nicht allein, daß ihr Söhne eines Herzogs seid, sondern daß ihr überhaupt auf der Welt seid, habt ihr einer Unendlichkeit von Zufällen zu verdanken.[157]

Die Lage eines Herrn entspringt nicht seiner natürlichen Größe, sondern einer Ordnung, die einzig auf dem Willen oder der Laune der Gesetzgeber beruht. Darum, fährt Pascal fort,

> ist jeder Rechtsanspruch, den ihr durch eure Güter besitzt, nicht ein Rechtsanspruch, der aus der Natur, sondern einer, der aus menschlicher Ordnung kommt. Eine andere Wendung in der Vorstellung derer, welche die Gesetze gemacht haben, hätte euch arm gemacht; nur jener zufälligen Begegnung, welche die Ursache eurer Geburt ward, und einer euch günstig gestimmten Laune der Gesetze habt ihr den Besitz aller eurer Güter zu verdanken.[158]

Man darf also einen Besitzer nicht mit einem Eigentümer verwechseln. Wie der Schiffbrüchige, der zum König wurde, muß auch der Herzog sein Denken aufspalten: nach außen hin seinen Rang über dem Volk wahren und innerlich wis-

157 Ebd., S. 126.
158 Ebd., S. 127.

sen, daß er dem gewöhnlichen Sterblichen gleich ist und daß es in ihm weder Verdienst noch sonst eine Qualität gibt, die seine soziale Stellung rechtfertigen würde.

Über die »großen Herren« hinaus läßt sich diese Rede auf die Klassenübergänger und auf die menschlichen Verhältnisse überhaupt erweitern. So wie dieser Mann zufällig vom Sturm auf eine unbekannte Insel verschlagen wurde, sind wir durch den Zufall von Begegnungen in die Welt geworfen. Die anderen halten uns für jemanden und projizieren auf uns aufgrund des äußeren Anscheins eine soziale Identität, ebenso wie die Inselbewohner diesen Schiffbrüchigen, der ihrem König ähnelt, auch dafür halten und ihn in dieser Eigenschaft anerkennen. Trotzdem weiß er, daß er nicht der König ist, auch wenn er bereit ist, dessen Gewand zu tragen. So machen auch wir uns zu jemandem, der wir sind. Jede Position, die wir einnehmen, ist bloße Positur, und unsere Identitäten sind Rollenspiele, von denen man sich nicht täuschen lassen darf, will man sich nicht selbst mißverstehen und nicht Sein und Stand verwechseln.

Die ganze Illusion liegt darin zu glauben, daß man entweder König der Welt ist oder ihr Abschaum. Die Rollen und Ränge sind nach dem Belieben der Menschen, ihren Phantasien und ihren Kräfteverhältnissen verteilt. Man behandelt mich als Arbeiter oder als Fürsten, doch bin ich weder das eine noch das andere, und die ganze Gewalt rührt vielleicht daher, daß eine extrinsische Bestimmung zur intrinsischen Wesenheit erhoben wird, die mit ungleichen Werten und Rechten versehen ist. »Eure Seele und euer Leib«, sagt uns Pascal, »stehen an sich dem Stande des Schiffers oder dem des Herzogs gleichgültig gegenüber, und es gibt kein natürliches Band, das sie mit dem einen Stande mehr verbindet als mit dem andern.«[159]

Man darf sich über diese Indifferenz nicht täuschen: Pascal will nicht sagen, daß alle Stände einander gleich wären

159 Ebd.

oder daß jeder sich mit dem begnügen solle, was er ist oder was er hat, weil gerade für ihn ein jeder nichts ist und nichts hat. Weit davon entfernt, eine niederträchtige moralisierende Rede zu halten, will er den Akzent auf die Plastizität des Körpers und des Geistes legen, die sich unterschiedslos diesem oder jenem Zustand anpassen. Wenn es Zustände gibt, die vorzuziehen sind oder in denen es sich angenehmer leben läßt, sind sie dem Menschen nicht von Natur aus gegeben, und er kann immer von einem zum anderen übergehen.

Der Begriff Komplexion bietet also eine Alternative zu der hinfälligen Idee eines Substanz-Ichs oder Subjekt-Ichs, eines Einheits- und Identitätsprinzips der Individuen, denn er gestattet es, das Verflechten von Bestimmungen in Verbindung mit dem Herkunfts- und dem Ankunftsmilieu zu denken. Die Tatsache, daß viele Individuen unter einem Etikett oder in bestimmten Verhältnissen erstarren oder sich verhärten, wie Chamäleons, die sich nicht rühren dürfen, sollte uns nicht vergessen lassen, daß das menschliche Dasein die Farben der Orte, an denen es sich abspielt, annehmen kann, und daß es unter dem Zeichen von Variation und Varietät steht. Unter diesen Bedingungen ist das, was den Klassenübergänger von seinen Mitmenschen unterscheidet, weniger das Fehlen eines substantiellen Ichs oder einer wahrhaften Identität – denn das ist letztlich das allen gemeinsame Los –, als die Erfahrung eines radikalen Zustandswechsels, des Übergangs von einer Welt zur anderen als Bewährungsprobe, die wegen der Immobilität der Gesellschaften nur wenige Menschen kennenlernen.

Die Komplexion als passing

Die Analyse der Pascalschen Dekonstruktion des persönlichen und sozialen Ichs erlaubt es, eines der grundlegenden Merkmale der Komplexion der Klassenübergänger hervortreten zu lassen, nämlich die Passage. Das gesamte Fragment 688 der *Gedanken* (»Was ist das Ich?«) dreht sich um »das, was vergeht, vorbeigeht, vorübergeht« [*qui passe*], um den Passanten und den Passagier, während die erste der »Drei Abhandlungen über den Stand der großen Herren« auf einem »durchgehen als«, »gelten als« [*passer pour*] oder einem »sich ausgeben als« [*se faire passer*] beruht. Deshalb kann man die Bewegung der Klassenübergänger – wenn man alle anderen Umstände ausklammert – mit einer Form des *passing* gleichsetzen. Ursprünglich war die Praxis des *passing* in den USA bei den hellhäutigen Schwarzen [*noirs* métis *de complexion claire*] verbreitet, den »Mischlingen«, die sich als Weiße ausgaben, um der Sklaverei zu entgehen und ein besseres Leben führen zu können. Sie entflohen der Segregation, indem sie von ihrem äußeren Erscheinungsbild profitierten, das es ihnen erlaubte, sich mit der Gemeinschaft der Weißen zu identifizieren und in der guten Gesellschaft aufzugehen.

In ihrem 1929 erschienenen Roman *Passing* analysiert Nella Larsen, Tochter einer weißen Mutter und eines schwarzen Vaters, die sich noch vor ihrer Geburt trennten, das kreuzweise verbundene Schicksal zweier schwarzer Frauen, Clare und Irene, die beide wegen der Farbe [*complexion*] ihrer Haut als Weiße »durchgehen« können. Die eine geht fort, die andere nicht. Clare, die Waise, deren Vorname mit Bedacht gewählt ist, verbirgt ihre Herkunft und verheiratet sich mit einem reichen und rassistischen Weißen, der von ihrem Geheimnis nichts weiß – dem es zumindest nicht bewußt ist; denn eine jener witzigen Pointen, deren Geheimnis das Unbewußte verwahrt, besteht darin, daß er sie manchmal scherzhaft »Nig« nennt, wenn er bemerkt, daß ihre Haut mit dem Älterwerden dunkelt. Irene, ihre Kindheitsfreundin, heiratet einen Mann ihrer Rasse mit dunklem Teint und beschließt, in Harlem zu bleiben, wo sie ein angenehmes Leben innerhalb der wohlhabenden schwarzen Intelligentsia führt. Als Irene ihrer Freundin

Clare zufällig wiederbegegnet, macht sie sich – fasziniert und mißbilligend zugleich – Gedanken über diese Praxis des *passing*, die ihre Neugier weckt; und sieht man von dem hochriskanten Charakter des Unternehmens ab, könnten ihre Fragen auch an den Klassenübergänger gerichtet sein:

> Sie wollte alles über dieses riskante Geschäft des *passing* erfahren, diesen Bruch mit allem, was einem vertraut und freundlich gesinnt war, um sein Glück in einer anderen Umgebung zu suchen, die vielleicht nicht völlig fremd, doch gewiß nicht zugetan war. Was tat man zum Beispiel mit seiner Herkunft und seinem Milieu, wie stellte man sich dar? Und was empfand man, wenn man mit anderen Negern in Berührung kam?[160]

Daß das *passing* ein äußerst gefährliches Spiel ist, beweist der tragische Ausgang des Romans und die scharfe Unterdrückung dieser Praxis in der Realität. Wer dem Verbot zuwiderhandelte, war auf Gnade und Ungnade dem Risiko einer Denunziation ausgesetzt und lief nicht nur Gefahr, alles zu verlieren und von Freiheit in Sklaverei zu stürzen (solange sie noch nicht abgeschafft worden war). Er unterlag auch strengen Sanktionen, besonders als gegen Ende des neunzehnten Jahrhunderts die *one-drop rule* der sogenannten *Jim-Crow*-Gesetzgebung festlegte, daß ein einziger Tropfen schwarzen Blutes ausreiche, um jemanden rechtlich als Schwarzen zu deklarieren und ihn den gültigen Regeln der Rassensegregation zu unterwerfen, nach denen Mischehen verboten und Schwarze und Weiße in öffentlichen Transportmitteln und im öffentlichen Raum zu trennen waren. Das *passing*, das den trügerischen Charakter des Rassenbegriffs bereits deutlich macht, insofern dieser auf

160 Nella Larsen, *Passing*, New York: Knopf 1929, S. 36 f. Eine französische Übersetzung erschien unter dem Titel *Clair-obscur*, Paris: Flammarion 2010.

einem zumindest unzuverlässigen äußeren Erscheinungsbild gründet, beruht auf einer Grenzüberschreitung, einem Übergang, einem »sich ausgeben als«. Es macht es möglich, mit der Durchbrechung der *colour-line* den sozialen Determinismus der Rasse zu untergraben, und ähnelt einem Trick, der als Betrug angeprangert wird, wenn er auffliegt.[161]

Das Wort *passing*, das in Louisiana [auf Französisch] mit dem Ausdruck *passe-blanc* wiedergegeben wurde, ist schwer ins Deutsche zu übersetzen [»als Weißer, als Weiße durchgehen«]. In der Tat bringt der Ausdruck *passe-blanc* nicht das ganze Wesen des *passing* und nicht die Vielfalt seiner Formen zum Ausdruck, denn diese Praxis verläuft nicht immer in derselben Richtung und betrifft nicht nur, wenn auch vorwiegend, Schwarze und Weiße. Laure Murat erinnert an den Fall Archibald Belaneys, eines weißen Engländers, der – geboren 1888 – nach Kanada auswanderte und sich sein ganzes Leben lang unter dem Häuptlingsnamen *Grey Owl* als Apache ausgab; und sie weist darauf hin, daß sich der Ausdruck *passing* in der Folge »auf jede Praxis der

161 In den USA gab diese Praxis Anlaß nicht nur zu aufsehenerregenden Gerichtsprozessen, sondern zu einer ganzen Literatur um die Frage des *passing* und seiner tragischen Folgen, wenn nämlich die Herkunft des »Mischlings«, der sich für einen Weißen ausgab, entdeckt wurde und seine Zukunft in der guten Gesellschaft in sich zusammenfiel. So erlebte man in der zweiten Hälfte des neunzehnten Jahrhunderts die Entstehung einer ganzen literarischen Gattung, der »Mulattentragödie« *(Tragic mulatto)*. Siehe dazu das Vorwort von Laure Murat zur französischen Übersetzung des Romans von Nella Larsen, *Clair-obscur*, a. a. O., S. 14 ff. In jüngerer Zeit wurde das *passing* Thema von Berichten wie *Black like me* (deutsch: *Reise durch das Dunkel*, München: Desch 1962) des Journalisten John Howard Griffin, eines Weißen aus den Südstaaten, der wegen seiner dunkleren Hautfarbe als Schwarzer behandelt wurde, oder von Romanen wie *Der menschliche Makel* von Philip Roth (2000), in dem der Protagonist seine schwarze Herkunft verheimlicht, um als amerikanischer jüdischer Intellektueller zu gelten. Ebenso wurde das Thema im Film behandelt, zum Beispiel in *Imitation of Life* (1934) oder in *Watermelon Man* (1970), und sogar in der Welt der Musik, namentlich in dem Song »Passing complexion« auf der LP *Atomizer* der Gruppe *Big Black* (1986).

Identitätsüberschreitung, insbesondere der sexuellen«, ausgedehnt habe – »auf den Mann, der als Frau ›durchgeht‹ [*passant*] oder umgekehrt, den Schwulen, der als Heterosexueller ›durchgeht‹, etc.«[162] Das Entscheidende ist, den Schritt [*le pas*] zu wagen, sich zum Menschenschmuggler [*passeur*] seiner selbst zu machen, indem man den Grenzzaun zwischen zwei Welten überklettert.

Es ist jedenfalls klar, daß der Neologismus *transclasse* diese Bewegung des *passing*, des Transits zwischen zwei Klassen, gut wiedergibt.[163] Im Englischen wurde übrigens der Ausdruck *class passing* geprägt, um dieses Phänomen auszudrücken, das man auf Französisch wiederum *passe-classe* – in Analogie zu *passe-blanc* – nennen könnte. In der Tat wird das Wort *passing* in der angelsächsischen Soziologie verwendet, um die Fähigkeit eines Individuums zu bezeichnen, sich für ein Mitglied einer anderen sozialen Gruppe als der eigenen auszugeben, handele es sich um eine rassische oder ethnische Gruppierung, eine soziale Klasse, eine *sex-* oder *gender community* oder eine Altersgruppe. *Passing* kann auf die bloße Veränderung der Kleidung verweisen, die jemand vornimmt, um als Angehöriger einer höheren sozialen Schicht zu gelten. Der Ausdruck ist ausgehend von den Verbalphrasen *to pass for* oder *to pass as* konstruiert. Bei einer Fälschung kann ein Artikel als echter durchgehen (*to pass for*), ein Betrüger kann sich für einen anderen ausgeben (*to pass as*). Es ist interessant festzustellen, daß der Ausdruck *passing* alle Formen von Passagen umfaßt, sowohl den hochgeschätzten, weil vom *American Dream* legitimierten Wechsel der sozialen Klasse wie auch den (zumindest bisher) als Betrug abgelehnten Wechsel des Geschlechts und der Rasse.

Man muß jedoch beachten, daß im Laufe der Geschichte und je nach Land der Wechsel der sozialen Klasse nicht im-

162 In: Nella Larsen, *Clair-obscur*, a.a.O., S. 15, Anm. 1.
163 [Vgl. oben, S. 20, Anm. 13. – *A.d.Ü.*]

mer mit wohlwollendem Auge betrachtet wurde und keineswegs völlig gefahrlos ist. Der Klassenübergänger setzt sich manchmal der Ächtung und den Repressalien derer aus, die niemals aufgehört haben, ihn als vermessenen Eindringling zu betrachten, und die sich an ihm festbeißen, sobald er einen Fehltritt begangen hat. Julien Sorel erkennt vor seinen Geschworenen das Furchtbare seines Verbrechens an und ist sich zugleich dessen völlig bewußt, daß er nicht von seinesgleichen abgeurteilt wird, sondern von »empörte[n] Bürger[n]«, und daß das Urteil voreingenommen sein wird:

> Doch selbst wenn ich weniger Schuld hätte, sehe ich hier Männer, die sich um meine Jugend und das Mitleid, das diese vielleicht verdient, nicht kümmern werden, weil sie in mir eine Klasse junger Leute bestrafen und für immer entmutigen wollen, die, in einer niederen Klasse geboren und gewissermaßen durch Armut unterdrückt, das Glück haben, sich eine gute Erziehung zu verschaffen, und die Kühnheit, sich unter das zu mischen, was der Hochmut der Reichen die Gesellschaft nennt.[164]

Doch selbst wenn das *class passing* von der öffentlichen Meinung weniger geächtet würde und nicht so klandestine und gefährliche Züge wie das *racial* oder *gender passing* annähme, bewahrte es gleichwohl eine verborgene Seite, denn die ursprüngliche soziale Herkunft und die Verhaltensweisen und Gewohnheiten in ihrem Gefolge werden von den späteren Entwicklungen überdeckt und erscheinen nicht unmittelbar. Zwar können sie zutage treten oder aufgestöbert werden, bleiben aber zum Teil absichtlich oder unabsichtlich verhüllt. Tatsächlich bedingt das *class passing* eine Arbeit der Metamorphose und der sozialen Anpassung an ein neues Milieu, und die ganze Frage lautet eigentlich nur, wie weit die Integration gehen kann.

164 Stendhal, *Rot und Schwarz*, a.a.O., Zweites Buch, 41. Kapitel, S. 639.

Der Klassenübergänger zwischen Anpassung und Unangepaßtheit

In allererster Linie hat der Klassenübergänger das Gefühl, keine feste und starre Identität zu besitzen, sondern eine schwebende und bewegliche Komplexion. Insofern muß das Fehlen strenger Termini zur Bezeichnung derer, die ihre Klasse wechseln, nicht systematisch als eine Form der Verdunkelung oder Kritik verstanden werden; sie läßt sich auch als Indiz für die Schwierigkeit deuten, dieses Phänomen zu denken, ihm eine stabile Realität zu verleihen und ihm einen nicht nur transitorischen Status zuzuweisen. Der Klassenübergänger ist seiner Struktur nach beweglich und zunächst dadurch charakterisiert, daß er sich von den Determinationen seiner Klasse losgerissen hat. Seine Komplexion ist durch große Formbarkeit und durch die Fähigkeit gekennzeichnet, den großen Sprung zwischen gegensätzlichen Milieus zu bewältigen. Er beweist eine beachtliche körperliche und geistige Geschmeidigkeit und eine ungewöhnliche Anpassungsfähigkeit.

Sich anpassen heißt zunächst die alten Gewohnheiten abwerfen und von den geltenden Verhaltensweisen Abschied nehmen, um in eine neue Welt einzutreten. Es geht darum, sich der Vergangenheit zu entledigen, Erworbenes abzustoßen, kurz, eine Erbschaft zu liquidieren. Genau das ist es, was Annie Ernaux in *Das bessere Leben* lapidar resümiert: »Endlich habe ich das Erbe freigelegt, auf das ich auf der Schwelle zur bürgerlichen und gebildeten Welt verzichten mußte, als ich mich in diese Welt begab.«[165] Die Anpassung setzt eine Art Verzicht, eine De-Position voraus, um sich positionieren zu können. Sie verläuft über eine Suspendierung der alten Werte und Manieren, und sie verlangt das schwierige Kunststück, die alte Haut augenblicklich abzustreifen.

165 Annie Ernaux, *Das bessere Leben*, a.a.O., S. 108 [Übersetzung korrigiert].

Das ist der Grund, weshalb der Klassenübergänger in seinen neuen Kleidern notwendigerweise schlottert, denn er kann sich nicht sofort anpassen. Er ist also ein angepaßtes und unangepaßtes Wesen zugleich. Es ist ihm nicht möglich, schlagartig *tabula rasa* zu machen und all seine Verhaltensweisen mit Hilfe irgendeines radikalen Zweifels nach dem Muster Descartes' zu suspendieren. Einerseits hat er nicht unbedingt ein Bewußtsein davon, daß seine Verhaltensweisen und Gewohnheiten unpassend sind, denn sie haben für ihn den Anschein einer natürlichen Selbstverständlichkeit; andererseits kennt er, wie sehr er auch auf der Hut ist, nicht alle Feinheiten der Anstandsregeln und Etikette der bürgerlichen Welt. So berichtet Annie Ernaux von ihrer Schwierigkeit, die Höflichkeitsformen zu verstehen und die Codes zu interpretieren:

> Die Höflichkeit zwischen Eltern und Kindern ist mir lange ein Rätsel gewesen. So habe ich Jahre gebraucht, um die ungeheure Freundlichkeit zu »verstehen«, die wohlerzogene Leute in ihr einfaches »Guten Tag« legen. Ich empfand Scham, soviel Aufmerksamkeit verdiente ich nicht, es ging bei mir so weit, daß ich mir eine besondere Sympathie für meine Person einbildete. Bis ich dann erkannte, daß diese mit so interessierter Miene vorgetragenen Fragen, dieses Lächeln nicht mehr bedeuteten, als mit geschlossenem Mund zu essen oder diskret zu niesen.[166]

Die Entzifferung der Zeichen ist um so delikater, als sie von den Codes des Herkunftsmilieus gestört wird, die sich dazwischenschieben und sie verdecken. Die Direktheit, die brutale Offenheit, die Nüchternheit der Begrüßung sind eher in den unteren Schichten üblich, wo man ohne Affektiertheit spricht, so daß die ausgesprochene

166 Ebd., S. 69.

Liebenswürdigkeit nicht spontan als allgemeine Anstandsnorm verstanden werden kann; vielmehr erscheint sie als außergewöhnliche Bezeugung von Aufmerksamkeit und Respekt gegenüber einer bestimmten Person, die wirklich Beachtung verdient. Daher kann simple Höflichkeit oder vermeintliche Liebenswürdigkeit als Ausdruck von Freundschaft interpretiert werden, und aus dieser Verkennung gehen dann Mißverständnisse und Enttäuschungen hervor, denn in der Einbildung wird die höfliche Indifferenz zum Zeichen von Differenzierung und Auszeichnung. Der Klassenübergänger muß also lernen, sich mit einer indifferenten Ehrerbietigkeit vertraut zu machen, seine Langeweile hinter dem Anschein eines dringlichen Interesses zu verbergen und die Illusion von Sympathie und Wohlwollen zu vermitteln, während er an etwas ganz anderes denkt. Er muß seine Roheit aufgeben, abschleifen und sich eine Maske zulegen.

Die Aufgabe ist nicht leicht, denn sie verletzt die alten Verhaltensstile, wie die Ablehnung von Heuchelei, die freimütige Rede und die Direktheit, die aus dem Habitus des Herkunftsmilieus hervorgehen, wo man weniger geneigt ist, jemanden mit Samthandschuhen anzufassen, weil man meint, daß keiner aus Zucker ist oder über den anderen steht. Nicht selten sind schonungslose Offenheit, barsche Anrede, Beleidigung, ein mürrischer Ton und laute Worte Elemente der Geselligkeitsformen der unteren Milieus, ohne daß jemand sich sonderlich daran störte oder dem wirklich Bedeutung beimäße.[167] Importiert in die Welt der Großbourgeoisie, erregen solche Manieren Anstoß und er-

167 So konstatiert Annie Ernaux in *Das bessere Leben*, daß ihre Eltern sich ständig in vorwurfsvollem Ton anherrschten, selbst wenn sie sich umeinander besorgt zeigten: »Wickel dir für draußen einen Schal um!« oder »Bleib doch noch etwas sitzen!«, als wären es Beschimpfungen. Sie fügt hinzu, daß sie sich endlos schikanierten, anschrien oder beleidigten: »Wöchentlicher Wortwechsel: Eine Null! – Nicht ganz dicht! Trauriger Nichtsnutz! – Alte Vettel! Etc. Von keinerlei Bedeutung.« Ebd., S. 68.

scheinen unverschämt, so sehr sind die Söhne und Töchter aus guter Familie mit ihrer aufgeplusterten Wichtigkeit von Geburt an daran gewöhnt, ihrer Person und ihrer Würde Bedeutung beizulegen. Der Klassenübergänger muß also begreifen, daß Offenheit als Aggressivität, ja als Bosheit gilt; er muß einen Schleier über seine Gedanken werfen und der Versuchung widerstehen, einem kleinen Marquis gehörig den Kopf zu waschen, wenn er ihn nicht tödlich verletzen will. Er tritt in eine Welt ein, in der die Selbstliebe König ist und die kleinste Stichelei diesem gegenüber das Verbrechen einer Majestätsbeleidigung darstellt. Je nach dem neuen Rahmen seines gesellschaftlichen Fortkommens muß er erkennen lernen, mit welchem Typ von Bourgeoisie er es zu tun hat, Kleinbürgertum, Mittelschicht oder Großbürgertum, und das Ethos der Finanzwelt oder der Unternehmer von dem der intellektuellen und künstlerischen Kreise zu differenzieren wissen.

Bourdieu unterscheidet das Verhältnis des Kleinbürgers und der Großbourgeoisie zur Kultur so:

> Die Kleinbürger haben kein spielerisches Verhältnis zum Bedeutungsspiel: sie nehmen die Kultur zu ernst, um sich einen Bluff oder Schwindel zu erlauben oder auch nur die lässige Distanz, die von wirklicher Vertrautheit zeugt; zu ernst, um nicht ständig besorgt zu sein, ob sie nicht bei Unkenntnissen und Schnitzern ertappt werden, und auch zu ernst, um Prüfungssituationen ausweichen zu können in die gleichgültige Blasiertheit derer, die ohnehin außer Konkurrenz sind, oder in die Gelassenheit derjenigen, die sich ermächtigt fühlen, ihre Bildungslücken zu gestehen und sogar auf ihnen zu bestehen.[168]

168 Pierre Bourdieu, *Die feinen Unterschiede. Kritik der gesellschaftlichen Urteilskraft*, übersetzt von Bernd Schwibs und Achim Russer, Frankfurt am Main: Suhrkamp 1982, S. 518.

Als jemand, der sein Wissen mühsam erworben hat, und getrieben von der Furcht, bei einem Fehler ertappt zu werden, faßt der Kleinbürger sein Verhältnis zur Bildung als Akkumulation und Schatzbildung auf, während der Großbürger sie als eine Art Verschwendung erlebt – als das, »was übrig bleibt, wenn man alles vergessen hat« – und zu ihr in einer eher lässigen und spielerischen Beziehung steht. Er kann also kokett seine Wissenslücken, seine kleinen Lügen, seine geistige Unaufrichtigkeit eingestehen, denn er stammt aus gutem Hause; er ist solcher Bildung enthoben, seine Existenz hängt nicht an ihrem Besitz.[169] Ebenso beruht das Verhältnis des Kleinbürgertums und der Großbourgeoisie zu Finanzen und Reichtum auf einem sehr unterschiedlichen Ethos. Der Kleinbürger gehorcht einer Logik des Erwerbs und der Demonstration seines Vermögens. Er akkumuliert Güter und Kapital auf ostentative Weise: Kauf von Immobilien, Präsentation von Reichtum und Gütern. Die Hochfinanz kultiviert statt dessen eher eine Ethik der Diskretion und verabscheut es, den Reichtum auszustellen. Sie zieht deshalb Einkünfte aus Wertpapieren dem sichtbaren Immobilienbesitz vor und ist niemals bereit, die genaue Größe ihres Vermögens zu nennen.

Wie groß die Unterschiede des Lebensstils und die Variationen der Umgangsformen auch sein mögen, so ist doch klar, daß die bourgeoise Kultur eher zu einer Form der Affektdämpfung neigt und vor allem solchen Affekten Mäßigung abverlangt, die einem angenehmen Verkehr zwischen den Menschen im Wege stehen. Die Äußerung von Zorn oder lebhafter Meinungsverschiedenheit läuft den Normen des Anstands zuwider. Unter allen Umständen gehört es sich, gute Umgangsformen zu haben, anders gesagt: sich gerade zu halten und zurückzuhalten, eine undurchdringliche Miene und (im ursprünglichen Sinne von *poli*,

169 Vgl. Pierre Bourdieu, *Die feinen Unterschiede*, a. a. O., besonders den dritten Teil, »Klassengeschmack und Lebensstil«.

»höflich«) *geschliffene* Manieren zu zeigen. Lampedusa bemerkt ironisch, »wie angenehm ein guterzogener Mensch wirkt – denn er tut im Grunde nichts weiter, als die immer unangenehmen Kundgebungen eines großen Teils der menschlichen Bedingtheit fortzulassen und eine Art vorteilhaften Altruismus auszuüben (eine Formel, in der die Wirksamkeit des Eigenschaftswortes ihm die Nutzlosigkeit des Hauptwortes erträglich machte).«[170] Die Überschreitung dieser ökonomisch wie sozial profitablen Normen ist ein unerhörtes Verhalten, das schlechte Manieren und fehlende Erziehung offenbart.

Will er in die gute Gesellschaft eintreten, muß der Klassenübergänger also die Unebenheiten seiner bisherigen Seinsweise glätten – Unebenheiten, die ihn als stürmisch oder nicht sehr umgänglich erscheinen lassen, während dies gar nicht in seiner Absicht lag und er als erster überrascht wäre, wenn man ihm sagte, daß er verletzend oder herausfordernd gewesen sei. Eine solche Metamorphose benötigt notwendigerweise Zeit und die Dauer einer langen Reifung, denn sie kann sich erst vollziehen, wenn man entdeckt hat, was an den eigenen Manieren Stein des Anstoßes ist. So hebt Bourdieu in *Ein soziologischer Selbstversuch* den langen Prozeß dieser Bewußtwerdung hervor und bekennt, daß er erst nach und nach verstanden habe, daß manche seiner harmlosesten Reaktionen oft falsch gedeutet wurden. Denn seine Ausdrucksweise, sein Tonfall, seine Gebärden und seine Mimik, die sich in ihrer »Mischung aus aufreizender Gehemmtheit und aufmüpfiger Grobheit« von der kühlen Selbstsicherheit der hochgeborenen Pariser so deutlich abhoben, wurden für bare Münze genommen und als brutal empfunden, während es sich um reflexhafte, ja rituelle Verstöße gegen die guten Sitten der intellektuellen und universitären Welt

170 Giuseppe Tomasi di Lampedusa, *Der Leopard*, aus dem Italienischen von Charlotte Birnbaum, München: Piper [13]1989, S. 164.

handelte.[171] Und er erkennt ebenso, daß trotz all seiner Bemühungen, sich die Codes anzueignen und sich ihnen anzupassen, sein Verhalten die Spuren eines älteren Ethos durchscheinen ließ, etwa jene Härte, mit der er jemandem ins Gesicht sagen konnte, dieser erzähle Quatsch.

Alles ist in der Tat eine Frage der Manieren, wie die Begegnung zwischen dem neureichen Bauern Don Calògero Sedàra und dem jungen Tancredi in *Der Leopard* belegt. Don Calògero, der es gewohnt war, mit einer grausamen Rücksichtslosigkeit »à la Sedàra« vorzugehen und der bis dahin in den Adligen nichts als Schafe gesehen hatte, die ihm ihre Wolle zu liefern hatten, erkennt nach und nach, daß der junge Aristokrat ebenso rauh ist wie er und die gleichen Ziele verfolgt wie er, aber nicht mit der Brechstange, sondern mit dem Charme seiner guten Manieren. Ohne es zu bemerken, verfällt er diesem Zauber und bemerkt dessen Wirksamkeit:

> Langsam begriff Don Calògero bestimmte Dinge: daß nämlich eine gemeinsame Mahlzeit nicht notwendig ein Orkan von Kaugeräuschen und Fettflecken sein müsse; daß ein Gespräch sehr wohl so geführt werden könne, daß es nicht einem Streit unter Hunden ähnlich sei; weiter, wenn man einer Frau den Vortritt lasse, so sei dies ein Zeichen von Kraft und nicht, wie er gemeint hatte, von Schwäche; auch könne man von einem Gesprächspartner mehr erhalten, wenn man zu ihm sage: ›ich habe mich nicht klar genug ausgedrückt‹, statt: ›du hast ja überhaupt nichts kapiert!‹; und wenn man solche Vorsicht walten lasse, so gereichten Speise, Reden, Frauen, Gesprächspartner völlig dem zum Nutzen, der sie gut behandelt habe.[172]

171 Pierre Bourdieu, *Ein soziologischer Selbstversuch*, a. a. O., S. 100 f.
172 Giuseppe Tommasi di Lampedusa, *Der Leopard*, a. a. O., S. 164.

Trotzdem ist dieser Lernvorgang nicht unmittelbar nützlich, denn man muß die neuen Manieren in sich aufnehmen. Das aber setzt eine geduldige Arbeit der Formung und Verfeinerung voraus, die einer langen Dauer bedarf. Der Erzähler bemerkt, daß es

> vermessen [wäre] zu behaupten, Don Calògero habe aus allem, was er gelernt hatte, sogleich Nutzen gezogen; er verstand sich von da an ein wenig besser zu rasieren und sich weniger zu entsetzen über die Menge der Seife, die man zur Wäsche gebraucht hatte – das war alles. Aber von da an begann für ihn und die Seinen jenes ständige Sichverfeinern eines Standes, das im Laufe von drei Generationen einfache, grobe Bauern in Edelleute verwandelt, die sich nicht mehr zu verteidigen wissen.[173]

Der Übergang von einer Klasse zur anderen beschränkt sich also nicht auf eine bloß theoretische Aneignung der Sitten und Bräuche, sondern verlangt ihre Inkorporation in der Praxis, das, was Bourdieu körperliches Lernen nennt.

Die Klasse wechseln heißt also in eine fremde Welt eintreten, deren Sprache man lernen, deren Zeichen man entziffern, deren Verhaltensweisen man sich aneignen muß. Sich anpassen heißt eine Sprache annehmen, Werte verinnerlichen, Vorstellungen sich zu eigen machen, die durch ihre Fremdheit überfordern können. Es heißt, seinen Körper und seinen Geist Zwängen zu beugen, die den verankerten Gewohnheiten entgegenstehen und ihnen in solchem Maße zuwiderlaufen, daß der Erwerb einer Haltung zur Qual werden kann. Der Wechsel der Klasse ist die Entdeckung einer *terra incognita*, die nicht nur zu entziffern, sondern als Neuland zu erschließen ist, denn man muß beharrlich seine Furche ziehen und damit beginnen, sich nach vorgegebenen Normen zu kultivieren. Er ähnelt

173 Ebd., S. 164 f.

einer ethnologischen Erfahrung, doch von eigener Art, denn der Klassenübergänger will in den Stamm aufgenommen werden und setzt sich der Gefahr der Ablehnung aus. Er ist also ebensowohl Beobachter wie Beobachteter, und er entwickelt sich unter einem wertenden Blick. Insofern kann er Lévi-Strauss *en miniature* spielen, aber er weiß auch, daß er ein Nambikwara oder ein Perser in Paris ist und daß er sich Übergangs- und Integrationsriten unterziehen muß. Das Zeremoniell der ersten Mahlzeit in der Welt der Bourgeoisie ähnelt eher einer Initiationsfolter als einem ethnologischen Genuß. Die wuchernde Vielzahl der Gläser und Gedecke erscheint weniger als Zeichen von Pracht und Raffinement denn als Ansammlung von Fettnäpfchen. Der Klassenübergänger hat also ebensowohl die Objekte wie die Subjekte seiner Umgebung zu fürchten. Er unterliegt dem Tribunal der Worte, die er beherrschen, und dem Tribunal der Dinge, mit denen er umgehen können muß.

Denn in die bürgerliche Welt eindringen heißt nicht nur Menschen gegenübertreten, die um vieles geschliffener sind als man selbst, sondern auch sich in ein Universum von Objekten begeben, die natürliche Anhängsel des Reichtums, der Bildung und der Distinktion sind und die den Klassenübergänger in einen solchen Abgrund von Verwirrung stürzen, daß er manchmal nicht weiß, was er tun soll. Je größer das Elend des Herkunftsmilieus ist, desto beträchtlicher ist die Mühe der Anpassung und desto zahlloser sind die Gründe der Erniedrigung. Wie soll man eingestehen, daß man nicht weiß, wie man telefoniert, die Wasserspülung zieht, eine Dusche benutzt, einen Fernsehapparat einschaltet, ganz zu schweigen von raffinierteren Geräten und den zahllosen technischen Neuerungen, welche die Wohnungen der Reichen schmücken? Eine solche Unfähigkeit ist buchstäblich unvorstellbar und hinterläßt den Eindruck von Dummheit oder geistiger Beschränktheit.

Der Klassenübergänger bemüht sich also, sein Unvermögen zu verbergen, mit den Objekten zu kämpfen und ihre

Fallen zu meiden. So ist er gleichsam jener Erfahrung des vorzeitigen Alterns ausgesetzt, die betagte Leute machen, wenn sie mit der modernen Welt nicht mehr zurechtkommen und von den anderen abgeschnitten sind, weil sie die technischen Neuerungen nicht zu benutzen wissen, welche die neuen Formen des Zusammenlebens definieren, und an der Beherrschung dieser Gegenstände scheitern, die die Voraussetzung der Integration ist. Letztlich ist es auch die Welt der klassenspezifischen Objekte, die seinen Anpassungsbemühungen widersteht. Von den Menschen abgelehnt und von den Dingen zurückgewiesen, gerät der Klassenübergänger oft in die Gefahr, daß das Pfropfreis nicht »angeht«.

Er ist also stets auf der Hut, denn er droht ertappt zu werden und in die Situation des Versagens und der Unterlegenheit zu geraten. Daraus ergibt sich eine Form von verborgener Ängstlichkeit oder von Selbstzweifeln, die noch in der Neigung durchscheinen, sich mit seinen Erfolgen zu brüsten, die aber auch zu Gehemmtheit und Selbstzensur führen und in der Unfähigkeit zutage treten können, sich selbstbewußt zu präsentieren und bestimmte Schwellen des sozialen Fortkommens zu überwinden.

So sind die Ereignisse weniger Anlaß, sein Können zu zeigen, als sein Unbehagen zu meistern, so daß eine glückliche Wendung der Dinge eher zu Fröhlichkeit (*gaudium*) als zu Zufriedenheit mit sich selbst (*acquiescentia in se ipso*) führt, um es in spinozistischen Termini zu formulieren. Selbstzufriedenheit ist eine Freude, die daraus entspringt, daß der Mensch sich selbst und seine Wirkungsmacht betrachtet;[174] Fröhlichkeit ist eine Freude, die mit der Idee einer vergangenen Sache einhergeht, die besser als befürchtet abgelaufen ist.[175] *Gaudium* ist also jene Form von Freude, die impliziert,

174 Baruch de Spinoza, *Ethik*, a. a. O., Dritter Teil, »Definitionen der Affekte«, Definition 25, S. 353.

175 Ebd., Definition 16, S. 349.

daß eine Trauer vertrieben worden ist. Letztlich ist sie eine hart erkämpfte Freude und nicht eine Zufriedenheit, die sich auf Anhieb einstellt.

Die Komplexion des Klassenübergängers verbindet also eine Mischung von Kühnheit und Furchtsamkeit, kämpferischem Geist und Hemmung, die das Produkt einer spannungsreichen Geschichte sind und das ständige Schwanken zwischen Anpassung und Unangepaßtheit belegen. Dieser Affektkomplex verweist nicht auf Charakterzüge, er ist die Frucht des Klassenübergangs und entspricht dem Abstand zwischen den Klassenlagen.

Die Komplexion der Klassenübergänger hat somit Züge einer chemischen »Komplexierung« oder Komplexbildung. Sie ähnelt einer Verbindung, bei der ein Molekül, ein Gegen-Ion mit umgekehrtem Vorzeichen, sich mit einem Zentral-Ion oder mit Molekülen vereinigt, um eine Entität zu bilden, in der die Eigenschaften dieser Moleküle oder dieser Ionen verborgen sind. Es handelt sich dabei keineswegs um eine simple Identität, sondern darum, eine Kombination von Gegensätzlichem zu denken, eine gemischte Struktur, die jedoch unter der Wirkung der Integration nicht notwendig als solche erscheint.

Die Klassenübergänger sind in Wahrheit janusköpfig nach dem Muster des *Ianus bifrons*, der römischen Gottheit der Türen, deren eines Gesicht der Vergangenheit und deren anderes der Zukunft zugewandt ist. Doch je nachdem, ob die Tür des Übergangs eher offen oder eher geschlossen ist, bleibt das alte Gesicht im Schatten oder tritt erneut hervor, bald beweglich, wenn die Vergangenheit sichtbar wird, bald erstarrt, wenn sie verdrängt wird. Geprägt von seiner Beweglichkeit und seinen einander folgenden Häutungen definiert sich der Klassenübergänger also durch eine *Transidentität* und gehorcht einer Logik des Zwischenraums.

Wie stark auch der Wille sein mag, die Brücken hinter sich abzubrechen, ist der Klassenübergänger doch immer an eine Herkunft gebunden, ob er sich zu ihr bekennt oder nicht. Die Fäden mögen gespannt oder locker sein, das Band der Herkunft läßt sich nicht völlig kappen, denn trotz der Verneinungen und Verschleierungen kann ein Klassenübergänger nicht leugnen, daß er dort geboren ist, wo er geboren ist. Die Integration in eine andere Welt kennt keinen Punkt, ab dem es kein Zurück mehr gibt, denn wir sind immer auf unsere Ursprünge verwiesen, wäre es auch nur in dem Moment, in dem der Tod der Eltern uns daran erinnert, daß wir das Kind von jemandem sind, daß wir trotz allem von ihnen abstammen und daß wir einer Genealogie und einer Geschichte angehören, die unsere anfängliche Komplexion geformt haben und gegen unseren Willen weiterhin in uns wirken. Verwaist ist man in keinem Alter. Der Tod der Eltern weckt die Spuren des Kindes, das im Erwachsenen schlummert, und händigt ihm ein Erbe aus, dem er sich stellen muß, und wäre es nur dadurch, daß er es ausschlägt. Es ist gewiß kein Zufall, daß Annie Ernaux *Das bessere Leben* nach dem Tod ihres Vaters schreibt oder Didier Eribon die *Rückkehr nach Reims* nach dem Tod des seinen.

Darum kann der Klassenübergänger, selbst wenn er – um mit Montaigne zu sprechen – das Kolorit des Ortes annimmt, an dem er sein Haupt bettet, seine Verwandlung nicht mehr leugnen und so tun, als habe er seine ursprüngliche Farbe vollständig behalten, denn jede Heimkehr trägt die Patina des Aufenthalts in der Ferne oder den unsichtbaren Firnis des Umwegs. Der Klassenübergänger ist also durch eine doppelte Zugehörigkeit geprägt: er ist inmitten der Milieus, aber auch an ihrem Berührungspunkt, im Zwischenraum.

Diese doppelte Zugehörigkeit zeigt sich besonders deutlich in dem Ritual des Kleidungswechsels, das der Marquis de La Mole in *Rot und Schwarz* einführt, um seine delikaten Beziehungen mit Julien Sorel zu regeln, der als sein Sekretär ihm zwar untergeben, aber auch ihm gleich ist, da Sorel auf den Schwingen des Ehrgeizes und der Liebe bis an seinen Tisch gelangt ist (oder sich selbst erhoben hat). Der Marquis de La Mole macht ihm einen blauen Anzug zum Geschenk, das Pendant zu Juliens schwarzem Anzug des Nichtadligen. Je nachdem, ob er den einen oder anderen als Kleidung wählt, behandelt ihn der Marquis auf unterschiedliche Weise. Im blauen Anzug, in den Farben der Aristokratie, ist er blauen Blutes und wird vom Marquis mit exquisiter Höflichkeit wie seinesgleichen behandelt. Im schwarzen Anzug, in den Farben des Priesters und der niederen Herkunft, ist er ein Bediensteter, der Sekretär, an den man sich als einen Niederen wendet:

> Eines Tages sagte der Marquis in jenem Tonfall exquisiter Höflichkeit, der Julien oft zur Verzweiflung brachte: »Erlauben Sie mir, mein lieber Sorel, daß ich Ihnen einen blauen Anzug zum Geschenk mache: Immer wenn es Ihnen belieben sollte, ihn zu tragen und zu mir zu kommen, werden Sie in meinen Augen der jüngere Bruder des Grafen von Chaulnes sein, also der Sohn meines Freundes, des alten Herzogs.«
>
> Julien verstand nicht ganz, worum es ging; noch am selben Abend wagte er einen Besuch im blauen Anzug. Der Marquis behandelte ihn wie seinesgleichen. Julien besaß ein Herz, das wahre Höflichkeit zu spüren vermochte, doch er hatte keine Ahnung von den feinen Unterschieden. Vor dieser Laune des Marquis hätte er geschworen, daß man unmöglich mit noch größerer Aufmerksamkeit von ihm empfangen werden konnte. [...] Am nächsten Morgen trat Julien im schwarzen Anzug vor den Marquis, mit seiner Aktenmappe und den zu unterzeichnenden Briefen. Er wurde auf die alte Weise empfangen. Am Abend, im blauen Anzug, war der Ton

vollkommen anders und ganz genauso höflich wie tags zuvor.[176]

Komplexion muß jedoch nicht heißen, daß sich zwei Farbnuancen abwechselten, denn Julien ist unter seinem blauen Anzug ebenso schwarz wie unter seinem schwarzen Anzug blau. Zweiteilung ist nicht die einzige Form der Teilung; ein buntes Durcheinander kann als Haltung, ein Gewimmel als Bild, ein Gemisch als Eigenschaft auftreten. Welche Metaphorik man auch wählt, Pflanzenveredlung oder Textilverarbeitung, die Komplexion ähnelt einer Hybridisierung. Das Gewebe ist ein Mischgewebe. Der Originalzustand verschwindet unter Pfropfreisern oder Schneiderei, und wenn es gut gemacht ist, sieht man nur noch Blau. Die Komplexion des Klassenübergängers bildet sich entlang einer Geschichte und im Verlauf von Wandlungen, die sich nicht auf eine Überlagerung zweier Schichten oder die Ersetzung einer durch die andere beschränken. Seine Konstitution gehorcht nicht den Gesetzen einer Zeitlichkeit des Nacheinander, die dazu führen würde, sich von dem Herkunftsmilieu zu entfernen, um sich allmählich dem Ankunftsmilieu anzunähern.

Gewiß ist es möglich, Etappen wie die Abgrenzung vom Herkunftsmilieu, die Anpassung an eine neue Lebensweise und das Aufgehen im Ankunftsmilieu zu unterscheiden, doch der Übergang von einem Zustand zum anderen hat nichts von linearem Fortschritt; es ist ein Strömen und Zurückströmen, bei dem die Vergangenheit in der Gegenwart wiederkehrt und sie im Gegenzug verwandelt. Es wäre illusorisch zu glauben, das Herkunftsmilieu entspräche der Kindheitswelt, die Übergangs- und Ausbildungsjahre der Adoleszenz und die perfekte Integration in die neue Welt dem Erwachsenenalter, um schließlich der Rückkehr zu weichen, wenn die Stunde des Ruhestands schlägt. Diese verschiedenen Phasen folgen einander nicht systematisch,

176 Stendhal, *Rot und Schwarz*, Zweites Buch, 7. Kapitel, a. a. O., S. 363 f.

sie überlagern sich, entwickeln sich korrelativ und stützen sich gegenseitig.

So kann die Entdeckung neuer Lebensweisen ebenso Ursache wie Folge der Distanz zum Herkunftsmilieu sein und umgekehrt. Die Integration geht nicht ohne Krise vonstatten, wenn der Bumerang der Herkunft auf eine Vergangenheit weist, die nicht vergehen will, und vielleicht erreicht man sie niemals vollständig. Was die Rückkehr angeht, hat sie nicht notwendig die Form jener Odyssee der Wiederaneignung, die Bourdieu in *Junggesellenball*[177] beschreibt; sie kann ein ständiges Hin und Her sein, wenn die Beziehungen mit der Familie nicht zerbrochen sind oder nie zu einem gewollten oder erzwungenen Vergessen geführt haben.

Das Ethos der Distanz

Welches auch die subjektiv erlebten Modalitäten sein mögen, die Klassenübergänger sind objektiv durch etwas gekennzeichnet, das man Ethos der Distanz nennen könnte, eine Art der Prägung durch die Praxis des Übergangs und die Erfahrung des Zwischenraums. Am Berührungspunkt zweier Welten machen sie die Erfahrung einer doppelten Distanz, nämlich zum Herkunftsmilieu und zum Ankunftsmilieu. Dieser Abstand läßt sich nicht unbedingt auf eine Äquidistanz oder auf die Suche nach einem idealen Gleichgewicht zurückführen; sie kann sich in variablen Graden von Nähe und Entfernung äußern, die vom jeweiligen Individuum und vom Abstand zwischen dem jeweiligen Herkunfts- und Ankunftsmilieu abhängen. Die Länge des Weges und die Art der Distanz sind natürlich nicht die gleichen, wenn der Klassenübergänger ein ärmliches ländliches Milieu verläßt,

177 Pierre Bourdieu, *Junggesellenball. Studien zum Niedergang der bäuerlichen Gesellschaft*, aus dem Französischen von Eva Kessler und Daniela Böhmler, Konstanz: UVK 2008.

um in eine entfernte Großstadt zu ziehen oder in einen nahegelegenen Vorort, der es ihm bereits ermöglicht hat, sich an der Differenz zu reiben und bestimmte kulturelle Codes in sich aufzunehmen – oder wenn er ein schwarzes Ghetto verläßt, um in der Welt der wohlhabenden Weißen zu leben. Die Vorstellungen von dieser Distanz verändern sich auch für dasselbe Individuum im Laufe seiner Biographie, wenn man bedenkt, daß sein Lebensweg oft einer chaotischen Hybridisierung ähnelt und nichts von einem kontinuierlichen Fortschritt hat, bei dem es darum ginge, sich vollständig aus den früheren Konventionen und Verhaltensweisen herauszulösen, um die Haltungen des neuen Milieus nach der Art einer zweiten Natur anzunehmen.

Das Ethos, um das es sich handelt, entspringt zunächst einer – wie man sagen könnte – *innerlichen* oder *inneren* Distanz. Sie zeigt sich in der Einführung eines Ichs, das (oder eines Spielraums, der) eine Art Ablösung, eine Art Dezentrierung gegenüber der Ausgangssituation wiedergibt (oder verrät). Diese Distanz gleicht einem Ortswechsel, freilich einem mentalen, keinem räumlichen. Nizan beschreibt die Voraussetzungen dafür in *Das Leben des Antoine B.*:

> Antoine beginnt an diesem Abend, vor der Haustür sitzend, unbestimmt zunächst noch, zu fühlen, daß die Welt, zu der ihn seine Studien führen, zu der ihn ein naiver Ehrgeiz zieht, sehr weit entfernt ist von der, in der seine Eltern seit ihrer Jugend gelebt haben, er spürt den Anfang einer Trennung, er gehört nicht mehr ganz ihrem Blut an, ihren Lebensbedingungen, er leidet bereits unter einer Art Abschied, einer nicht mehr rückgängig zu machenden Untreue.[178]

Diese Distanz nimmt die Form einer affektiven Trennung an, noch ehe sie wirksam wird und sich in einem

178 Paul Nizan, *Das Leben des Antoine B.*, a. a. O., S. 52.

tatsächlichen Wechsel der Klasse anzeigt. Man findet sie ebenso in einer ergreifenden Passage von *Das bessere Leben*, in der die Reise mit dem Zug als Metapher oder Symbol der sozialen Bahn dient. Die Autorin wird ihrer neuen Klassenzugehörigkeit gewahr, als sie daran denkt, daß sie Erster Klasse reist und daß der Wechsel unumkehrbar ist.

> Mit einem Mal, betroffen: »So, jetzt bin ich wirklich eine richtige Bourgeoise«, und »Es ist zu spät«.
> Später, als ich den Sommer über auf meine erste Anstellung wartete: »Ich muß das alles erklären.« Ich wollte erzählen, über meinen Vater schreiben, über sein Leben und diese Distanz, die sich zwischen ihn und mich, als ich heranwuchs, geschoben hatte. Eine Distanz des Klassenunterschieds, aber so, daß man sie nicht näher beschreiben kann. Wie die Distanz von Liebenden, die sich auseinandergelebt haben.[179]

Die objektive Bezeichnung »Klassendistanz« vermag nicht die eigentümliche emotionale Belastung der subjektiv erlebten Distanz wiederzugeben, einer Trennung, die das Herz einschnürt, des unwiederbringlichen Verlusts einer Zuneigung und eines symbiotischen Einverständnisses, aber auch einer Ablehnung und einer Weigerung, seiner Familie zu ähneln, verbunden mit dem Gefühl, anders oder radikal verschieden zu sein.

Denn die subjektiv erlebte Klassendistanz nimmt nicht prinzipiell die Gestalt einer erlittenen und schmerzhaften Entfernung an; sie kann auch als gewollte und akzeptierte Entfernung erscheinen, die den verächtlichen Wunsch ausdrückt, nicht so zu sein wie die eigenen Brüder, oder den Stolz, anders zu sein, die Vergewisserung eines Erfolges und die Bestätigung einer Überlegenheit. Das geht zum

179 Annie Ernaux, *Das bessere Leben*, a. a. O., S. 19 f. [Übersetzung verändert].

Beispiel aus dem Geständnis John Edgar Widemans gegenüber seinem Bruder in *Bruder und Hüter* hervor: »Meinen Erfolg bemaß ich an der Distanz, die ich zwischen ihn und mich legen konnte.«[180] Diesen Gedanken greift auch Didier Eribon auf, wenn er einem seiner Brüder unausgesprochen die Rolle eines Maßstabs all dessen zuschreibt, was er nicht sein will und wovor er flieht, vor jener Arbeiterwelt, der er schon nicht mehr angehört.[181] Doch vielleicht handelt es sich letztlich immer um eine vergangene Liebe; jedenfalls scheint es oft so, daß die Abwendung und die Leugnung jeglicher Familienähnlichkeit sich auf einen Teil des eigenen Selbst beziehen, den man nicht mehr zu lieben vermag und den man ausgestrichen hat.

Diese innere Distanz verdoppelt sich sehr rasch um eine äußere. Aus dem geistigen Abstand wird ein räumlicher, wenn das innere Unbehagen sich in eine weiträumige Migration überträgt. Der Abschied verläuft zumeist über eine Ortsveränderung, eben weil die beiden Welten nicht in demselben Raum und im selben Spielfeld koexistieren können. Daher stellt sich der Wechsel der Klasse historisch stets als geographische Trennung dar, als Überschreitung einer Grenze, die Stadt und Land, Hauptstadt und Provinz, Zentrum und Peripherie, Speckgürtel und Schlafstädte, entwickelte Länder und Entwicklungsländer trennt … Julien Sorel verläßt sein heimatliches Verrières in Richtung Besançon und geht dann nach Paris. Während Annie Ernaux von Yvetot nach Rouen zieht, wird für viele der Wechsel nach Paris zum Zeichen des sozialen Aufstiegs. Dem Ruf Rastignacs könnten sich viele Klassenübergänger anschließen. Doch dieses Phänomen ist kein spezifisch französisches. Der Abstand, den John Edgar Wideman zwischen seinen Bruder und sich legt, ist derselbe, der das schwarze Ghetto von Pittsburgh von der University

180 John Edgar Wideman, *Bruder und Hüter*, a. a. O., S. 46.

181 Didier Eribon, *Rückkehr nach Reims*, a. a. O., S. 103 f.

of Pennsylvania in Philadelphia trennt. Klassenwechsel, Ortswechsel.

Der Klassenübergänger sieht sich nach seinem Wandel einem neuen Wohnort zugeordnet. Er erlebt einen sozialen Umzug, und seine Reise ähnelt einer Art Transhumanz oder Immigration. Darum erscheint er als Überläufer oder genauer als Einwanderer aus dem eigenen Land, um die Worte Annie Ernaux' aufzunehmen.[182] Diese Formel, die die Schriftstellerin in Analogie zur Einwanderung aus der Fremde benutzt, um ihren Weg innerhalb der französischen Gesellschaft zu denken, gibt die zweifache Dimension der Distanz wieder, die geographische Entfernung und die geistige Entfremdung, das innere Exil, das der Klassenübergänger kennenlernt, weil er von denen getrennt ist, die früher einmal die Seinen waren, manchmal tausend Meilen von seinem neuen Milieu entfernt.

Das Ethos der Distanz betrifft allerdings nicht nur die Herkunftsklasse, sondern ebenso die Ankunftsklasse. An Martin Eden ist das sofort zu erkennen, denn er ist in jedem Augenblick mit der Andersheit der bürgerlichen Welt konfrontiert, so daß alles zum Zeichen für den Graben wird, der ihn von Ruth trennt. »Eines Nachmittags sah er ihre Mutter aus einer Bank kommen, und das überzeugte ihn von neuem von dem ungeheuren Abstand, der Ruth von ihm schied.«[183] Sie gehört der Klasse an, die mit Bankiers zu tun hat. Diese Distanz wird mehrmals als Abgrund dargestellt, der das ungebildete und grobe Universum des Seemanns von dem der rechtmäßigen und verfeinerten Kultur trennt, ein Abgrund, den der Klassenübergänger überqueren möchte, ohne zu wissen, welchen Steg er wählen soll. Der Zusammenprall der Welten reißt eine Bresche in die beschränkte Imagination des Klassenübergängers und läßt die Distanz ermessen, die zu überwinden ist, um

182 Annie Ernaux, *L'Écriture comme couteau*, a. a. O., S. 35.

183 Jack London, *Martin Eden*, a. a. O., Erster Teil, S. 66.

die Differenz zu beseitigen und um zu erobern, was er naiv-idealisierend begehrt.

Sehr oft stellt sich mit der Erfahrung, zum ersten Mal in ein reiches Haus eingeladen worden zu sein, das Bewußtsein eines unvorstellbaren Abstands zwischen den Lebensweisen ein. Sie hinterläßt den Eindruck einer überwältigenden Offenbarung, denn der Klassenübergänger sieht den Unterschied, greift ihn mit Händen und kann seinen Augen nicht trauen. In dieser Hinsicht ist der Bericht Martin Edens beispielhaft, denn viele Klassenübergänger machen eine ähnliche Erfahrung und neigen dabei übrigens manchmal zu Illusionen, wie sie später entdecken, über den Grad des Reichtums, der Kultur und des Raffinements, da ihnen Vergleichskriterien und Unterscheidungsvermögen fehlen:

> Ich bin noch nie in einem Haus wie diesem gewesen. [...] Ich hatte von solchen Dingen gehört und in Büchern darüber gelesen, und als ich mich in Ihrem Hause umsah, da war es gerade wie in den Büchern. Aber was ich sagen wollte: es gefiel mir. Ich hätte es gern selbst so gehabt. Ich möchte es jetzt gern so haben. Ich möchte, daß die Luft, die ich atme, so wäre wie in diesem Hause – eine Luft, die von Büchern, Bildern und schönen Dingen erfüllt ist, in der Leute leise reden, rein sind und rein denken. Die Luft, die ich bisher geatmet habe, war immer vermischt mit Essen und Miete und Schlägereien [...].[184]

Die Lehrjahre und die Arbeit der Metamorphose ließen sich als Anstrengung der räumlich-zeitlichen Resorption des Abstands definieren, weil die Mühe nicht nur darin besteht, einen Graben aufzufüllen, sondern einen Rückstand aufzuholen. Der Klassenübergänger beginnt Bücher zu verschlingen, manchmal bulimisch, und hartnäckig kulturelle Orte aufzusuchen. Die Aufhebung der Distanz wird also nach

184 Ebd., S. 85.

einem topologischen und zugleich chronologischen Muster erlebt, so daß der Weg des Klassenübergängers sowohl ein Hindernisrennen als auch ein Wettlauf gegen die Zeit ist, ein Abdichten von Löchern wie auch ein beschleunigter Wissenserwerb.

Doch ist der Abstand einmal reduziert, sind die größten Lücken beseitigt, wird dieses Ethos der Distanz sein Verhalten in der Ankunftswelt weiterhin beherrschen, denn seine neuen Gewohnheiten sind erworbene und haben nicht die gleiche natürliche Selbstverständlichkeit wie für jene, denen sie in Fleisch und Blut übergegangen sind und die keine Erinnerung daran haben, daß sie sie einmal erlernen mußten. Auch wenn man es ihm vielleicht nicht anmerkt, ist der Klassenübergänger oft nicht gleich auf dem Stand der Dinge, sondern reagiert ein wenig verzögert, denn er benötigt immer eine Distanz und braucht ein bißchen länger, um die Codes zu beachten, um sich anzupassen und keine Fauxpas zu begehen. Er erscheint daher immer als jemand, der auf der Hut ist, denn er kann sich nicht spontan mit den Dingen identifizieren und in ihnen aufgehen wie diejenigen, die von vornherein annehmen, daß die Dinge auf sie zugeschnitten sind. Diese Distanz des Betrachters macht ihn manchmal mehr zum Selbstbeobachter als zum Akteur. Er beobachtet das, was die anderen tun, und beobachtet sich dabei, wie er bei der Übernahme eines Verhaltens mit jener eigentümlichen Verzögerung zurechtkommt, die weniger reflexhaft als reflexiv ist. In dem, was man als linkisches Wesen oder Ungeschicklichkeit zu erkennen glaubt, teilt sich nur dieses Zögern und diese Spaltung seiner selbst mit, die paradoxerweise dazu führt, daß er in den Kreis eintritt und gleichzeitig am Rande bleibt.

Der Klassenübergänger ist wie der von Pascal erzogene ideale Herzog. Er kann nicht sein Sein mit seinem Stand verwechseln, sein Denken steht immer unter Vorbehalt und besitzt eine zwanghafte Hellsicht. Sogar wenn er vor sich selbst die Augen verschließt, weiß er dunkel, daß er

»nicht von dieser Welt« ist und daß er den Zweifel an seiner Legitimität verstummen lassen muß. Nimmt er eine Machtposition ein oder wird er auf einen Posten berufen, für den er nicht geboren ist, kann er mit seiner Funktion nicht völlig verwachsen und sie nicht behaglich ausüben, als stünde sie ihm selbstverständlich zu oder als handelte es sich um eine natürliche Fortsetzung seiner selbst – so wie ein Erbe es tut, der mit seiner Funktion eins ist und nicht zwischen Sein und Haben unterscheidet. Er kann daher Fehlentscheidungen treffen, die den Erwartungen, die an ihn gestellt werden, zuwiderlaufen, weil er sich dem geltenden Modell nicht anzupassen vermag, zu dem er in einem ambivalenten Verhältnis steht. Er kommt aus der Welt der Beherrschten und kann sich nicht ohne Zögern und nicht ohne kritischen Geist mit einer Herrschaftsposition identifizieren.[185]

So hat Bourdieu, der in der intellektuellen Welt einen herausragenden Platz einnahm, häufig genau das Gegenteil dessen getan, was die herrschenden Modelle in seinem Feld erwarteten. Er konstatiert, daß seine Zwiespältigkeit gegenüber der intellektuellen Welt einer »zweifachen Distanz« zugrunde lag:

> Distanz gegenüber dem großen Spiel der französischen Intellektuellen, die sich an jeder aufsehenerregenden Petition, jeder schicken Demonstration beteiligen, ohne das Vorwort für einen Kunstkatalog zu vergessen, aber auch gegenüber dem großen Spiel der professoralen Machtausübung, ihrer Allgegenwart in jedem Ausschuß und Preisgericht, in den Spielen und bei den Spieleinsätzen der Herrschaft über die universitäre Reproduktion.

185 Ebenso betont auch Didier Eribon, daß eine solche Rollendistanz gewiß unbehaglicher ist, als in seinem beruflichen oder sozialen Status völlig aufzugehen. Siehe *Gesellschaft als Urteil. Klassen, Identitäten, Wege*, aus dem Französischen von Tobias Haberkorn, Berlin: Suhrkamp 2017.

Distanz auch im Bereich der Politik und Kultur, gegenüber jedem Elitismus und Populismus.[186]

Diese unbequeme Haltung einer Nichtkoinzidenz mit seiner sozialen Rolle bietet die kostbare Möglichkeit, einen Schritt zurückzutreten und kritische Distanz zu gewinnen – eine Position der Stärke, die dazu beitragen kann, aus den aufgeblähten Figuren der Macht die Luft herauszulassen und die Strukturen der Herrschaft zu verändern, aber auch eine Position der Schwäche, die dazu führen kann, sich selbst von der Bildfläche verschwinden zu lassen, nämlich dann, wenn der Klassenübergänger dem Hochstaplersyndrom zum Opfer fällt, sich selbst Steine in den Weg legt und sich daran hindert, an dem, was er tut, entschlossen festzuhalten. Er muß sozusagen darum kämpfen, das, was er ist, zu sein. Das ist gewiß einer der Gründe, weshalb manche Klassenübergänger gleichsam aus einem legitimistischen Reflex royalistischer sind als der König, weshalb sie die Rollen und Funktionen überbetonen, um zu beweisen, daß sie den Anforderungen gewachsen sind. Der Wunsch zu demonstrieren, daß sie der neuen sozialen Klasse in aller Form angehören, äußert sich in einer demütigen Verneigung vor ihren Regeln und Werten, die dazu führt, diese ohne jede Distanz buchstabengenau anzuwenden.

Solche Klassenübergänger werden dann tragende Säulen der Institutionen, Vorbilder des Konformismus oder Karikaturen der Welt, in die sie eintreten möchten, nach Art des Bürgers als Edelmann, der sich der Lächerlichkeit preisgibt, oder der Verdurin, von deren Salon die Gewöhnlichkeit in die aristokratische Nase der Guermantes sticht. Während derjenige, der die Codes seit Ewigkeiten kennt, mit ihnen geschmeidig zu spielen weiß und sich kleine Verstöße erlauben kann, die ihm Bewunderung einbringen werden, neigt der Klassenübergänger, dem diese Gewandtheit ab-

186 Pierre Bourdieu, *Ein soziologischer Selbstversuch*, a.a.O., S. 121.

geht, dazu, ihnen rigoros zu folgen und Härte zu zeigen. Er ist dann in seiner Rolle versteinert und zeigt, daß sie ihm nicht auf den Leib geschnitten ist, so sehr übertreibt er und verwandelt eine Pose in Parodie. Daher kann der Klassendünkel bei Bürgerlichen, die sozial aufgestiegen sind, ausgeprägter sein als beim echten Bourgeois, denn es geht ihnen darum, sich alles vom Leibe zu halten, was an die eigene Herkunft erinnert, und dem neuen Milieu durch eine Strategie der Grenze und der radikalen Abgrenzung Loyalität zu beweisen. Weit davon entfernt, sich auf eine herablassende Gleichgültigkeit zu beschränken, kann bei ihnen der Klassendünkel eine gehässige und demonstrativ verächtliche Wendung nehmen. Der Klassenübergänger übertreibt also und hat Mühe, die rechte Distanz zu finden. Doch ob zu fern oder zu nahe, immer ist es die Distanz, um die es geht. Der Klassenübergänger ist nie da, wo er hingehört; immer ist er deplaziert, verschoben, auf der Suche nach seinem »natürlichen Ort«.

Im übrigen wird der Abstand nicht nur *foro interno* empfunden, er wird auch äußerlich markiert und kommt in der Haltung der echten Bourgeois zum Ausdruck. Er wird nicht nur gespürt, man gibt ihn auch zu spüren. So wird Martin Eden von Ruth auf Distanz gehalten, auch wenn sie sich von ihm angezogen fühlt, wie jene ambivalente Szene belegt: »Später setzte sie sich an den Flügel und spielte für ihn, nur für ihn, aggressiv, mit dem unklaren Ziel, den unüberbrückbaren Schlund zwischen ihnen zu betonen.«[187] Der Klassenübergänger bemüht sich, die Distanz zu brechen, der legitime Erbe dagegen, sie aufrechtzuerhalten, indem er mit seiner Verachtung den Bastard vernichtet, der Ansprüche auf den Thron erhebt, oder indem er sich über die lächerlichen Fehler des Parvenus mokiert. Der Klassendünkel führt dazu, die Differenz als Minderwertigkeit zu verstehen, und den Wunsch des anderen, sozial aufzusteigen, mit einer Form

187 Jack London, *Martin Eden*, a. a. O., Erster Teil, S. 33.

grotesker Anmaßung gleichzusetzen. Der Wille zur Distinktion erinnert an das, was Nietzsche als »Pathos der Distanz« bezeichnet, das darauf abzielt, eine Hierarchie aufzustellen und nach dem Rang zu unterscheiden.[188] »[D]as Höhere *soll* sich nicht zum Werkzeug des Niedrigeren herabwürdigen, das Pathos der Distanz *soll* in alle Ewigkeit auch die Aufgaben aus einander halten!«[189] Der Wille zur Distinktion ist also nichts anderes als die Bemühung, eine imaginäre Trennung durch die Einführung einer symbolischen Distanz aufrechtzuerhalten, die als *Cordon sanitaire* wirkt, mit dem die Würde eines sozialen Status bewahrt und die Entwertung vermieden werden soll, die mit der Ausdehnung der Privilegien auf Nichtadlige verbunden ist.

Selbst wenn der Klassenübergänger wohlwollend in die gute Gesellschaft aufgenommen wird: das bewundernde Staunen über seinen außergewöhnlichen Weg, das Lob seiner Vorzüge und seines kämpferischen Geistes lassen ihn die ganze Distanz spüren zwischen denen, »die sich nur die Mühe machen mußten, geboren zu werden«, und denen, die sich ihre Plätze hart erkämpfen mußten. Als Außenseiter, der in die erste Reihe drängt, wird ihm besondere Förderung gewährt, und seine Integration verdankt er nur der Großzügigkeit eines wohlwollenden Zönakels, dem er die Gelegenheit bietet, sein schlechtes Klassengewissen zu vertreiben und seinen Geist der Toleranz und der Offenheit für soziale Vielfalt unter Beweis zu stellen. Der Klassenübergänger bleibt ein Überlebender, eine Anomalie, ja ein Wunderkind oder eine exotische Kuriosität, die man manchmal wohlgefällig in den Salons ausstellt, damit er seine unglaubliche Geschichte erzählt, ehe man ihrer überdrüssig wird und zu einem anderen Thema übergeht. Er ist nicht wirklich von

188 Friedrich Nietzsche, *Zur Genealogie der Moral*, Erste Abhandlung, § 2, in: *Kritische Studienausgabe*, herausgegeben von Giorgio Colli und Mazzino Montinari, München: dtv; Berlin/New York: de Gruyter ²1988, Bd. 5, S. 259.

189 Ebd., Dritte Abhandlung, § 14, S. 371.

dieser Welt, so ungefestigt ist seine Stellung, er gehört nicht genuin dazu, sondern nur zufällig. Kurz, er sitzt nicht fest im Sattel, seinen Platz hat er nur auf Kredit.

Doch er gehört auch nicht mehr der Welt seiner Herkunft an, selbst wenn er seine Wurzeln wiederfinden möchte. Der Klassenübergänger ist nicht mehr derselbe, und seine Komplexion hat sich verändert. Der Fremdheit, die beim Weggang durch die Entfernung entstand, entspricht eine Fremdheit, die bei der Rückkehr trotz der Wiederannäherung bleibt. Die Begegnungen mit der Welt von einst ähneln eher mißlungenen Rendez-vous als einem fröhlichen Wiedersehen und lassen die Vertiefung des Grabens ermessen. Martin Eden auf der Durchreise zwischen zwei Welten bemerkt das bitter, wenn er den Kumpanen der Welt dort drunten über den Weg läuft, dem Maschinisten, dem Gärtner und seinem Gehilfen und den Stallburschen, mit denen er hastig ißt, ohne daß sie sich viel zu sagen hätten: »und während Martin ihnen zuhörte, wurde ihm klar, wie weit er sich über ihr Niveau erhoben hatte. Ihr Tiefstand bedrückte ihn, und er wäre am liebsten weit fort gewesen.«[190] Sicher, Martin Eden erkennt, daß er mühelos die durch die Bücher aufgerissene Kluft überbrücken kann, weil er in der Arbeiterwelt gelebt hat, »und die Kameradschaft unter den Arbeitern war ihm zur zweiten Natur geworden«.[191] Trotzdem, wenn er die Freundschaft mit seiner alten Bande erneuert und den Eindruck hat, wiederaufzuleben und sich wieder als Mensch zu fühlen, wenn er mit ihnen anstößt, wird ihm klar, daß er sich unwiderruflich verändert und einen Punkt erreicht hat, an dem keine Umkehr mehr möglich ist: Ihm war, »als schmeckte das Bier nicht so gut wie in alten Tagen. Es schmeckte nicht so, wie es einmal geschmeckt hatte. Er kam zu der Erkenntnis, daß Brissenden ihm den Geschmack am Bier verdorben hatte, und mußte sich unwillkürlich

190 Jack London, *Martin Eden*, a. a. O., Erster Teil, S. 188.

191 Ebd., Erster Teil, S. 186.

fragen, ob die Bücher ihm nicht doch den Geschmack am Umgang mit den Freunden aus alten Tagen verdarben.«[192]

Sich näherkommen heißt paradoxerweise den Grad der Entfernung ermessen. Während die geographische Distanz überbrückbar ist, läßt sich die historische Distanz nicht vollständig beseitigen; die eine ist reversibel, die andere nicht. Der Klassenübergänger ist nicht mehr »auf Augenhöhe« mit dieser einstmals vertrauten Welt; auch dort ist er deplaziert; zwischen ihm und den anderen bleibt stets die Differenz zwischen denen, die weggegangen, und denen, die geblieben sind. Er erlebt so das Schicksal von Immigranten, die in ihre Heimat zurückkehren: Er ist ein Fremder im eigenen Land. Im übrigen mag er sich ihm vollkommen anpassen und das Ethos der Distanz bis zu dem Punkt kultivieren, an dem es sich in ein Pathos der Distanz verwandelt. Die triumphale Heimkehr ins Herkunftsmilieu beschränkt sich dann auf einen bloßen Umweg, um das Ankunftsmilieu besser zu erreichen und eine erworbene Position zu bestätigen, indem man die Zurückgebliebenen zu Zeugen nimmt und sie zu Garanten der eigenen Überlegenheit macht. Der Parvenu, der sich in die Brust wirft, indem er die Zeichen des wirtschaftlichen oder kulturellen Erfolgs vor seinem Herkunftsmilieu zur Schau stellt, ist die spiegelverkehrte Variante des Bürgers als Edelmann. »Ich bin einer von euch«, proklamiert der eine, den Adligen zugewandt; »ich bin keiner von euch«, schleudert der andere den Gemeinen ins Gesicht.

Sollte der Klassenübergänger das etwa vergessen haben, werden die Einheimischen nicht zögern, ihn schleunig darauf aufmerksam zu machen. Er war von hier, doch er lebt anderswo, und um ein Aufenthaltsrecht zu bekommen, muß er zeigen, daß er ein Kind des Landes geblieben ist, daß er es nicht verraten hat. Der Klassenübergänger muß also Beweise für seine Zugehörigkeit vorlegen, sich in das

192 Ebd., Zweiter Teil, S. 200.

alte Kostüm zwängen, den jüngeren Bruder des Grafen von Chaulnes vergessen, um wieder Julien Sorel zu werden, und die Spuren des blauen Anzugs tilgen. Die Aufgabe ist nicht leicht, denn der Klassenübergänger wird mit forschendem Blick betrachtet und aufgefordert, die Frage zu beantworten, ob er noch Teil der Familie und des Milieus ist, und man sucht in seinen Worten und seinen Handlungen nach Zeichen der Zugehörigkeit oder Verleugnung.

Unter diesem Gesichtspunkt kann der von Frantz Fanon in *Schwarze Haut, weiße Masken* analysierte Fall des Antillaners, der in die Metropole aufgebrochen ist und in seine Heimat zurückkehrt, als Paradigma dienen, um die Bewährungsprobe des Klassenübergängers zu verstehen.

> Der Antillaner, der aus der Metropole zurückkehrt, spricht Mundart, wenn er kundtun möchte, daß sich nichts verändert hat. Man spürt es schon auf der Landungsbrücke, wo Verwandte und Freunde ihn erwarten. Ihn nicht nur erwarten, weil er ankommt, sondern in dem Sinn, wie man sagt: ich erwarte ihn an der nächsten Ecke. Sie brauchen nur eine Minute für die Diagnose. Sagt der Ankömmling zu seinen Kameraden: »Ich bin sehr froh, wieder bei euch zu sein. Mein Gott, ist es heiß in diesem Land, ich kann nicht lange hierbleiben«, dann weiß man Bescheid: es ist ein Europäer, der eintrifft.[193]

Die Ankündigung der Rückkehr nährt die Erwartung derer, die geblieben sind, eine sehnsüchtige Erwartung, weil er weggegangen ist, und eine mißtrauische Erwartung. Die ganze Frage lautet, ob der Ankömmling ein Emporkömmling ist, ein Streber, ob er sich für etwas Besseres hält oder ob er einer von uns geblieben ist. Man lauert ihm also auf, erwartet ihn Gewehr bei Fuß, und dies um so mehr, als

193 Frantz Fanon, *Schwarze Haut, weiße Masken*, aus dem Französischen von Eva Moldenhauer, Frankfurt am Main: Syndikat 1980, S. 27.

sein Weggang manchmal als Verleugnung erlebt wurde, als Zurückweisung oder Abkehr, und weil mit denen, die uns verlassen haben, noch offene Rechnungen zu begleichen sind. Wenn er ihnen näherkommt, wirft man ihm vor, sich entfernt zu haben. Seine Wiedereingliederung steht unter Bewährungsvorbehalt, und er muß seine Zunge hüten und auf sein Verhalten achten, um sich nicht dem Vorwurf auszusetzen, er sei zum Feind übergelaufen. Er muß Distanz zu sich wahren und partiell maskieren, was er geworden ist, um anerkannt zu werden.

Diese Distanz nährt ein tiefes Unbehagen, weil der Klassenübergänger nicht mehr an die Welt angepaßt ist, in der er lebte, und sich zu Verrenkungen herbeilassen muß, etwa der, seine eigene Rolle zu spielen, das Kind oder den Jugendlichen, der er war, zu reinkarnieren und seine Verwandlung mit Schweigen zu übergehen. Es ist ein großer Abstand, der verlangt, daß die Person sich zur Figur macht, um eine gereinigte, dem Publikum erträgliche Version ihrer selbst zu liefern. Wenn er ein guter Komödiant ist, kann der Klassenübergänger sich selbst hinters Licht führen und Vergnügen daran finden, in seine alten Gewohnheiten zu verfallen; er kann aber auch unter der Maske ersticken und sich enteignet fühlen, wenn er sich zum Schauspieler seines vergangenen Lebens macht, statt handelnde Person seiner gegenwärtigen Existenz zu sein.

Nach zahlreichen Berichten von Klassenübergängern vollzieht sich die Wiedereingliederung um den Preis einer Selbstzensur oder einer Verleugnung der Veränderung durch das Herkunftsmilieu. Diese Verleugnung äußert sich zumal in der tiefen Ignoranz gegenüber dem neuen Milieu, in dem sich der Klassenübergänger bewegt; Ignoranz in der doppelten Wortbedeutung von Unkenntnis und Verachtung, die im Fehlen einer wirklichen Neugier auf dieses Milieu, im Ausbleiben genauerer Nachfragen durchscheint – wenn man von einigen Mitteilungen absieht, die das Bild bestätigen, das man von ihm hat –, oder in dem mit Ressentiment vermischten Genuß, den es bereitet, wenn der Rückkehrer es zugunsten einer Verherrlichung der überlegenen Welt der Daheimgebliebenen herabwürdigt.

Die Herkunftswelt entzieht sich also ihrerseits, denn der sehnsüchtige Wunsch, seine Klasse wiederzufinden, ist ebenso mythisch wie der von den Immigranten gehegte Traum einer Rückkehr in die Heimat. In Wirklichkeit kehrt man nicht nach Reims zurück, sondern man geht wieder dorthin. Der Klassenübergänger ist ein Wiedergänger im starken Sinne. Er existiert nicht mehr für diejenigen, die geblieben sind, es sei denn in der gespenstischen Form dessen, der fort ist, oder des Wiedergängers, der manchmal durch das alte Revier irrt, bevor er sich wieder verflüchtigt. Als Phantom der Vergangenheit spukt er auf der Suche nach einem verlorenen Ich an den Orten von einst herum und hat Mühe, mit der neuen Welt zu verwachsen, denn er kommt von weither. Er ist auf der Durchreise und lebt wie die epikureischen Götter in den Intermundien, doch hat er selten deren glückliche Indifferenz, denn seine Komplexion steht unter Spannung.

Fluctuatio animi: *eine Komplexion unter Spannung*

Der Umgang mit der großen Kluft hat manchmal zur Folge, daß man sich hin- und hergerissen fühlt. Von zwei sozial auseinanderstrebenden Welten bedrängt, wird der Klassenübergänger mal auf die eine, mal auf die andere Seite geworfen und erfährt sich als Opfer dessen, was Spinoza *fluctuatio animi* oder schwankendes Gemüt nennt.[194] Die *fluctuatio animi* bezeichnet den Geisteszustand, der zwei entgegengesetzten Affekten entspringt. Sie ist Ausdruck einer Ambivalenz und ruft ein ständiges Hin und Her sowie

194 Baruch de Spinoza, *Ethik*, a. a. O., Dritter Teil, Lehrsatz 17, Anmerkung, S. 255.

heftige Ausschläge in beide Richtungen hervor, solange die widerstrebenden Kräfte nicht resorbiert sind. Der Klassenübergänger trägt zwei Welten in sich, und er ist besessen von einer Dialektik der Gegensätze, ohne die Sicherheit zu haben, daß sie sich vereinigen oder daß die Oszillationen in ein Gleichgewicht münden könnten. Dieses Zusammentreffen der Gegensätze liegt dem zugrunde, was Bourdieu »gespaltenen Habitus« nennt.[195] Wenn dieser Habitus, der sich ausgehend von einer dualen Erfahrung konstituiert, nämlich der Erhebung in den schulischen Adel und einer einfachen Herkunft, zur Versöhnung der Gegensätze neigt, bleibt doch, daß Spannungen weiterbestehen, die mit der Diskrepanz zwischen der hohen Konsekration und der niederen sozialen Herkunft zusammenhängen. Zu dem großen Spagat zwischen oft unvereinbaren Universen verdammt, wird ein Klassenübergänger notwendigerweise von offenen oder untergründigen Widersprüchen geplagt. Er ist auf die andere Seite der Barrikade gewechselt und gehört nunmehr zur Welt der Herrschenden, während er zugleich die Geschichte der Beherrschten erlebt und an ihr teilgenommen hat. Er macht die Erfahrung eines inneren Klassenkampfes und ist sozusagen sein eigener Feind. Sein Verhältnis zum umgebenden Milieu ist also ein zerrissenes: dazugehören oder nicht dazugehören, das ist hier die Frage.

Trotzdem darf der Klassenübergänger sich nicht über das Problem hinwegtäuschen, etwa indem er glaubt, er müsse nur einen Schnitt ziehen, um sich in eines der Lager einzu-

195 Pierre Bourdieu, *Ein soziologischer Selbstversuch*, a. a. O., S. 113 ff.; siehe auch *Science de la science et réflexivité. Cours du Collège de France 2000–2001*, Paris: Raisons d'agir 2001, S. 214: »Um die Analyse nicht grenzenlos zu überfrachten, möchte ich auf das zurückkommen, was mir heute als das Wesentliche erscheint, die Tatsache, daß die widersprüchliche Koinzidenz der Erhebung in den schulischen Adel und der einfachen, provinziellen Herkunft (wie ich gern sagen würde; besonders der provinziellen) der Konstitution eines *gespaltenen Habitus* zugrunde lag, der alle Arten von Widersprüchen und Spannungen hervorrief …«

ordnen, denn er steht nicht vor der Alternative »Entweder-oder«, sondern eher in der Logik des »Weder-noch« oder des »Sowohl-als-auch«. Er ist weder ganz Proletarier noch ganz Bourgeois, weil er nicht mehr genau das ist, was er war, und nicht ganz das, wozu er wurde. Wenn er dennoch eine Klassensolidarität ausdrücken und sich restlos mit seiner alten oder seinen neuen Lebensbedingungen identifizieren möchte, muß er eine hybride Position einnehmen und sich seiner Situation bewußt sein.

Behauptet er etwa, er sei mit dem Volk eng verbunden geblieben, so droht er es mundtot zu machen, während er an seiner Seite zu kämpfen glaubt. Das ist der Fehler, dem manche Intellektuelle aus den unteren Schichten erliegen, wenn sie im Namen des Volkes zu sprechen beginnen und es damit zum Schweigen bringen, indem sie ihm manchmal Lektionen erteilen, ohne auf seine Forderungen zu hören. Es ist immer vermessen, für andere zu sprechen, und erst recht, wenn man ihren Platz nicht mehr einnimmt. Das Risiko besteht darin, die Bestrebungen einer aufgeklärten Randgruppe, wie legitim sie auch seien, mit denen eines ganzen Volkes zu verwechseln, ohne den Unterschied der Positionen zu berücksichtigen, und sich mit Beschwörungen und Ermahnungen in Pose zu werfen, die einer echten Solidarität zuwiderlaufen.[196]

Doch wenn die Vergegenwärtigung einer Position Mißverständnisse zerstreuen kann, hebt sie darum noch nicht

196 Die Mißachtung der unterschiedlichen Stellung führt so dazu, die Arbeiter anzuprangern, die sich den Chefs für eine elende Lohnerhöhung verkaufen, statt zu streiken oder Revolution zu machen, oder auch ihren ureigenen Rassismus und ihre politischen Irrtümer zu geißeln, statt deren Gründe zu verstehen und wirksame Mittel zu ihrer Abhilfe zu suchen. Der Klassenübergänger ist im allgemeinen nicht mehr in einer Situation, in der die gleichen familiären, ökonomischen und sozialen Lasten auf ihm ruhen, die ganze Reihe der hungrigen Münder, die zu ernähren sind, die erdrückende Verschuldung oder die lästigen Zwänge der Nachbarschaft: Er hat es leicht, die schöne Seele zu spielen und von einem idealen Volk zu träumen, das immer kämpferisch und großzügig ist.

die Spannungen auf. Eine Komplexion, die Widersprüchliches vereint, ist Widrigkeiten ausgesetzt, die sich insbesondere in ambivalenten Haltungen gegenüber dem Herkunftsmilieu wie auch gegenüber dem Ankunftsmilieu äußern. Im Hinblick auf seine Herkunftswelt wird der Klassenübergänger von gegensätzlichen Affekten zerrissen, die ihn abwechselnd dazu drängen, sie abzulehnen oder zu rehabilitieren. So schwankt er zwischen schamvoller Verachtung für sein Herkunftsmilieu und einer gewissen stolzen Anhänglichkeit, zwischen Gefühlen also, die durch abrupte Wendungen des Für und Wider von Haß in Liebe und von Liebe in Haß umschlagen.

Auch wenn er vorhat, mit seinem Milieu völlig zu brechen und eine wasserdichte Trennung aufrechtzuerhalten, kehren seine Gedanken dorthin zurück, wäre es auch nur in der flüchtigen Form eines Schuldgefühls, und er setzt sich einer zwanghaften Wiederkehr des Verdrängten aus. Die alten Rechnungen sind nie endgültig beglichen, denn er wird von seinen Schulden zuletzt doch noch eingeholt und kann keinen Schlußstrich ziehen. Sieht man von Fällen extremer Mißhandlung oder Kindesaussetzung ab, verdanken die Klassenübergänger ihren Weg zum Teil dem Opfer ihrer Familie, die manchmal hart arbeiten mußte, um ihnen die Ausbildung zu finanzieren, wie Michel Étiévent bezeugt:

> Ich habe meine Mutter jeden Tag an der Zukunft ihrer Kinder arbeiten sehen, schreibt Duras. Ich habe die meine nicht für einen Moment sitzen sehen. Als Bäuerin und Hausfrau hat sie uns mit äußerster Kraft durchgeschleppt, um bei uns Zukunftshoffnungen zu wecken. Ich erinnere mich, wie sie stundenlang im eisigen Wasser der Bassins Wäsche walkte. Tag für Tag, eine Wäsche nach der anderen. Mit ihren von Frostbeulen entstellten Händen bezahlte sie die Wörter, die ich in der Buchhandlung kaufte. Heute noch denke ich an sie, wenn ich ein Werk auswähle. Ihre Hände kommen

> mir wieder in den Sinn, ihre Hände, die nie die Zeit noch die Kraft hatten, ein Buch zu halten. Die Worte, die ich heute schreibe, gehören ihr. Ich schreibe, um zurückzugeben.[197]

Das scharfe Bewußtsein davon, welche Opfer zu erbringen waren, bleibt unauslöschlich, denn die Schuld ist in den Körper des anderen eingeschrieben, in diese abgearbeiteten Hände der Arbeiterinnen und Arbeiter, in diese müden Körper der Bäuerinnen und Bauern, in all diese Gesichtsfalten und Runzeln, denen sich die Geschichte der harten Arbeit und des Elends ablesen läßt. Wenn er nicht absolut unaufrichtig ist, kann der Klassenübergänger den Preis der Dinge und die Mühe, die sie kosten, nicht ignorieren. Michel Étiévent evoziert so eine vielsagende Erinnerung: »Einmal habe ich meiner Mutter fünf Francs gestohlen. Sie hat zu mir kein Wort gesagt. Sie hat mir nur ihre Hände gezeigt. Fünf Francs, das hieß damals so viel wie sechs Stunden die Hände in eisiges Wasser zu tauchen.«[198]

Sein Fall ist keineswegs ein Einzelfall. Die meisten Klassenübergänger haben dieses Gefühl einer Verpflichtung durch eine ungeheure und erdrückende Schuld. Auch Didier Eribon fühlt sich als Schuldner, trotz der Zurückweisung durch sein Milieu, die zum Ausgangspunkt seiner Selbstkonstitution wurde; er betont insbesondere die Opfer seiner Mutter, die sich täglich acht Stunden lang in einer Fabrik schinden mußte, damit er im Gymnasium Montaigne oder Balzac lesen oder als Student sich lange in sein Zimmer einschließen konnte, um über Aristoteles oder Kant zu brüten.[199] Ebenso erinnert er an die lapidare Formulierung Annie Ernaux' über ihre Mutter in *Gesichter einer Frau*: »Ich war mir ihrer Liebe sicher und wußte auch genau um diese

197 Michel Étiévent, *Aux silences de l'aube*, Paris: Éditions Gap 2006, S. 86.

198 Ebd.

199 Didier Eribon, *Rückkehr nach Reims*, a. a. O., S. 77.

Ungerechtigkeit, daß sie von morgens bis abends Kartoffeln und Milch verkaufte, damit ich in einem Hörsaal sitzen und eine Vorlesung über Platon hören konnte.«[200]

Ob er sich nun der Liebe seiner Familie sicher ist oder nicht, das Gewicht der Schuld und der Ungerechtigkeit des Schicksals derer, die sich geopfert haben, lastet notwendigerweise auf dem Gewissen des Klassenübergängers. Zwischen der Undankbarkeit des Vergessens und der Dankbarkeit der Erinnerung steckt er im Zangengriff der Schuld, und er kann ihr nur schwer entkommen. Oft erlebt er sich als jemand, der nur durch ein Wunder gerettet wurde, und wenn er sich seiner Vergangenheit zuwendet, wird er manchmal das Gefühl nicht los, ungerechterweise ein Privileg genossen zu haben. An ihm nagt das schlechte Gewissen, ein Überlebender zu sein, während so viele seiner Mitschüler, die nicht weniger Leistungen gezeigt hatten als er, der sozialen Selektion zum Opfer fielen. So wird er in eine Bewegung zwischen Weggehen und Zurückkommen, Gedächtnis und Vergessen gerissen.

Ebenso antithetisch und geteilt können seine Gefühle gegenüber dem Ankunftsmilieu sein. Zwischen der Faszination am Raffinement und dem Abscheu vor der Oberflächlichkeit, dem Neid auf die Lässigkeit und der Verachtung der Ungeniertheit, der Bewunderung der Vornehmheit und dem Zorn auf die Überheblichkeit wird der Klassenübergänger von den Turbulenzen gegensätzlicher Regungen, Anziehung und Feindseligkeit, geschüttelt. Er kann paradoxerweise größte Bescheidenheit und ungeheuerlichen Stolz zeigen, weil ihn ein Gefühl der Illegitimität und zugleich eines der Sicherheit verfolgt, die wahre Legitimität zu besitzen, da er seine Stellung einzig seinem Verdienst und keinem Geburtsprivileg verdankt. Den Erben zugleich unter- und überlegen, ist er in einer haltlosen Position, die ihn dazu treibt, sich selbst ins Abseits zu stellen.

200 Annie Ernaux, *Gesichter einer Frau*, a. a. O., S. 68.

Doch beim Spiel mit den Grenzen entgeht er nicht den Qualen jener Dialektik von innen und außen, die dem widersprüchlichen Wunsch entspringt, sich zugleich den Regeln anzupassen und sie zu überschreiten. Der Klassenübergänger verkörpert also die unmögliche Figur des rebellischen Konformisten. Er möchte von der guten Gesellschaft zugelassen und anerkannt werden, erträgt es aber nicht, integriert zu sein. Nachdem er sich den Forderungen der bürgerlichen Kultur und den Normen der literarischen Sprache lange gebeugt hat, wirft Martin Eden seinen Erfolg über Bord und prangert Ruth gegenüber mit Vehemenz die Welt an, die er idealisiert hat.

> »Die Bourgeoisie ist feige. Sie fürchtet sich vor dem Leben. Und alle deine Bemühungen gingen dahin, mir Furcht vor dem Leben einzuflößen. Du würdest mich in eine feste Form gezwängt, in eine winzige Nische des Lebens geklemmt haben, wo alle Werte des Lebens unwirklich, unecht und gewöhnlich gewesen wären.« Er fühlte, daß sie protestieren wollte. »Gewöhnlichkeit, derbe Gewöhnlichkeit ist, gestehe ich, die Grundlage der Verfeinerung und Kultur der Bourgeoisie. Wie gesagt, du wolltest mich in eine feste Form zwängen, mich zu einem Diener deiner eigenen Klasse mit deinen eigenen Klassenidealen, Klassenwerten und Klassenvorurteilen machen.«[201]

Als Frucht der *fluctuatio animi* ist die widersprüchliche Haltung des rebellischen Konformisten nicht bloß eine Romanfigur. In seinem *Soziologischen Selbstversuch* zeigt Bourdieu, wie sein gespaltener Habitus am Ausgangspunkt zwiespältiger und widersprüchlicher Verhaltensweisen von Folgsamkeit und Starrsinn stand. Einerseits bringen ihn der Eifer und die Bravheit des guten Schülers

201 Jack London, *Martin Eden*, a. a. O., Zweiter Teil, S. 249.

dazu, sich den Regeln des akademischen Spiels zu fügen. Andererseits treibt ihn eine Neigung zur Widerspenstigkeit zur Dissidenz vor allem gegenüber dem Schulsystem, das er als ambivalente Mutter (*alma mater*) wahrnimmt – Objekt einer wahrscheinlich überbordenden Liebe und einer Revolte, die auf Schuldgefühl und Enttäuschung gründet. Diese Neigung weckt die »Versuchung, das Spiel zu zerstören«, mit dem institutionellen Ritual bei Zulassungswettbewerben oder feierlichen Anlässen wie Preisverleihungen, Antrittsvorlesungen oder Habilitationsverfahren zu brechen.[202] Das gleiche Phänomen wiederholt sich auf der Ebene der affektiven Dispositionen: Einerseits zeigt sich bei ihm eine Form von Bescheidenheit, die nicht zuletzt »mit der Unsicherheit des aus eigener Kraft Emporgekommenen« verbunden ist und ihn dazu bringt, obskure Aufgaben nicht verächtlich abzulehnen, sondern sich der Durchführung eines Interviews mit der gleichen Aufmerksamkeit und dem gleichen Interesse zu widmen wie der Ausarbeitung eines theoretischen Modells. Andererseits besitzt er »ein[en] Stolz, die Selbstgewißheit des wundersam ›Geretteten‹, der ihn zu einem Leben als wundersamer ›Retter‹ treibt, ihn dazu auffordert, die Herrschenden auf ihrem eigenen Herrschaftsgebiet herauszufordern«.[203] So bekennt Bourdieu, daß schon seit seiner Zeit der *École normale* viele seiner Entscheidungen von »einer Art Aristokratismus« bestimmt waren, dessen Motiv weniger Herablassung als Enttäuschung war und den er rückblickend aus der Scham erklärt, daß er sich vom Spiel der *concours* blenden ließ, aus einer Reaktion auf das, was er als »Musterschülerverhalten« bezeichnet, und aus einer Art Selbsthaß, verbunden mit der Ablehnung des kleinbürgerlichen Strebertums, wie es manche seiner Mitschüler an den Tag legten, die später den Gipfel der universitären Hierarchie

202 Pierre Bourdieu, *Ein soziologischer Selbstversuch*, a. a. O., S. 114.
203 Ebd., S. 114 f.

erklommen und zu perfekten Modellen des *homo academicus* wurden.[204]

Diese widerstrebenden Affekte, die sich aus einer Zwitterstellung ergeben, werden nicht unbedingt schablonenhaft von allen Klassenübergängern empfunden. Sie entstehen als Reaktion auf Umstände, wenn die Bedingungen ihrer Aktualisierung gegeben sind, und werden mit unterschiedlicher Intensität erlebt, je nachdem, ob sie mit Affekten kombiniert sind, die sie mäßigen und neutralisieren, oder nicht. Wenn nun die Komplexion des Klassenübergängers in besonderem Maße durch eine *fluctuatio animi* gekennzeichnet ist, so wird er sehr rasch dazu neigen, verletzt zu sein oder zu verletzen, und droht als dünnhäutig oder aggressiv wahrgenommen zu werden, wenn er sich nicht vorsieht. Es kann ihm geschehen, daß man ihm einen cholerischen oder zartbesaiteten Charakter zuspricht, als ob es sich um ein Persönlichkeitsmerkmal handelte und nicht um eine situationsbedingte Disposition. Von Mißverständnissen abgesehen, erreicht die Spannung ihren Höhepunkt, wenn der Klassenübergänger von der Verkennung zur Verachtung übergeht, die Provokation kultiviert und in der bürgerlichen Welt den Proleten, bei den Proletariern den Bourgeois spielt. Er meißelt dann an seiner Statue als schwarzes Schaf und verschärft die Gegensätze, doch eine solche Selbstdarstellung mindert nicht die Spannungen, enthüllt sie, statt sie zu verhüllen, und unterstreicht sie, statt sie auszustreichen.

Angesichts der Singularität jeder Biographie und der Neuheit jeder Situation ist die apriorische Auflistung sämtlicher Formen von Hemmnissen, die der Komplexion der Klassenübergänger innewohnen, wahrscheinlich eine aussichtslose und zum Scheitern verurteilte Aufgabe. Trotzdem ist es möglich, die Aufmerksamkeit auf bestimmte, aus der Zwitterstellung entstehende gemeinsame Spannungsfaktoren

204 Ebd., S. 115 f.

zu konzentrieren, die in der Dynamik ihrer Selbstkonstitution eine wesentliche Rolle spielen, auf welch unterschiedliche Weise auch immer sie erlebt werden.

An erster Stelle steht die soziale Scham, von der wir gesehen haben, daß sie ebensowohl eine antreibende wie hemmende Rolle bei der Nicht-Reproduktion spielen kann, indem sie zur Rebellion oder zur Unterwerfung drängt. Scham ist einer der beständigsten affektiven Marker auf dem Lebensweg der Klassenübergänger. Selbst wenn sich der Klassenübergänger aus seinem ursprünglichen Milieu herausgearbeitet hat, bleibt sie als unauslöschliches Schandmal, das kein Erfolg vollends zu tilgen vermag, bestehen.[205] Sie ist der Prototyp des zähen Affekts, der endlos sich selbst befeuert und nicht aufhören kann. Sie hat die Kraft, ihr Gegenteil hervorzurufen, so daß die Spannung ihren Höhepunkt erreicht und das Subjekt zerreißt, denn nicht nur schämt es sich, sondern es schämt sich für seine Scham.

Es ist diese Erfahrung, die Camus in seinem weitgehend autobiographischen Buch *Der erste Mensch* beschreibt, wenn er von der Entdeckung des Klassenunterschieds durch den kleinen Jacques erzählt und von der Inkarnation dieses Unterschieds in seiner Mutter unter der schimpflichen Kategorie der Hausbediensteten. Jacques, vaterlos wie Camus, muß beim Eintritt in das Lycée Formulare ausfüllen, in denen nach dem Beruf der Eltern gefragt wird, und weiß nicht, was er für seine Mutter eintragen soll:

> Zuerst hatte er »Hausfrau« hingeschrieben, während Pierre »Postangestellte« geschrieben hatte. Aber Pierre erläuterte ihm, Hausfrau sei kein Beruf, sondern meine eine Frau, die das Haus verwahrt und ihren Haushalt macht. »Nein«, sagte Jacques, »sie macht den Haushalt

205 Wie Didier Eribon bemerkt, gilt das auch für andere Formen der Scham, etwa die mit der Homosexualität verbundene; siehe *Rückkehr nach Reims*, a. a. O., S. 235.

> der anderen und vor allem den des Kurzwarenhändlers gegenüber.« – »Tja«, sagte Pierre zögernd, »ich glaube, du mußt Hausbedienstete [*domestique*] hinschreiben.« Dieser Gedanke war Jacques aus dem einfachen Grund, daß dieses allzu seltene Wort bei ihm zu Hause nie ausgesprochen wurde, nie gekommen – auch aus dem Grund, daß bei ihnen zu Hause niemand das Gefühl hatte, sie arbeite für die anderen, denn sie arbeitete hauptsächlich für ihre Kinder. Jacques begann das Wort zu schreiben, hielt inne und lernte auf einen Schlag die Scham kennen und die Scham, sich geschämt zu haben.[206]

Diese plötzliche Erkenntnis, daß seine Mutter in den Augen der Welt eine »Hausbedienstete« ist und einen subalternen Rang einnimmt, entwertet sie und weckt bei ihm Scham, doch dieses schlechte Gefühl wendet sich gegen ihn, denn er verachtet sich selbst, weil er, und sei es nur auf dem Papier, dieses soziale Urteil gegenüber der, die er liebt und die sich für ihn aufopfert, annimmt.

Von daher schämt er sich seiner Scham, und sein Schmerz verzehnfacht sich durch eine Wut auf sich selbst. Während die Scham zunächst einmal Zeugnis ablegt von einer Entfernung, offenbart Scham aus Scham eine Nähe, und das ist gewiß der Grund, warum Camus erläutert, daß »seine Mutter [...], so wie sie war, das [blieb], was er auf der Welt am meisten liebte, *auch wenn er sie hoffnungslos liebte*«,[207] als könne er sie nicht mehr erreichen und als habe er sie nach diesem doppelten Makel, ihrer Entwertung, seiner Entwertung verloren. Scham aus Scham erhebt die ursprüngliche Scham zur zweiten Potenz, ohne daß eine reflexive Bewegung jenes Pendeln aufheben könnte, das sie vom anderen auf sich und von sich auf den anderen verschiebt. Jacques verspürt

206 Albert Camus, *Der erste Mensch*, deutsch von Uli Aumüller, Reinbek bei Hamburg: Rowohlt 1995, S. 229 f.
207 Ebd., S. 231.

zugleich Scham und Scham darüber, sich geschämt zu haben, denn, so sagt uns Camus, er hatte gerade das Urteil der Welt entdeckt »und mit diesem sein eigenes Urteil über das böse Herz, das er hatte«.[208] Von daher reproduziert sich Scham in einem geschlossenen Kreislauf und vervielfacht sich, denn alles wird zum Motiv, an sie zu denken, einschließlich des Schuldgefühls, sie zu empfinden. Sie löst eine Bewegung der *fluctuatio animi* aus, die endlos scheint: Jacques kommt aus der Scham nicht heraus, er führt sie wieder in sich ein.

Um zu verstehen, aus welchen Gründen die soziale Scham zu endlosen Verwicklungen in der Komplexion eines Klassenübergängers führt, muß man die Produktionsweise dieses zähen Affekts analysieren, seine Eigendynamik und die Konfigurationen, die sich aus ihm ergeben. Allgemein gesprochen ist Scham ein Gefühl der Unwürdigkeit, das aus der Mißbilligung eines Gedankens, einer Handlung oder einer Lebensweise entsteht, die zu Recht oder Unrecht als schlecht betrachtet werden. Auch wenn sie auf vielerlei Quellen zurückgehen kann,[209] schließt sie stets die Vorstellung eines taxierenden und urteilenden Blicks ein, gleichviel ob dieser Blick ein äußerer ist oder internalisiert wurde.

In der Tat ist Scham nicht notwendigerweise der innere Widerhall einer moralischen Verurteilung, die in Wirklichkeit von einem anderen formuliert worden wäre. Sie beruht zumeist auf der Imagination eines mißbilligenden äußeren Blicks, so daß das Subjekt sich mit den Augen sieht, die es dem anderen leiht, und sich verbergen oder unter dem Erdboden verschwinden möchte, aber es nicht kann, weil es in zwei gespalten ist: Als Richter und Verurteilter zugleich kann es sich selbst nicht entkommen. Darum definiert Spinoza Scham als »eine Trauer unter Begleitung der Idee einer vollbrachten Handlung, von der wir uns *vorstellen*,

208 Ebd., S. 230.
209 Siehe zu diesem Punkt Vincent de Gaulejac, *Les Sources de la honte*, Paris: Desclée de Brouwer 1996.

daß andere sie tadeln«,[210] und beschränkt sich nicht auf die Wirkung einer äußeren Mißbilligung uns gegenüber. Das bedeutet nicht, daß Scham nur imaginär wäre und keine reale Grundlage hätte, wohl aber, daß sie auf der Präsenz von Bildern und inkorporierten Spuren beruht, die mit moralischen Urteilen verbunden sind, welche von der Familie und der Gesellschaft eingeimpft worden sind. Solche Bilder und Spuren rufen auf unklare Weise fortwährend Wirkungen in uns hervor und werden unaufhörlich wieder in Gang gesetzt, selbst in Abwesenheit einer äußeren Zensur.

Daher genügt es nicht, daß die anderen erklären, es gebe keinen Grund, sich zu schämen, oder daß sie Zeichen von Wertschätzung geben, um Schamgefühle zu vertreiben, denn wer sie empfindet, bleibt von einem entwerteten Selbstbild geprägt, das so lange weiterbesteht, wie nicht ein anderes Bild es erfolgreich verdrängt. Kein Argument genügt für sich genommen aus, um einen Affekt zu zerstören, da er in einer physischen und mentalen Modifikation wurzelt, deren Spuren Körper und Geist tragen. Das ist der Grund, weshalb Spinoza auf der Tatsache beharrt, daß die wahre Erkenntnis des Guten und Schlechten, insofern sie wahr ist, einen Affekt nicht hemmen kann.[211] Wirksam ist sie nur, wenn sie selbst ein Affekt ist. Es ist also vergeblich, dem anderem mit schlagenden Argumenten beweisen zu wollen, daß er nicht unwürdig ist, denn er wird davon nicht im geringsten berührt. Wie jeder Affekt kann Scham nur durch einen anderen Affekt gehemmt oder aufgehoben werden, der dem ersten entgegengesetzt und stärker ist als er.[212]

Genau das gleiche Schema herrscht im Falle der sozialen Scham. Der Klassenübergänger errötet über seine Herkunft, weil er sich zu Recht oder Unrecht vorstellt, die anderen beurteilten sie als niedrig, und weil er dieses Urteil

210 Baruch de Spinoza, *Ethik*, a.a.O., Dritter Teil, Definition 31, S. 359. Hervorhebung von uns.

211 Ebd., Vierter Teil, Lehrsatz 14, S. 403.

212 Ebd., Vierter Teil, Lehrsatz 7, S. 393.

verinnerlicht hat. Wenn er in Anwesenheit eines fremden Dritten mit seinem Herkunftsmilieu konfrontiert ist, kann er ein tiefes Unbehagen empfinden, denn er nimmt die Dinge mit dem verurteilenden Blick wahr, den er dem anderen unterstellt. Während die Konfrontation den Bourgeois gleichgültig lassen kann, weil er diesem Universum fremd ist und sich nicht unmittelbar betroffen fühlt, sitzt der Klassenübergänger wie auf glühenden Kohlen und fühlt sich bedroht, weil er sich widerwillig mit seinem alten Milieu identifiziert und fürchtet, mit ihm identifiziert zu werden. Er betrachtet sich so, wie er vom Bourgeois betrachtet zu werden glaubt, und schämt sich bei dem Gedanken, daß man nicht nur das Herkunftsmilieu für minderwertig hält, sondern ihn selbst danach beurteilt, nach einem Milieu, dem er nicht mehr angehört und dem er trotzdem gleichgesetzt wird. Scham nährt sich von der Furcht vor der Amalgamierung und verrät einen unmöglichen Wunsch nach Distanz.

Soziale Scham ist ein paradoxer Affekt, denn sie enthält im Verhältnis zum Herkunftsmilieu zugleich eine Ablösung und eine Bindung: eine Ablösung, weil das Subjekt die Dinge aus einem gewissen Abstand betrachtet, indem es sich auf den vermuteten Standpunkt des höheren Milieus stellt und dessen Codes anwendet, und eine Bindung, weil es sich seinen Eltern und ihrer Umgebung zurechenbar fühlt und weil es deren angebliche Fehler oder Makel auf sich nimmt, als wären es die eigenen oder als wäre es durch den Kontakt mit denen, die die soziale Pest in sich tragen, unheilbar kontaminiert. Scham bezeugt eine Bindung, die über Schandflecke und Mängel verläuft. Sie stützt sich auf ein entwertetes Bild seiner selbst und der Seinen, auf eine unklare Vorstellung, die Fakten in Fehler verwandelt und deren Notwendigkeit leugnet, um so zu tun, als folgten sie aus völlig freier Entscheidung und als könnten sie einem Akteur zugerechnet werden, der für seine Irrtümer verantwortlich ist. Scham ist ein Schuldeingeständnis und wird vom Glauben an die Willensfreiheit mit ihrem Gefolge von Kasteiungen und Selbstgeißelungen genährt.

So können die Klassenübergänger gelegentlich ihr Milieu in Verruf bringen, ohne daß es ihnen recht bewußt wäre. Manchmal ziehen ihre Autobiographien lebhafte Kritik und wütende Proteste der Familie und Nahestehender auf sich, die sich in den wenig schmeichelhaften Porträts, die von ihnen gezeichnet werden, und in dem erbärmlichen Bild ihrer Lebensbedingungen nicht wiedererkennen. Die verzerrte Wahrnehmung, die der Klassenübergänger von seiner eigenen Geschichte haben kann, drückt trotzdem die Wahrheit des Affekts aus, desjenigen der empfundenen Scham und der unauslöschlichen Demütigung.

Gewiß, eigentlich müßte niemand je soziale Scham empfinden, denn keiner ist für seine Herkunft verantwortlich, und es ist ebenso absurd, jemandem vorzuwerfen, daß er in eine »Spießbürger«- oder »Prolo«-Familie hineingeboren wurde, wie ihn wegen seiner enormen oder geringen Körpergröße zu stigmatisieren. Doch dieses Argument des gesunden Menschenverstandes fällt nicht ins Gewicht gegenüber dem Leid, das der Überzeugung von der eigenen Unwürdigkeit entspringt, denn soziale Scham ist kein Reflex einer objektiven Situation der Herabwürdigung; sie nährt sich ebenso von fiktiven Vorstellungen, die fortwährend reale Wirkungen hervorbringen, selbst wenn die Gründe für die Schmach entfallen sind. Sie gehorcht insofern denselben Regeln wie die anderen Formen von Scham [*honte*]. Um sie zu bekämpfen, muß man verstehen, wie dieses Imaginäre hervorkeimen konnte, und muß die Mechanismen seiner Herausbildung demonstrieren, indem man – wie man vielleicht sagen könnte – eine »soziale Hontogenese« praktiziert.

Das Imaginäre der sozialen Scham beruht im wesentlichen auf einer Deutung des Klassenunterschieds und der Degradierung der Beherrschten mit Hilfe der Kategorien Minderwertigkeit und Niedrigkeit, die den einzelnen als

Eigenschaften zuschreibbar sein sollen. Dieses Imaginäre wurzelt zunächst in der Feststellung des Abstands zwischen den Lebensweisen und den sozialen Praktiken und konstituiert sich auf der Basis des Übergangs vom Sein zum Wert. Anders gesagt, es ist die Umwandlung eines ontologischen Urteils in ein axiologisches Urteil, die der Entstehung von Scham als Voraussetzung dient. Letztlich entstehen sozialer Stolz oder soziale Scham, sobald die unterschiedlichen Milieus nicht mehr bloß beschrieben, sondern als niedrige oder gehobene Lebensverhältnisse verpönt oder zur Norm werden, sobald also aus der Deskription Proskription oder Präskription wird. Das Sein wird Gegenstand eines Seinsollens oder Nichtseinsollens und teilt sich in das, was Wert hat, und das, was nichts wert ist. Statt indifferent zu sein oder sich auf eine Disparität zu beschränken, die man rechtlich korrigieren könnte, wird die Differenz zur Ungleichheit und gliedert sich in Überlegenheit und Minderwertigkeit. Durch Vergleiche verwandelt sie sich in Zeichen der Distinktion und Hierarchie. Ohne Vergleichsmöglichkeit gibt es keine soziale Scham, nur Elend oder Mangel.

Die ganze Frage lautet also, wie diese heimliche Verschiebung vom Sein zum Wert, die den alles entscheidenden Unterschied ausmacht, zustande kommt. Tatsächlich ist dieser Übergang sozusagen zwangsläufig. Er ist der ideologische Ausdruck der Kräfteverhältnisse und resultiert aus der Herrschaft einer Klasse über eine andere, aus dem mit schlechtem Gewissen verbundenen Wunsch, sie zu verewigen. Beides führt dazu, die Benachteiligungen den Beherrschten zuzuschreiben und ihnen durch List oder Überredung ihr Einverständnis damit zu entlocken. Das Imaginäre der sozialen Scham ist das geschichtliche Produkt der Klassenteilung der Gesellschaft und überschreitet insofern den besonderen Rahmen eines einzelnen Bewußtseins, sei es das eines Klassenübergängers oder eines anderen Individuums. Es ist eine der Auswirkungen des Klassenkampfes im theoretischen Feld, genauer gesagt das Resultat der ideologischen Formationen, welche die soziale Hierarchie auf dem Gebiet der Ideen zum Ausdruck bringen, fundieren und perpetuieren. Die politische Hierarchie wird auf dem Wege der Erziehung, der Bildung, der Presse und aller meinungsbildenden Kommunikationsmittel zur natürlichen Rangordnung umgestaltet, so daß die Beherrschten den Gedanken internalisieren, sie seien niedere, faule oder minderbegabte Wesen, die »unten« hingehören und dazu bestimmt sind, zu gehorchen und geführt zu werden. Weniger Reichtum, weniger Bildung, weniger Macht, weniger als nichts: Nichtsnutze!

Das ist der Sockel, auf dem die Klassenvorurteile gründen und auf dem sich die Stigmatisierung der unterprivilegierten Schichten entwickelt. Den sogenannten Unterschichten werden ehrenrührige Etikette verpaßt: »Hinterwäldler«, »Bauerntrampel«, »Rüpel«, »Stoffel«, »Bauernlümmel« für die Bauern, »Prolos« oder »Malocher« für die Arbeiter. Dem einstigen Gegensatz zwischen Vornehmen und Gemeinen, Flegeln und anderen Schurken folgt der zwischen VIPs, den Großen dieser Welt, und den »kleinen Leuten«, den gewöhnlichen Menschen, die nicht *people* sind, sondern das Volk ausmachen und denen es an Klasse fehlt. Das »Drecksvolk« ersetzt den »schmutzigen Pöbel«: Die Vokabeln wechseln, die Erniedrigung bleibt. Die gegenwärtige Tendenz zur Euphemisierung oder zur Proklamation des Verschwindens der Arbeiterklasse zugunsten der Mittelschichten maskiert den Gegensatz, aber hebt ihn nicht auf. Insofern erscheint die Leugnung der Existenz von Klassen mit unterschiedlichen Interessen als die letzte List der Herrschenden, eine ungeteilte Macht aufrechtzuerhalten, und als hinterhältigste Form von Gewalt gegenüber den Beherrschten.[213]

213 Es ist klar, daß die Leugnung der Existenz der sozialen Klassen im Namen einer angeblichen Universalität der *conditio humana* eine Position ist, die oft die Zugehörigkeit zu einer privilegierten Welt offenbart, die vor den Unterschieden und Konflikten die Augen verschließt. In seiner

Das Imaginäre der Scham geht somit auf etwas zurück, was man als metaphysischen Taschenspielertrick bezeichnen könnte. Er besteht darin, einen Zufall der Geschichte, die Tatsache der Herrschaft, in eine Essenz zu verwandeln, die der Existenz vorausgeht und ihr erbärmliches Los vorbestimmt. Die Beherrschten internalisieren die Herrschaft, bis sie ihnen naturgegeben erscheint und sie ihre Minderwertigkeit gleichsam als Muttermal, als Schandmal betrachten, das ihnen für alle Ewigkeit eingebrannt wurde. Scham beruht auf der Inkorporation einer Schande, deren Essenz unveränderlich geworden ist.

Dieses Phänomen einer Essentialisierung, die der Existenz vorausgeht, ist nicht etwas, das der sozialen Scham eigentümlich wäre, sondern erweist sich schärfer noch im Falle der Rassen- oder der sexuellen Scham. So zeigt Frantz Fanon, daß die gelebte Erfahrung des Farbigen von einem »epidermischen Rassenschema« gerahmt ist, einer Figur des Negers, die jedem In-der-Welt-Sein vorausgeht. Ob er das Leben unter dem Zeichen der Beschimpfung »Dreckiger Neger!« oder der Differenz »Sieh mal, ein Neger!« entdeckt, er ist eingeschlossen in eine vernichtende Objektivität, ein Sein-für-den-Weißen. Fanon beschreibt diese Erfahrung ironisch in *Schwarze Haut, weiße Masken*: »Ich war verantwortlich für meinen Körper, auch verantwortlich für meine Rasse, meine Vorfahren. Ich maß mich mit objektivem Blick, entdeckte meine Schwärze, meine ethnischen Merkmale – und Wörter zerrissen mir das Trommelfell: Menschenfresserei, geistige Zurückgebliebenheit, Fetischismus, Rassen-

Kritik an Raymond Aron, der behauptet, die Realität von Klassenbewußtsein sei unbewiesen, bemerkt Didier Eribon, daß man »[a]ls Arbeiterkind [...] die Klassenzugehörigkeit am ganzen Leib [spürt]« und »daß ein solches Ausbleiben des Klassengefühls eine bürgerliche Kindheit kennzeichnet. Die Herrschenden merken nicht, daß ihre Welt nur einer partikularen, situierten Wahrheit entspricht (so wie ein Weißer sich nicht seines Weißseins und ein Heterosexueller nicht seiner Heterosexualität bewußt ist).« *Rückkehr nach Reims*, a.a.O., S. 92.

makel, Sklavenschiffe und vor allem, ja vor allem: ›Y a bon Banania‹.«[214] Ebenso hebt Eribon hervor, daß seine Homosexualität zu entdecken und schwul zu werden hieß, sich einer immer schon durch Schmähworte definierten Kategorie zuzuordnen; »[e]ine stigmatisierte Identität geht einem voraus, man wird sie eines Tages bewohnen und verkörpern und auf irgendeine Weise versuchen, damit klarzukommen«.[215]

Die Scham führt das Imaginäre einer »befleckten Empfängnis« mit sich und geht letztlich aus einer theologischen, durch den Sündenfall geprägten Weltsicht hervor. Soziale Scham, das ist die Ursünde, vermittelt durch die Eltern, als ein unzerstörbares Stigma, das immer sichtbare Mal, selbst wenn niemand es sieht.

Von ihm sind alle Handlungen gezeichnet einschließlich derer, die es auslöschen sollen, und es nährt sich aus sich selbst, wie jene Episode aus *Das bessere Leben* belegt, in der Annie Ernaux von dem Besuch zweier ihrer Kommilitoninnen bei ihrer Familie erzählt, wohlerzogene junge Mädchen, um deren freundlichen Empfang ihr eifrig bemühter Vater »sich die Beine aus[riß]«:

> Mein Vater verlieh dem, was in diesen Milieus [der Freundinnen] nichts als ein banaler Besuch war, einen Festcharakter; er wollte auf diese Weise meine Freundinnen ehren und als jemand gelten, der etwas von Lebensart versteht. Zum Vorschein kam dabei vor allem ein Gefühl der Minderwertigkeit, die sie gegen ihren Willen erkannten, und so sagten sie zum Beispiel: »Guten Tag, Monsieur, wie geht's, wie steht's?«[216]

Die Bemühung des Vaters, sich von seiner besten Seite zu zeigen, löscht die Scham seiner Tochter keineswegs aus,

214 Frantz Fanon, *Schwarze Haut, weiße Masken*, a. a. O., S. 73.

215 Didier Eribon, *Rückkehr nach Reims*, a. a. O., S. 192. Siehe zu diesem Punkt seine *Réflexions sur la question gay*, a. a. O.

216 Annie Ernaux, *Das bessere Leben*, a. a. O., S. 90.

sondern vergrößert sie gegen ihren Willen. Zu der anfänglichen Sorge vor einem möglicherweise herablassenden Blick ihrer Freundinnen, der Annie Ernaux vorsorglich mit den beschwörenden Worten begegnet: »Bei uns ist es *einfach*«, kommt das Verhalten ihres Vaters hinzu, das ihr peinlich ist, weil er, statt er selbst zu sein, sich normal zu verhalten und seine Schlichtheit zu akzeptieren, anders sein möchte, den Bourgeois nachäfft und sich damit lächerlich macht, ohne es zu ahnen. Die unpassende Bemühung, sich zu erheben, setzt die Unterlegenheit unweigerlich fort, denn das Bewußtsein der Minderwertigkeit kann so nicht ans Licht kommen. Ein solches Bewußtsein setzt die Erfahrung der Konfrontation mit einem anderen Milieu und die vertiefte Kenntnis ihrer Codes voraus, um sie sich aneignen zu können.

Das bezeugt unmittelbar nach dieser Passage die Erinnerung an eine Bemerkung des Vaters, der eines Tages mit stolzem Blick zu seiner Tochter sagt: »›Ich habe dir nie Schande gemacht.‹«[217] Diese Selbstproklamation des Vaters, die gewiß einer Verleugnung ähnelt und eine Form von Selbstzweifel verrät, fordert von der Tochter notwendigerweise Zustimmung und Verdrängung der empfundenen Scham. Nichts wäre besser geeignet, Scham zu wecken darüber, sich geschämt zu haben und den Affekt in einer endlosen Bewegung gegen sich selbst zu kehren. Denn Scham ruft Scham hervor und vermittelt das Gefühl, daß man sie niemals loswird, wie Annie Ernaux ahnt.[218]

Diese Scham wird von immer wieder neuen Motiven genährt und infiziert alle Handlungen, die vergangenen ebenso wie die künftigen, denn sie wird rückblickend oder im voraus empfunden; sie beschränkt sich nicht auf den Blick, der dem ursprünglichen Milieu gilt, sie erreicht auf Umwegen auch das Ankunftsmilieu. Einerseits schämt sich

217 Ebd.

218 Annie Ernaux, *La Honte*, a. a. O., S. 113.

der Klassenübergänger, das Untersichbleiben der bürgerlichen Welt zu billigen, komplizenhaft zu schweigen, statt die Verteidigung der unteren Schichten zu übernehmen, einer verblendeten und dünkelhaften Kaste anzugehören, deren ganze Lebenserfahrung und Weltoffenheit nicht selten darin besteht, die rue d'Ulm durchlaufen zu haben, um die Sorbonne zu erreichen ..., mit einem Wort, er schämt sich, Verrat zu üben. Andererseits ist es ihm unbehaglich und peinlich, seine aus höheren Sphären stammenden Liebes- und Freundschaftsbeziehungen in sein Herkunftsmilieu einzuführen, denn er fürchtet, daß man aus der Anschauung ihres Verhaltens seine eigene Verbürgerlichung verurteilt, mit einem Wort, er fürchtet verraten zu werden.

Er ist also dem Kreuzfeuer des sozialen Urteils von zwei Seiten her ausgesetzt, und manchmal schämt er sich doppelt – wegen seiner Familie, was banal ist, und seiner neuen Freunde, was weniger banal ist. Die Scham, die er wegen seiner wohlhabenden Bekanntschaften empfindet, ist sozusagen eine umgekehrte Scham, eine spiegelbildliche Scham, die darin wurzelt, daß sie die sozialen Codes nicht kennen, die in den Milieus des einfachen Volkes und in ihren anders gelagerten Verhaltensweisen gelten: Sie verwenden eine verschrobene Sprache und reden drum herum, sie verplempern Nahrung, indem sie zum Beispiel Fettiges übrig lassen, scheuen sich, die Teller abzuessen, sind unfähig, mitzuhelfen, oder fürchten, sich die Finger schmutzig zu machen, wenn sie behilflich sind etc. – all das Geschmacksverirrungen oder Zeichen mangelnder Lebensart, die dazu führen, daß sie als Reiche, verzogene Kinder oder Parasiten taxiert werden. Mit der Scham hat es kein Ende, und sie muß bis zur Neige ausgekostet werden!

Gewiß mag dieser Affekt je nach der individuellen Geschichte und je nach den verschiedenen narzißtischen Verletzungen, die ihn verstärken können, mehr oder weniger intensiv empfunden werden. Doch stets ruft er auffällige Wirkungen hervor, zum Beispiel Verhaltensweisen der

Zensur, der Vermeidung, Verneinung oder Verleugnung insbesondere gegenüber dem Herkunftsmilieu. Häufig bleiben die Klassenübergänger stumm oder sehr einsilbig über ihre Vergangenheit, zeigen Hemmungen zu sagen, was die Eltern machen, oder entziehen sich Diskussionen über ihre Familie und ihre Geschwister. Manchmal tun sie, als erkennten sie ihre alten Bekannten nicht wieder, wenn sie ihnen zufällig über den Weg laufen, oder fühlen sich sehr unbehaglich und kürzen unvermeidliche Begegnungen ab, zumal wenn sie von ihren neuen Bekanntschaften begleitet werden. So bekennt Didier Eribon, daß er schrecklich verlegen war, als man ihn fragte, was sein Bruder mache, und daß er es immer so eingerichtet habe, nicht die Wahrheit zu sagen.[219] Ebenso erwähnt er eine Zufallsbegegnung mit seinem Großvater, der Fensterputzer war, mitten in Paris, eine Begegnung, die ihn »genierte [...], denn mir grauste davor, daß ich mit ihm und seinem seltsamen Gefährt gesehen werden konnte«.[220]

Von allen sonstigen Unterschieden abgesehen, ist diese Furcht, in schlechter Gesellschaft gesehen zu werden, seiner Herkunft enttarnt zu werden – eine Furcht, die dazu führt, ständig auf der Hut zu sein und Tatsachen zu verheimlichen –, eines der charakteristischen Merkmale des *passing*. In dem Roman *Passing* von Nella Larsen lebt Clare, die ihre Rasse verleugnet hat, um als Weiße »durchzugehen«, in ständiger Lüge und in der Furcht, entdeckt und denunziert zu werden. Auch wenn sie es liebt, mit dem Feuer zu spielen, kann sie die Besuche bei ihren ehemaligen schwarzen Freunden, die sie trotz Furcht und Zittern nicht aufgeben will, nur heimlich machen. In gewisser Weise lebt auch der Klassenübergänger heimlich, klandestin, »ohne Aufenthaltsgenehmigung«: Er versteckt sich, um seine Familie zu sehen oder nicht zu sehen, um eine fragile und

219 Didier Eribon, *Rückkehr nach Reims*, a. a. O., S. 103 f.
220 Ebd., S. 64 f.

bedrohte Identität zu bewahren. Die Schande der Herkunft und die Angst, entdeckt zu werden, können also zu kleinen Arrangements mit der Wahrheit, zur Erfindung von Fabeln, zu unwahrscheinlichen Ausflüchten führen.

Ohne in eine detaillierte Analyse der unzähligen Figuren der Scham einzutreten, ist es interessant, das häufige Auftreten einer ihrer Verkörperungen zu bemerken, nämlich die Legende der Neugeburt, die die äußerste Form der Verneinung der Herkunft darstellt. Während sich die meisten Klassenübergänger darum bemühen, ihre sozialen Ursprünge zu verstecken, indem sie sich auf Lügen durch Weglassung beschränken, gehen manche weiter und fälschen sie, indem sie einen Familienroman erfinden, der ihre Geburt mit einem Hof von Geheimnisvollem und Wunderbarem umgibt. Nicht nur wird der Wechsel des Milieus als zweites Leben oder als eigentliche Geburt erfahren, sondern er geht hin und wieder mit dem Mythos des Findelkinds, des Waisenkinds, des natürlichen Sohns hochrangiger Personen oder gar mit dem Phantasma einher, ohne Vater oder Mutter geboren zu sein, ja sich selbst gezeugt zu haben. Die Mythomanie geht dann in Mythologie über.

Die zahlreichen Facetten dieses Imaginären der Herkunft – so lange bearbeitet und umgestaltet, bis es zur Realität wird – werden meisterhaft von Stendhal in *Rot und Schwarz* erforscht. Zunächst stellt sich Julien Sorel vor, er sei »auch so etwas wie ein Findelkind, gehaßt von [s]einem Vater, von [s]einen Brüdern, von [s]einer ganzen Familie«,[221] doch diese phantastische Idee keimt nicht nur in seinem Gehirn. Sie wird von Abbé Pirard aufgegriffen, der an der Herkunft seines Schützlings zweifelt: »Er soll der Sohn eines Zimmermanns aus unseren Bergen sein, ich halte ihn jedoch eher für den illegitimen Sohn irgendeines reichen Mannes.«[222] Der Zweifel an der Filiation verwandelt

221 Stendhal, *Rot und Schwarz*, a. a. O., Erstes Buch, 7. Kapitel, S. 51 f.
222 Ebd., Erstes Buch, 30. Kapitel, S. 284.

sich in eine Strategie der Verleugnung, die in der Anerkennung der hohen Geburt Juliens durch einen Adoptivvater gipfelt, den Gouverneur von Besançon. Als Ergebnis eines Arrangements mit dem Marquis de La Mole, der sich nicht dazu durchringen kann, eine Heirat seiner Tochter mit einem Nichtadligen zu dulden, ändert Julien seinen Namen; er nennt sich nicht länger Sorel und wird zum Chevalier de La Vernaye. Die Wahl einer Adoptivfamilie und eines neuen väterlichen Namens schreibt ihn einer neuen Abstammungslinie ein. Diese Anerkennung ist eine Neugeburt und eine nachträgliche Umschreibung der Geschichte, die seinen Vater so vollständig ausstreicht, daß er sich in einen bloßen Ziehvater verwandelt, den man für seine geleistete Mühewaltung entschädigen muß. Nachdem er ihm 20.000 Francs zum Geschenk gemacht hat, setzt der Marquis de La Mole die Bedingungen der Übereinkunft folgendermaßen fest: »Monsieur de La Vernaye hat dieses Geld von seinem Vater erhalten, der nicht näher bezeichnet zu werden braucht. Monsieur de La Vernaye wird es vielleicht für angebracht halten, Monsieur Sorel, Zimmermann in Verrières, der sich in seiner Kindheit um ihn gekümmert hat, ein Geschenk zu machen.«[223] Julien redet sich schließlich ein, daß diese Nobilitierung keine erborgte Identität, sondern eine Art Entschädigung ist, die seine wirkliche Herkunft restituiert oder die ihn zumindest in dem Gefühl bestärkt, edlen Geblüts zu sein und nicht der Sohn seines Vaters:

> Könnte es sein, sagte er sich, daß ich der illegitime Sohn eines Grandseigneurs bin, den der furchtbare Napoleon in unsere Berge verbannt hat? Mit jedem Augenblick schien ihm dieser Gedanke weniger abwegig ... Mein Haß gegen meinen Vater ist vielleicht ein Beweis ... Ich wäre nicht länger ein Ungeheuer![224]

223 Ebd., Zweites Buch, 35. Kapitel, S. 592.
224 Ebd.

Die Erfindung einer anderen Herkunft oder einer neuen Geburt ist nicht auf den Rahmen eines Romans beschränkt. Anstelle einer Träumerei oder einer Fabel zur Täuschung der Gesellschaft nimmt sie manchmal vermittels juristischer Verfahren der Adoption und Namensänderung in der Realität Gestalt an. Manche Klassenübergänger lassen sich zu Lebzeiten ihrer biologischen Eltern von Wahleltern adoptieren. Gewiß kann man einer solchen Adoption noch einen existentialistischen Dreh geben, der sie zu einer radikalen Wahlfreiheit stilisiert, einschließlich der Wahl seiner Eltern. Wenn der Mensch das ist, was er aus sich macht, ist er nicht von seiner Vergangenheit determiniert; er wählt sich und erfindet seine Familie. Die wahre Familie ist nicht jene, die einem die Natur aufzwingt, sondern jene, die man mit Bedacht wählt. Aus dieser Sicht gibt es keine biologische Familie, sondern nur philosophische Familien. Diese Idee ist keine rein theoretische geblieben, sie wurde juristisch in Praktiken der gesetzlichen Adoption umgesetzt. Jean-Paul Sartre und Simone de Beauvoir haben zum Beispiel auf diese Praxis zurückgegriffen und Arlette Elkaïm beziehungsweise Sylvie Le Bon als Erwachsene adoptiert, die jeweils ihren Namen annahmen, während deren Eltern am Leben waren.

Doch wie legitim sie auch sei, man kann sich fragen, inwieweit diese voluntaristische Praxis der Adoption von Klassenübergängern nicht eine List der Scham und eine subtile Form der Verleugnung der Herkunft ist. In der Tat, warum sollte man eine neue Familie wählen, wenn man doch, sobald man alt genug ist, sich einen Kreis von Beziehungen schaffen kann, unter denen sich ältere oder jüngere Personen befinden, die als Bezugsmodelle oder als Vorbilder treuer Freundschaft taugen?

In gleicher Weise kann man sich fragen, ob die Ideologie des *Selfmademan* nicht ebenso die Ausprägung eines verschämten Willens ist, die Spuren der Herkunft zu tilgen, wenngleich darin nicht die wichtigste Triebfeder liegen mag. Denn ein Mensch, wie mächtig er auch sei, macht sich nicht ganz allein und nicht nur aus sich. Auch wenn er den positiven Wunsch ausdrückt, sein Leben in die eigene Hand zu nehmen und es zu verändern, kann der Gedanke einer Selbstschöpfung oder der modische Anspruch auf Selbstgestaltung in dieser Hinsicht ebenso verdächtig sein, wenn sie sich als Versuch darstellen, *tabula rasa* zu machen und alles vom Nullpunkt an neu zu beginnen, denn nichts entsteht aus nichts, sondern alles geht immer von einer Geschichte aus. So ist das Bedürfnis, sich selbst *ex nihilo* zu gestalten, vielleicht die äußerste Form einer ausufernden Scham, die sich zum Kunstwerk sublimiert. Trotzdem fällt niemand darauf herein, denn in Wahrheit geht es ebensosehr darum, Formen aufzulösen wie Formen zu bilden und an einem Material zu arbeiten, das bereits vorgeformt war. Es kommt also darauf an, seine Beschaffenheit zu kennen, wenn man sie verändern können will. Selbst Künstler stehen in der Schuld anderer, und der Klassenübergänger hat stets ein vages Bewußtsein davon, daß er die seinige bezahlen muß. Deshalb oszilliert er zwischen Scham und der Scham, sich zu schämen, die vielleicht eine der ersten Formen der Schuldanerkenntnis und der Beginn eines Stolzes ist. Die Frage lautet dann, wie man die Scham zurückströmen lassen und den Schwankungen der Seele entkommen kann, die in einem Schädel Stürme auslösen.

Hin- und hergerissen zwischen Ablösung und Bindung im Verhältnis zur alten Welt, zwischen Ergebenheit und Widerstand gegenüber der neuen ist der Klassenübergänger ein Spielball der Wogen, die der Zwitterstellung entspringen. Von daher läuft alles auf die Frage hinaus, wie der Übergang von einer flottierenden zu einer flüssigen Komplexion gelingen könnte, die von den Spannungen unberührt bleibt.

Die Zwitterstellung ist derart unbequem, daß manche vom Zweifel angenagte Klassenübergänger sich fragen, ob sie nicht glücklicher gewesen wären, wenn sie »zu Hause« geblieben wären, und den Wechsel schließlich nicht als Selbstverwirklichung, sondern als eine Art von Verlust betrachten. So kann es vorkommen, daß der soziale Aufstieg ganz und gar nicht als Erhöhung oder Beförderung erlebt wird, sondern als langer Abstieg in die Hölle. Martin Eden ist dafür eine exemplarische Figur. Als Verbannter beider Welten gehört er keiner von ihnen wirklich an und lebt in einem Niemandsland, in dem er sich von sich selbst und den anderen so sehr entfremdet fühlt, daß er daran zugrunde geht. »Mit diesen tierischen Geschöpfen mit ihren schlaffen Gesichtern und ihren Hirnen wie Ochsen fühlte er nicht die geringste Verwandtschaft. Er war verzweifelt. In den oberen Klassen gab es niemand, der sich aus Martin Eden um seiner selbst willen etwas machte, und zu seiner eigenen Klasse, die ihn früher so gern gesehen, konnte er nicht zurück. Er wollte es nicht. Er konnte sie ebensowenig ertragen wie die stumpfsinnigen Passagiere der ersten Klasse und die selbstzufriedenen jungen Leute.«[225] Martin Eden hat sein Eden verloren; er kennt den Verlust und die Verlorenheit derer, die die mythische Herkunftswelt ohne Möglichkeit einer Rückkehr verlassen haben und sich in einer vergeblichen Nostalgie verzehren. »Nun [...] sehnte [er] sich vergeblich nach Back und Heizraum zurück, um dort das verlorene Paradies wiederzufinden. Er hatte kein neues Paradies gefunden, und auch das alte war nicht mehr erreichbar.«[226] Sein Selbstmord vollendet nur das Scheitern der Suche nach einem niemals gefundenen oder für immer verlorenen Selbst. Martin ist für

225 Jack London, *Martin Eden*, a. a. O., Zweiter Teil, S. 266.
226 Ebd., Zweiter Teil, S. 267.

sich selbst bereits tot, denn das Leben hat ihn seit langem verlassen.

Dieses tragische Ende hat Jack London Kritik eingebracht, namentlich von seiten Majakowskis, der den Schluß änderte, als er 1918 das Drehbuch des Films *Nicht für Geld geboren* schrieb. Der Film endet nicht mit dem Selbstmord des Helden, sondern »zeigt, wie es Iwan Now, also Eden, gelingt, nicht dem Gewicht des Goldes zu erliegen, mit dem man ihn überhäuft«.[227] Zwei Jahre nach dem umstrittenen Selbstmord Jack Londons kann Majakowski, der seinem Leben seinerseits ein Ende setzen wird, sich nicht mit dem Gedanken anfreunden, daß es »Martin Eden, dem Rebellen, und seinem Double Jack London, dem Sozialisten, so sehr an revolutionärem Glauben hat fehlen können, daß er sich zu einer nihilistischen Verzweiflungstat hinreißen lassen konnte«.[228] Gewiß können Befürchtungen politischer Vereinnahmung dazu führen, das tiefe Elend der Klassenübergänger mit Schweigen zu übergehen, ein Elend, das sich nicht nur in Selbstmord, sondern auch in schweren Depressionen und Persönlichkeitsstörungen äußert. Man kann in der Tat befürchten, daß ein so tragisches Schicksal die Glut der Begeisterung abkühlt und den Immobilismus rechtfertigt. Endet Julien Sorel nicht auf dem Schafott? Solche Befürchtungen sind im übrigen nicht nur Kommunisten oder überhaupt fortschrittlich Gesinnten eigen, sie können auch von Liberalen oder Konservativen geteilt werden, die um eine gewisse soziale Mobilität als Sicherheitsventil besorgt sind. Was soll in der Tat aus dem *American Dream* werden, wenn er zum Albtraum wird?

Klar ist jedenfalls, daß der Wechsel der Klasse nicht automatisch mit einer Verbesserung der Lebensbedingungen gleichgesetzt und als positive Entwicklung verstanden wer-

227 Lili Brink, *Avec Maïakovski*, Paris: Sorbier 1980; zitiert nach Linda Lê, »Préface« zur französischen Übersetzung von *Martin Eden*, Paris: Phébus 2001, S. 12.

228 Linda Lê, »Préface«, a. a. O., S. 13.

den kann. Er kann die Quelle nicht nur von großem Leid, sondern auch von Entfremdung sein. Wie kann es gelingen, sich bei dem Übergang nicht zu verlieren und das Aufbrechen einer Komplexion in einzelne Splitter zu verkraften? Die ganze Schwierigkeit besteht darin, zu sich selbst zu kommen als ein anderer, nicht als ein Fremder [*devenir soi-même comme un autre et non comme un aliéné*]. Anderssein oder Fremdsein: das steht bei der Veränderung auf dem Spiel, die mit dem Wandel einhergeht.

Einer der ersten, die dieses Problem ausdrücklich gestellt haben, ist zweifellos Michelet. »Gewöhnlich büßen die, welche emporkommen, ein, denn sie werden andere Menschen, sie werden Mischlinge, sie werden Bastarde; sie verlieren die Eigenthümlichkeit ihres Geistes und nehmen eine fremde an. Es ist weniger schwer zu steigen, als dabei derselbe zu bleiben [*de rester soi*].«[229] Der soziale Aufstieg trägt seinen Namen zu Unrecht, denn er ist keineswegs gleichbedeutend mit Erhöhung oder systematischem Gewinn, sondern läuft fast immer auf einen Verlust hinaus. Die Veränderung, die mit dem Wechsel der Klasse einhergeht, erweist sich nicht als Fortschritt, sondern als Verschlechterung, als Degeneration. Der Klassenübergänger verliert bei diesem Wechsel, da er vom Original zur Kopie wird; er verblaßt zum Schatten seiner Herkunftsklasse und zum schwachen Reflex seiner Ankunftsklasse. Genau dies hebt Michelet im zweiten Teil seines Buches hervor, wenn er vor den perversen Wirkungen des sozialen Ehrgeizes warnt:

> Der Landmann, von dem wir eben gesprochen, dieser so kluge, so vorsichtige Mensch, hat dennoch eine fixe Idee; sie bestehet darin, daß sein Sohn nicht Landmann werden sollte, daß er sich erhebe, daß er Bürger werde. Es gelingt ihm nur zu gut. Diesen Sohn, der seine Studien gemacht, Pfarrer, Advokat, Fabrikant wird, ihr

229 Jules Michelet, *Das Volk*, Mannheim: Heinrich Hoff 1846, S. 35.

> erkennet ihn ohne Mühe. Stark und gesund wird er alles mit der ihm eigenen Thätigkeit einnehmen und ausfüllen; er wird ein Sprecher, ein Politiker, ein einflußreicher Mann von großer Zukunft, der mit den kleinlichen Leuten nichts mehr gemein hat. Er ist überall zu finden mit seiner Stimme, die alle anderen niederschlägt, mit seinen Glacéhandschuhen, unter welchen er die großen Hände seines Vaters verbirgt. Doch ich drücke mich schlecht aus; die Hände des Vaters waren stark, die des Sohnes sind groß. Der Vater war ohne Zweifel nerviger und feiner. Er stand der Aristokratie viel näher. Er sprach nicht so viel, und er ging gerade auf das Ziel los. Hat der Sohn gewonnen, indem er den Stand seines Vater verließ? Fand ein Fortschritt von dem einen zum andern statt? Ja, ohne Zweifel, was die Bildung und das Wissen anbelangt. Nein, in Bezug auf die Ursprünglichkeit und die wahrhafte Achtung.[230]

Die Frucht der Klassenvermischung ist Bastardierung, und sie geht mit einer Art Degeneration einher. Symbolisiert durch den Übergang von den kräftigen Händen des Vaters zu den groben des Sohnes, ist sie für Michelet mit dem Verlust einer volkstümlichen Kraft und Vitalität verbunden, die im Aufsteiger aufgerieben wird und ihm jene Art von Adel raubt, die mit der Beherrschung eines Berufs verbunden ist. Der Parvenu wird sehr wahrscheinlich nur ein vulgärer Bourgeois mit dröhnender Stimme und rotem Gesicht werden, mit den breiten Schultern eines Bauern, aber ohne dessen Arbeitsvermögen. Der Verlust wird nicht durch den Erwerb von Wissen und Kultur kompensiert, die ihn zu einem Halbgebildeten machen, der den bürgerlichen Schöngeistern stets unterlegen ist, und die nicht ausreichen werden, ihm eine unvergleichliche Originalität und Distinktion zu verleihen. Daher inkarniert er etwas Mittleres zwischen

230 Ebd., S. 236 f.

den Klassen, das an Mittelmäßigkeit grenzt. Deshalb kann die rasche und grobe Vermengung und Vermischung der Klassen in den Augen Michelets nur unfruchtbar sein: »Diese aus allen Klassen zusammengesetzte Klasse, dieses unächte Gemisch welches so rasch entstanden ist und schon seine Kraft verliert, kann wahrlich nichts leisten; ist doch der Maulesel unfruchtbar.«[231]

Verstehen wir uns recht: Was Michelet geißelt, ist die »trostlose Gleichheit und eine allgemeine Aehnlichkeit der Menschen«[232] sowie der Verlust seiner selbst. Er kritisiert nicht *per se* den Wunsch nach sozialem Aufstieg und die Hoffnung auf Verbesserung der Lebensbedingungen, sondern die Vereinheitlichung im Namen der Gleichheit und das Verschwinden der Eigenheit unter dem Deckmantel der Vermischung. Darum besteht das Problem weniger darin, aufzusteigen, als darin, (sich) nicht zu verlieren. Michelet zufolge kann man seine Kraft bejahen und ohne Rücksicht darauf, ob man aufsteigt oder nicht, derselbe bleiben: »wie es einer starken Seele gleichgültig ist eine hohe oder niedere Stufe im Leben einzunehmen«.[233] Michelet ist fest davon überzeugt,

> daß in der Zukunft die erfinderischen Köpfe, die sein werden, die sich nicht in diesem Zwitterzustande, wo sich jeder eigenthümliche Charakter schwächt, verlieren. Es werden sich starke Geister finden, die es verschmähen zu steigen, welche im Volke geboren, auch dem Volke angehören wollen. Zum Wohlstand mögen sie sich erheben, aber in einen solchen Bürgerstand einzutreten, Lage und Sitten zu ändern, wird ihnen wenig wünschenswerth erscheinen; sie werden begreifen, daß sie wenig dabei gewinnen würden.[234]

231 Ebd., S. 239.
232 Ebd., S. 240.
233 Ebd., S. 242.
234 Ebd., S. 240 f.

Gewiß kann man gegen Michelet einwenden, daß Mischung nicht unbedingt gleichbedeutend mit Bastardierung ist und daß es fruchtbare und originelle Hybridbildungen gibt; doch damit täte man ihm unrecht, denn was er vor allem anprangert, ist die Mittelmäßigkeit der Durchschnittsmenschen, welche die ausgeprägten Charakteristika und die singulären Unebenheiten auslöscht. Insofern muß man anerkennen, daß er nicht unrecht hat, die unreflektierte Wertschätzung des sozialen Aufstiegs als Allheilmittel in Zweifel zu ziehen, kann doch ein solcher Aufstieg Konformismus erzeugen, den Herdentrieb fördern und ebenso eine Quelle der Entfremdung wie der Befreiung darstellen. Gewinnt der kämpferische Arbeiter, der die Rechte der Arbeiter verteidigt, wirklich etwas, wenn er zum Vorarbeiter aufsteigt und zum Wachhund des Chefs wird? Es ist nicht so evident, daß der Wechsel der Klasse ein Gewinn wäre, auch dann nicht, wenn es darum geht, sein Ghetto zu verlassen und Akademiker oder Schriftsteller zu werden.

So gesteht in *Bruder und Hüter* derselbe John, der stolz auf seinen Erfolg nach Pittsburgh zurückkehrt, um dort eine Bestätigung seiner Überlegenheit zu bekommen, daß er sich entziehen zu können glaubte, aber in Wirklichkeit sich »mit einem Panzer umgeben«[235] mußte, sich in einer Reihe von Rollen und Maskeraden einschloß und damit seine Authentizität verlor. Es kommt für Momente sogar vor, daß er eine gewisse Eifersucht[236] auf die Würde Robbys empfindet, seines Bruders, der sein Leben hinter Gittern verbringen muß und der im Gefängnis ein Ingenieurdiplom erwirbt, das er niemals wird nutzen können. »Kam ich ins Gefängnis, um ihn freizubekommen, oder wollte ich mich von dem Verdacht befreien, daß mein Bruder möglicherweise, trotz allem, vielleicht doch mehr aus seinem Leben gemacht hatte als ich aus dem meinen? […] Blamiert er nicht

235 John Edgar Wideman, *Bruder und Hüter*, a. a. O., S. 54.
236 Ebd., S. 305.

mit dem, was er in den engen Schranken einer Zelle erreicht hat, den Käfig, den ich Freiheit nenne?«[237] Das ist eine echte Frage, soviel wird man einräumen, und es fällt schwer, darauf zu antworten. Ist der Platz eines Schriftstellers auf dem Gipfel des Ruhms wirklich immer dem eines Knastbruders aus dem Ghetto überlegen, der sich zu bilden versucht und »der Welt [beweist], daß ihr nichts weiter brauchtet als eine Berufsausbildung«,[238] um Robbys Formulierung bei der Verleihung seines Diploms aufzugreifen? Gewiß müßte man sich von den Werturteilen, den Vergleichen und den Hierarchien losmachen, um die Wirkungsmacht eines jeden zu berücksichtigen und das Wesentliche zu betrachten, nämlich das, was ein jeder tut an dem Platz, an dem er ist. Aus dieser Sicht jenseits von Gut und Böse ist es die Anstrengung der Befreiung seiner selbst und der anderen, auf die es ankommt, und nicht die Tatsache, aufzusteigen oder nicht aufzusteigen.

Tatsächlich lautet die Frage nicht so sehr, ob das Ganze der Mühe wert ist, ob man es vorziehen sollte, sein soziales Herkunftsmilieu zu verlassen oder in ihm zu bleiben. Das Wechseln der Klasse stellt sich ohnehin nicht in der Form einer Alternative oder der freien Wahl eines Lebens dar. Der Wille zu gehen oder zu bleiben ist nur die Übersetzung kombinierter innerer und äußerer Determinanten und nicht Ausdruck einer kontingenten Entscheidung zwischen undifferenzierten Möglichkeiten. Es ist also vergeblich, Entscheidungsnormen vorgeben zu wollen, denn der Klassenübergänger gehorcht seiner eigenen Notwendigkeit. Weit entfernt von der philosophischen Schuldebatte über Präferenzen kommt es folglich nur darauf an, wie es jemandem, der sich auf das Abenteuer des *passing* eingelassen hat, gelingt, nicht unterzugehen und über das bloße Schwanken hinwegzukommen.

237 Ebd., S. 305, 306.
238 Ebd., S. 365.

Für Michelet liegt die Antwort in einer Formel: Man muß »derselbe bleiben«. Da hapert's nun freilich, und es wird schwer, ihm zu folgen. Tatsächlich könnte man nur dann »derselbe« bleiben, wenn man ein »Selbst« als vorab bestehende Realität voraussetzen dürfte. Unter diesen Bedingungen kann man sich fragen, welcher Natur dieses mysteriöse »Selbst« ist, das es zu erhalten gilt. Für den Historiker steht die Antwort außer Zweifel; derselbe bleiben heißt beim Volk bleiben [*rester soi, c'est rester peuple*]. Indessen ist das Problem damit nicht gelöst, sondern nur verschoben. Mit der Annahme, daß das Volk eine Natur hat, die beim sozialen Aufstieg bewahrt bleiben soll, unterstellt ihm Michelet eine Art ewiger Essenz, was zumindest diskutabel ist.

Tatsächlich schreibt er dem Volk einen Instinkt zu, den er niemals definiert,[239] Gaben, die sich in einer Form von Vitalität, Wärme, Einfalt und Gutmütigkeit äußern, wie man sie insbesondere beim Kind beobachtet.[240] Er gerät damit in eine populistische Strömung und trägt dazu bei, die Mythologie von der reinen Einfalt der kleinen Leute zu nähren, die mit unbestechlichen instinktiven Fähigkeiten begabt sind, mit einer Natürlichkeit und Unschuld, die es vor Verderbnis und Entartung zu bewahren oder historisch in einer harmonischen Gesellschaft wiederzubeleben gilt. Diese Mythologie, die auf dem Glauben an einen echten Volksgeist gründet, hat ihre Wurzeln in einem religiösen Imaginären. »›[W]er seid ihr arme, einfältige Geschöpfe?‹ – Die jüngeren Brüder des erstgeborenen Sohnes der Gottheit.«[241] Der Geist gibt sich volkstümlich in seiner Armut, und seine Einfalt ist der Figur des Heiligen oder Christi selbst nahe, der

239 Jules Michelet, *Das Volk*, a. a. O., Zweiter Teil, S. 210–295, wo Michelet den Volksinstinkt untersucht.

240 Ebd., Zweiter Teil, Viertes Kapitel, »Von der Einfalt. Das Kind, die treueste Stimme des Volkes«, S. 244–256.

241 Ebd., S. 309.

verkündet: »Lasset die Einfältigen und die Kinder zu mir kommen.«[242]

Das Denken Michelets ist also von einem umfassenden Essentialismus durchdrungen; es beruht auf naiven und moralisierenden Fiktionen wie der einer Klassenversöhnung durch Liebe und Heirat zwischen Reichen und Armen sowie auf der stillschweigenden Transformation historischer Charakteristika in angeborene physische oder moralische Eigenschaften. So wird etwa der im alltäglichen Überlebenskampf erworbene kämpferische Geist im Sinne einer natürlichen Vitalität gedeutet, als wäre sie in die Gene eingeschrieben. Solidarität und gegenseitige Hilfe, die es häufig in den unteren Schichten gibt, werden als natürliche Güte und Wärme verstanden, während es doch Verhaltensweisen sind, die in einer Mangelsituation zur Selbsterhaltung entwickelt wurden, da andere Hilfsmittel nicht verfügbar sind. Solidarität ist das Geld der Armen, und es ist nicht erstaunlich, daß sie in den wohlhabenden Schichten, die auf sie verzichten können, weniger verbreitet ist.

Derselbe bleiben heißt beim Volk bleiben? Aber ein fertiges substantielles volksverbundenes oder bourgeoises Ich gibt es sowenig wie ein Ich als solches. Es wäre also richtiger zu sagen, das Schwierigste beim Aufstieg bestehe nicht darin, man selbst zu bleiben, sondern man selbst zu sein oder vielmehr es zu werden. Im übrigen ist klar, daß man nicht als Teil des Volkes geboren wird, man wird es strenggenommen durch die Bildung kollektiver Habitusformen. Von daher gibt es nicht ein Volk, sondern Völker, die im Laufe der Geschichte entstehen und sich transformieren. Die ganze Essentialisierung läuft Gefahr, die singuläre Gestalt eines gegebenen Volkes in einen universalen Ausdruck des Volkes zu verwandeln. Michelet ist diesen Schwächen nicht aus dem Wege gegangen, denn sein Populismus hat sich mit einem patriotischen, mit Antisemitismus und

242 Ebd., S. 266.

Xenophobie getönten Nationalismus angereichert, der ihn dazu gebracht hat, in Frankreich das ewige Wesen des von Europa geächteten revolutionären Volkes[243] zu sehen, die »Verbrüderung unter Gleichen«.[244]

Wie kann man sich unter diesen Bedingungen auf Michelet berufen? Auch wenn seine Methode hier mehr die eines patriotischen Moralisten als die eines Historikers oder Philosophen ist, verdient sie doch Interesse. Trotz ihrer Schwächen erweist sie die Notwendigkeit, Mythologien zu bilden, um eine neue Komplexion zu knüpfen. Michelet konstruiert eine lyrische Figur des Volkes, einen sich erhebenden Genius, der mit Glauben und Inbrunst die Gesellschaft verwandelt, und er rehabilitiert »die Welt dort drunten«, indem er ihr eine Größe und eine Kraft zubilligt, die sie befähigen, ihren Stolz wiederzugewinnen und jene Energie zu wecken, die sie zum Leben und Kämpfen braucht. Gesellschaftliche Veränderungen gehen nicht nur von rationalen politischen Analysen aus; sie stützen sich auch auf imaginäre Vorstellungen, die die Hoffnung und das Vertrauen auf die eigenen Kräfte und den eigenen Wert nähren. Dieses Imaginäre ist eine sehr nützliche strategische Waffe, zumindest in einer ersten Phase. In der Tat ist einer der ersten Feinde, die es zu überwinden gilt, die Scham vor sich selbst, die zum Rückzug

243 Siehe die Vorrede an Edgar Quinet vom 24. Jänner 1840, in: *Das Volk*, a. a. O., S. 42 f.: »Ein Volk! Ein Vaterland! Ein Frankreich! – Laßt uns nie zwei Nationen werden, darum beschwöre ich Euch. Ihr begreift es nicht, wie wir ohne Einheit untergehen? Franzosen aller Stände, aller Klassen und jeder Parthei, beherzigt das Eine, daß ihr nur einen treuen Freund habt, Frankreich. Vor der Coalition, die noch immer besteht, vor der Aristokratie tragt ihr immer das Verbrechen, vor fünfzig Jahren einen Versuch zur Befreiung der Welt gemacht zu haben. Sie haben es Euch nicht verziehen; Ihr bleibt ihnen immer gefährlich. Unter einander mögen Euch verschiedene Beinamen unterscheiden; als Franzosen seid Ihr sämmtlich gerichtet. Wisset es, Europa gegenüber wird Frankreich keinen andern Namen haben, als den, den es nicht abbüßen kann und der ihm ewig bleiben wird – den Namen der Revolution.«

244 Ebd., S. 356.

und zur resignierten Selbstverkleinerung treibt. Das Übel entspringt der Scham und ihren Kolporteuren; also muß man versuchen, sich vorrangig von ihr zu befreien, wie Nietzsche in der *Fröhlichen Wissenschaft* hervorhebt:

> 273. *Wen nennst du schlecht?*
> – Den, der immer beschämen will.
> 274. *Was ist dir das Menschlichste?*
> – Jemandem die Scham ersparen.
> 275. *Was ist das Siegel der erreichten Freiheit?*
> – Sich nicht mehr vor sich selber schämen.[245]

In dieser Hinsicht ist der Übergang von einer tödlichen Scham zur heilsamen Scham vor der Scham ein erster Schritt, doch er genügt nicht; man muß stolz auf sich sein können, um es zu wagen, das Haupt zu erheben. Wenn ein Affekt nur durch einen stärkeren gegenteiligen Affekt besiegt werden kann, dann kann eine große Scham nur durch einen großen Stolz vertrieben werden. Daher verläuft eine wirkliche Veränderung zunächst über eine Veränderung des Imaginären, um die hemmenden Hindernisse beiseite zu räumen, die die Wortergreifung und den Schritt zur Tat behindern. In einer Situation der Wehrlosigkeit steht nichts in unserer Macht als unsere Vorstellungen, wie schon die Stoiker wußten. Es geht also darum, sein inneres Theater zu verändern, negative Klischees in positive Selbstbilder umzukehren und Schwäche in Stärke zu verwandeln.

Diese Arbeit der Subversion wurzelt zunächst in einer Umwertung der Werte. So betont Nietzsche, daß »[d]er Sklavenaufstand [...] damit [beginnt], dass das *Ressentiment* selbst schöpferisch wird und Werthe gebiert«.[246] Gewiß, in diesem Falle handelt es sich nicht um eine aktive, sondern um eine

245 Friedrich Nietzsche, *Die fröhliche Wissenschaft*, Drittes Buch, §§ 273–275, in: *Kritische Studienausgabe*, herausgegeben von Giorgio Colli und Mazzino Montinari, a. a. O., Bd. 3, S. 519.

246 Friedrich Nietzsche, *Zur Genealogie der Moral*, Erste Abhandlung,

reaktive Moral, jedoch um eine Reaktion, die »Nein zu einem ›Ausserhalb‹, zu einem ›Anders‹, zu einem ›Nicht-selbst‹ [sagt]«;[247] dem steht nicht entgegen, daß sie Werte hervorbringt und Wertvorstellungen umkehrt, indem sie dasjenige als gut proklamiert, was die Gegner als schlecht beurteilen, und sich schließlich durchsetzt.[248] Doch ob man es mit einem verneinenden Ressentiment zu tun hat, das damit beginnt, sich einen Bösen zu erfinden und den anderen zu entwerten, um sich selbst aufzuwerten, oder ob man es mit einer reinen Bejahung zu tun hat, »um zu sich selber noch dankbarer, noch frohlockender Ja zu sagen«:[249] Beidemal geht es darum, sich seiner eigenen Kräfte bewußt zu werden und ein großartigeres Bild seiner selbst zu schaffen. Allgemeiner gesagt: Die Versöhnung mit sich impliziert die Rehabilitierung des beschämenden Selbstanteils und verläuft über das, was Goffman als Inversion des Stigmas bezeichnet,[250] nämlich die Inanspruchnahme der Zeichen der Entwürdigung als Embleme, die man stolz vor sich herträgt.

Dieses Schema gilt für die Klassenübergänger wie für alle Stigmatisierten. So verlief insbesondere der Kampf gegen den Rassismus und für die Anerkennung der Gleichheit von Schwarzen und Weißen in den USA über die Beanspruchung des Schönheitsbegriffs durch die Schwarzen. Die Bewegung *Black is beautiful*, in den sechziger Jahren in den USA entstanden, zielte darauf, die Stigmatisierung des Schwarzen zu beenden, dessen Farbe negativ konnotiert ist

§ 2, in: *Kritische Studienausgabe*, herausgegeben von Giorgio Colli und Mazzino Montinari, a. a. O., Bd. 5, S. 270.

247 Ebd.

248 So kritisch er ihr auch gegenübersteht, Nietzsche erkennt an, daß eine Sklavenmoral wie die christliche Moral Werte hervorgebracht und die Gemüter schließlich so sehr vergiftet hat, daß sie den Sieg über die aristokratische Moral davontrug.

249 Ebd., S. 271.

250 Erving Goffman, *Stigma. Über Techniken der Bewältigung beschädigter Identität*, aus dem Amerikanischen von Frigga Haug, Frankfurt am Main: Suhrkamp 1967.

und auf Dunkelheit, Beschmutzung, physische und moralische Häßlichkeit hindeutet – in Opposition zur Reinheit des Weißen. Sie beruht auf der Idee, für eine *schwarze* Schönheit zu werben, die es erlaubt, sich mit der eigenen physischen Erscheinung zu versöhnen und der Selbstdiskreditierung entgegenzuwirken, die manche dazu führt, die Haut aufhellen zu wollen und sich die Haare glätten zu lassen, um die Weißen nachzuäffen.

In gleicher Weise zielt die positive Beanspruchung von Stolz auf die eigene Homosexualität, die sich insbesondere in der Form von Umzügen und Paraden der *Gay-Pride*-Bewegung äußert, darauf, das Stigma umzukehren und aus dem schamhaften Schweigen herauszutreten, indem man sich fröhlich in der Öffentlichkeit zeigt. Auf Initiative Brenda Howards, genannt *mother of pride*, zunächst in der Form der *Gay Pride Parade*, dann der *Christopher Street Parade* zur Erinnerung an die Tumulte von Stonewall Inn im Juni 1969 erhebt sich die *Gay-Pride*-Bewegung gegen die Verteufelung der Homosexualität und ihre moralische Verdammung, um die Gleichwertigkeit aller Menschen unbeschadet ihrer sexuellen Orientierungen zu proklamieren. Das Akronym GAY greift einen der Hauptslogans der Demonstrationen auf: »We are Good As You.«

Was den Klassenübergänger angeht, beruht die Inversion des Stigmas auf einer Wiederaneignung der Vergangenheit, um der Spaltung ein Ende zu setzen und die Stücke wieder zusammenzufügen. Diese Wiederaneignung beinhaltet das Akzeptieren der eigenen Herkunft und ihre Umkonfiguration, damit sie nicht mehr als unzerstörbares Schandmal, sondern als eine lebensgeschichtliche Selbstkonstitution erscheint. Der Versuch, seine Komplexion zu einer Einheit zusammenwachsen zu lassen, verläuft also über die Transformation der Zerrissenheit in Integration, und zwar im doppelten Wortsinn: Integration des sozialen Aufstiegs in das Herkunftsmilieu, Integration des Herkunftsmilieus in den sozialen Aufstieg.

Eine der ersten Figuren der Versöhnung der Klassenübergänger mit sich selbst liegt also darin, die eigene Herkunft als Ruhmestitel für sich in Anspruch zu nehmen. Es geht dabei auch darum, aus den Kulissen hervorzutreten, sein *Coming-out* zu wagen, seinen Stolz zu bekennen: den Stolz darauf, der proletarischen Welt anzugehören; den Stolz auf den Erfolg, der beweist, wozu ihre Mitglieder imstande sind; den Stolz darauf, die Verhöhnung seiner Ehre zu rächen und seine Würde wiederherzustellen. Statt zu schweigen, macht sich der Klassenübergänger zum Herold der unteren Schichten, zum Wortführer der Bauern und Arbeiter, zur Stimme der Dunklen und Vergessenen, zum Gedächtnis der Stummen der Geschichte.

So versteht Camus die Literatur in der Form eines Zeugnisses, eines Berichts, der den Adel der Seinen wiederherstellt: »Diese arme Familie dem Los der Armen entreißen, das darin besteht, aus der Geschichte zu verschwinden, ohne Spuren zu hinterlassen. Die Stummen. Sie waren und sie sind größer als ich.«[251] Dieser Ehrgeiz, die Größe der Kleinen wiederherzustellen, sich zum Rächer der Unterdrückten zu machen, sich laut und vernehmlich zu ihnen zu bekennen und ihnen dadurch ein Gesicht zu geben, um sie der Anonymität des Todes und der Bedeutungslosigkeit des Lebens zu entreißen, ist ein von vielen Klassenübergängern geteiltes Anliegen. Oft ist es ein Leitmotiv ihrer Feder, so sehr ist die Rehabilitierung der Beherrschten gleichsam der gebotene Weg, sich aus der Schande zu befreien und seine Würde geltend zu machen.

So gesehen, liefert Michelet den Prototyp einer Stigma-Umkehrung, die Aufmerksamkeit verdient, nicht so sehr weil er aus dem Volk einen Genius machte, statt es essentialistisch in groben Strichen als gemeinen Pöbel zu skizzieren, sondern weil er Figuren zeichnet, die die Verwandlung eines verschämten in einen stolzen Klassenübergänger ermög-

251 Albert Camus, *Der erste Mensch*, a. a. O., S. 346.

lichen. Er selbst, aus einer Bauernfamilie hervorgegangen – der Vater war Buchdrucker –, wird zum berühmten Historiker, der die Schwankungen der Zwitterstellung und die mit der doppelten Zugehörigkeit verbundene Zerrissenheit nur zu gut kennt: »Auch schmerzt mich mehr, als jeden Anderen, der bedauernswerthe Zwiespalt, den man zwischen den verschiedenen Klassen der Gesellschaft zu erzeugen sucht, mich, der ich sie alle in mir trage.«[252] Auch wenn es nicht sein ausdrückliches Ziel ist, entwickelt er in *Das Volk* zwei fiktive Modelle eines Klassenübergängers: den Bastard und den Barbaren.

Der abschreckenden Figur des Bastards, der seine Herkunft ignoriert oder sie unter der Hybridisierung verbirgt, so daß seine Eigenart verarmt und verlorengeht, stellt Michelet die positive Figur des Barbaren gegenüber, der sie nicht verleugnet, sondern auf seinem Weg jedes Hindernis wegräumt, seine eigene Vitalität ohne Komplexe bejaht und jede Scham aufgesogen hat. Michelet untergräbt auf diese Weise ein negatives Bild, indem er es positiv wendet:

> Oft vergleicht man heutigen Tages die Erhebung des Volkes und seines Fortschrittes mit dem Eintritte der Barbaren. Das Wort gefällt mir, ich nehme es an. Ja, Barbaren! das heißt Söhne einer neuen, lebendigen und verjüngenden Kraft. Barbaren, die den Zug gegen das Rom der Zukunft antreten; zwar schreiten sie langsam und jede Generation rückt nur wenig vor, um mit dem Tode Halt zu machen; aber die Folgenden setzen nichts desto weniger den Zug fort.[253]

Der Historiker ersetzt also die Figur des Bastards durch die des Barbaren. Er löst die Vokabel »Barbar« von ihrem pejorativen Sinn, um sie mit dem gleichnamigen Volk zu

252 Jules Michelet, *Das Volk*, a. a. O., S. 38.
253 Ebd., S. 35.

verbinden und ihr eine neue Bedeutung beizulegen. Er kehrt das Stigma um, denn der Barbar ist nicht mehr der brutale Wilde, dem Kultur und Zivilisation abgehen, der zerstörerische Vandale, sondern wird zur Figur des Reisenden auf dem Weg zum künftigen Rom. Die Barbaren sind ein ungehemmtes und glühendes Erobervolk, eine Herrenrasse, die stolz gen Rom zieht und unbekümmert eine alte Ordnung zerstört, um ihre neuen Werte durchzusetzen.[254] Die Barbaren, das sind also nicht mehr die Fremden, die keine menschliche Sprache sprechen und – der wahrscheinlichen Etymologie des Wortes zufolge – »das unartikulierte Geräusch des Vogelgezwitschers«[255] reproduzieren, sondern Menschen, die mit Stolz einer Zukunft entgegenstreben, die sie Schritt für Schritt kollektiv aufbauen.

Zu bemerken ist hier, daß Michelet den sozialen Aufstieg nicht als individuelles Abenteuer betrachtet, sondern als ein Unternehmen, in dessen Verlauf sich ein ganzes Volk über mehrere Generationen hinweg transformiert. Der Wechsel der individuellen Klasse muß sich also in seinen Augen in einer kollektiven Fortschrittsbewegung verlängern, weil sonst die innovative Energie wieder in reproduktive Trägheit zurückzufallen droht und eher Bastarde als Barbaren entstehen läßt. Von daher skizziert er den Weg, dem die ersten Klassenübergänger zu folgen haben. Wenn sie nicht absinken wollen, müssen die Aufsteiger Barbaren sein, Wegbereiter, die die Vorzeichen eines wiedergefundenen Stolzes

254 Es ist interessant, festzustellen, daß auch Nietzsche sich einige Jahre später auf die Barbarenhorden beziehen wird, jedoch nicht mehr im Zusammenhang mit dem Aufstieg des Volkes, sondern des Vornehmen. Vgl. *Zur Genealogie der Moral*, Erste Abhandlung, § 11, a. a. O., S. 275: »Die vornehmen Rassen sind es, welche den Begriff ›Barbar‹ auf all den Spuren hinterlassen haben, wo sie gegangen sind; noch aus ihrer höchsten Cultur heraus verräth sich ein Bewusstsein davon und ein Stolz selbst darauf […].«

255 Claude Lévi-Strauss, »Rasse und Geschichte«, übersetzt von Traugott König, in: *Strukturale Anthropologie II*, Frankfurt am Main: Suhrkamp 1975, S. 369.

wie ein Banner vor sich her tragen. Dazu gehört, daß sie sich nicht darauf beschränken, bloße Passagiere zu sein, die vom einen zum anderen Ufer übersetzen, sondern Pioniere auf dem Weg zur Eroberung einer Geschichte, welche die Klassen mit ihrem Joch der Ungleichheit und Ungerechtigkeit aufhebt. Es ist kein Zufall, wenn so häufig der Marsch als Symbol des wiedergefundenen Stolzes gewählt wird. Ob er die Form der Parade, der Demonstration oder des Aufzugs annimmt: es gehören aufrecht gehende Menschen dazu, die sich in Bewegung setzen, um Bewegung in die Strukturen der Unterjochung zu bringen.

Die beiden ausgehend von Michelet skizzierten Figuren dürfen jedoch nicht in der Form einer Antinomie zwischen Typen von Klassenübergängern verstanden werden, einem negativen und einem positiven, denn jeder, der auf seinem Weg unterwegs ist, kann seinerseits Barbar oder Bastard sein. Auch wenn sie weit davon entfernt sind, Normen vorzugeben, können sie als imaginärer Bezugspunkt dienen, um sich einen Weg zu bahnen und erhobenen Hauptes zu gehen. Die Eroberung des Stolzes ist im übrigen eine notwendige, doch keine hinreichende Bedingung dafür, die Spannungen zu überwinden und unentfremdet zu leben. Im ganzen gesehen ist dieser Affekt jedoch ebensowenig angebracht wie das Schamgefühl, denn weder Ruhm noch Schande sind von sich aus an eine bestimmte soziale Lage, Rasse, Sexualität eher als an eine andere gebunden.

Vom schlichten Antidot gegen die Scham kann Stolz seinerseits zum Gift werden, wenn er zur hegemonialen Selbstbejahung auf Kosten der anderen wird. Er degeneriert in Überheblichkeit und verwandelt sich in eine Art von Hochmut, »die der falschen Meinung eines Menschen entsprungen ist, er stehe über anderen Menschen«.[256] In diesem Falle ist Stolz nicht mehr als umgekehrte Scham,

256 Baruch de Spinoza, *Ethik*, Vierter Teil, Lehrsatz 57, Anmerkung, a. a. O., S. 475.

und alles wird zum Motiv von Erwähltheit anstelle von Schmach. So wird der Stolz desto größer, je größer zuvor die Scham war. Doch wenn sich der Stolz auf den eigenen Erfolg in rastlose Suche nach Anerkennung verwandelt, in ungezügelte Erwerbssucht oder in die Begierde, seine Überlegenheit und Legitimität durch die Anhäufung von Reichtümern, von Bildung, Macht und Ehre zu beweisen, hat der Klassenübergänger nach dem Urteil der anderen den Gipfel der Entfremdung erreicht; indem er unaufhörlich kapitalisiert, ist er dazu verurteilt, das Faß der Danaiden zu füllen, und dem ausgeliefert, was Hegel die schlechte Unendlichkeit der Begierde nennt. Ständig versucht er die anderen zu übertrumpfen, ständig bläht und drängt er sich auf und wird aufdringlich. Für uns ist das Menschlichste nicht nur, wie Nietzsche sagte, jemandem die Scham zu ersparen, sondern auch unseren Hochmut. Frei ist ein Mensch folglich dann, wenn er frei ist von Hochmut und Scham.

Sowenig wie mit seinem sozialen Erfolg hat sich der Klassenübergänger mit seiner Herkunftsklasse zu brüsten, indem er sie kultisch verehrt und mit übertriebenem Respekt behandelt. Solche soziale Pietät beruht auf einer Idealisierung des Volkes und beweist eine Verblendung, die manchmal an Torheit grenzt. Das ist der Fehler der populistischen Strömungen und zumal des *ouvriérisme* [Arbeiterkults], der das Hohelied des Proletariats singt und seinen überlegenen Wert preist, seine Moral und Kultur, die echter seien als die der herrschenden Klassen. So hat sich Constantin Meunier, Maler und Bildhauer, der Verherrlichung der Welt der Bergarbeiter und der Arbeit gewidmet.

In einer Ausgabe der Zeitschrift *L'Anarchie* von 1910 kritisiert Le Rétif (alias Victor Serge) in sarkastischem Ton die Exzesse, zu denen diese Idealisierung führt, indem er den Arbeiterkult in die Nähe einer seltsamen Krankheit rückt, die mit einer Sehstörung verbunden ist.[257] Er prangert die

257 »Der Arbeiterkult? Das ist eine seltsame Krankheit, an der fast

in den gebildetsten Kreisen üblich gewordene Haltung an, »den Proleten zu bewundern« und eine ganze wohlmeinende Literatur den Märtyrern der Arbeit zu widmen. »Nach und nach stellte man sich einen Typ von Arbeiter vor, der kaum noch der Wirklichkeit entspricht. Es ist der prächtige Bergmann Constantin Meuniers, der wohlgestaltete Arbeiter mit kräftigem Torso und stolzem Blick, den man auf den sozialistischen Gravuren erblickt, wie er frohgemut einer purpurnen Sonne entgegenschreitet …«[258]

Statt »den Arbeiter zu verhimmeln, dessen beklagenswerter Mangel an Bewußtsein die Ursache des universellen Leids ist, mehr noch vielleicht als die aberwitzige Raffgier der Privilegierten«,[259] müßte man sich nach Le Rétif eher bemühen, »ein wenig Licht in die entsetzliche Nacht der Hirne zu bringen«,[260] um den Keim der guten Revolten auszusäen und die Ränge derer wachsen zu lassen, die er »die Liebhaber und Kämpfer des Lebens« nennt.

die gesamte sogenannte fortschrittliche Intelligenz leidet. Marxismus und Syndikalismus sind deren unheilbare Formen. Vor allem Anarchisten sind davon befallen. Diese Krankheit besteht in einer mehr oder weniger ernsten Deformation der Wahrnehmungs- und Denkfähigkeiten, die dazu führt, daß alles, was zum Arbeiter gehört, schön und nützlich erscheint, während alles andere häßlich, schlecht, unnütz, wenn nicht schädlich ist. Die traurige Gestalt des stumpfsinnigen Proleten, der – erschlafft, alkohol- und tabaksüchtig, tuberkulös – die Masse der rechtschaffenen Staatsbürger ausmacht, wird durch ein Zauberwort zum Arbeiter, dessen ›erhabener‹ Arbeitsfleiß die Menschheit leben und voranschreiten läßt, dessen großmütige Anstrengung ihr eine glänzende Zukunft sichert … Hütet euch davor, gegenüber einem Anbeter dieses Arbeiterkults zu bemerken, daß der besagte Proletarier alles in allem die zuverlässigste Stütze des abscheulichen Regimes des Kapitals und der Obrigkeit ist, die er mit seinem Militärdienst, seiner Stimmabgabe, seiner tagtäglichen Arbeit stützt und rechtfertigt. Ihr werdet sehen, daß ihr sofort als rückständiges Individuum mit bourgeoisen Vorurteilen behandelt werdet, das nichts von … Soziologie versteht.« In: *L'Anarchie*, Nr. 259, 24. März 1910.

258 Ebd.

259 Ebd.

260 Ebd.

Die Überhöhung des Volkes ist vielleicht die höchste Form des Verrats der Intellektuellen. Mehr noch als Paternalismus und Demagogie demonstriert sie eine Ahnungslosigkeit und Verachtung der alltäglichen Realität. Sie ist geprägt von Entfremdung und Vorurteilen, die sie zu bestätigen droht, statt zur Befreiung von ihnen beizutragen. Die Würde der unteren Schichten des Volkes anzuerkennen hindert nicht an der Feststellung, daß eine beträchtliche Zahl ihrer Mitglieder beileibe nicht fortschrittlich eingestellt ist, was die Anerkennung der Rechte der Frauen, Homosexuellen und Immigranten und ihre Stellung in der Gesellschaft betrifft. Wie im Falle der Scham muß man also den gesunden Stolz von dem tödlichen unterscheiden und sich vor einer doppelten Idealisierung der Ausgangs- und der Ankunftsklasse hüten.

Im übrigen ist zu bemerken, daß die manchmal nostalgische Verklärung des Herkunftsmilieus komplexen Motiven folgt, die weniger mit Stolz als mit einem Kompensationswunsch gegenüber der Ungleichheit der Klassen und der Ungerechtigkeit der Verhältnisse zu tun haben. Wenn es für einen Reichen leichter ist, gleichgültig zu sein und das Leiden eines Milieus zu ignorieren, mit dem er nicht verkehrt,[261] ist es für einen Klassenübergänger viel schwieriger, diejenigen zu vergessen, die er hinter sich läßt und die ihm Hilfestellung gegeben haben. Nicht so sehr das erlebte Elend als der Gedanke, daß andere noch darunter leiden,

261 Ebendies bemerkt Michelet: »Was soll ein Reicher mit aller Kenntniß der Welt auch wissen? Allein deshalb, weil ihm das Leben leicht ist, kennt er nicht dessen Stärke und Tiefe. Er hält nicht inne, forscht nicht nach, sondern eilt und gleitet wie auf dem Eise; nirgends dringt er ein, er ist immer an der Außenseite; in dieser flüchtigen, äußerlichen und oberflächlichen Existenz wird er morgen am Ziele angekommen sein, und so unwissend weggehen, als er gekommen war.« *Das Volk*, a. a. O., S. 329. Michelet will natürlich nicht sagen, daß alle Reichen geistig stumpf sind, sondern daß ihre Lage sie nicht dazu prädisponiert, das Leben und seine Ungleichheiten zu begreifen. Diese moralisierende Analyse ist jedoch abzumildern, denn die unteren Schichten haben nicht das Monopol auf soziales Leid.

quält den Klassenübergänger und löst Anfälle von Schuldgefühl und ohnmächtiger Auflehnung aus.

So behauptet Michelet, daß Entbehrungen, Hunger, Kälte und die Ungewißheit über den nächsten Tag ihn niemals berührt hätten. Er habe sie stoisch ertragen, vor allem an jenem Wintertag im Jahr 1813 – »der Schnee bedeckte Alles, das Zimmer war kalt, ich wußte nicht, woher für den Abend das Brod kommen sollte, alles schien mit mir zu Ende zu gehen, – da überkam mich ein reines stoisches Gefühl [...], ich schlug mit meiner Hand, die die Kälte aufgerissen, auf meinen eichenen Tisch (den ich noch immer besitze), und fühlte mit männlicher Freudigkeit Jugend und Zukunft in mir.«[262] Dafür bekennt er, wie überwältigend er das Leben bei einer anderen Gelegenheit empfand. An einem anderen schneereichen Tag dreißig Jahre später, am 12. Februar 1845, stand er an demselben Tisch, und der Gedanke stieg in ihm auf: »Hier ist es warm, die Anderen frieren; das ist nicht recht. Wie kann ich mich von dieser drückenden Ungleichheit befreien.«[263]

Mehr als vergangenes Elend oder Scham ist es das Gefühl von Ungerechtigkeit angesichts der Ungleichheit der Menschen, das mit seinem Gefolge von schlechtem Gewissen und Ohnmacht den Klassenübergänger quälen kann. Was ihn schmerzt, sind die anderen, und das ist vielleicht das schlimmste Leid, denn man erträgt seinen eigenen Kummer manchmal leichter als den der Seinen. Wie soll man mit seinem Gewissen in Frieden leben und nicht den Eindruck haben, ein Verräter zu sein, ein Reicher, ein egoistisches Ungeheuer, das die anderen ihrem Schicksal überläßt?

Um dem Kainsmal zu entgehen, muß man sich vor sich selbst rechtfertigen können, indem man sich der Notwendigkeit seiner eigenen Position bewußt wird, der Notwendigkeit im doppelten Sinne von Determinismus und

262 Ebd., S. 30.
263 Ebd., S. 31.

Nützlichkeit. Man muß über Determinismus und Nützlichkeit nachdenken, um gegen das Schuldgefühl anzukämpfen. Einerseits ist der Klassenübergänger nicht schuld daran, daß er dort ist, wo er ist. Seine Situation ist das kombinierte Ergebnis äußerer und innerer Determinanten, und es wäre illusorisch zu glauben, daß seine Lebensgeschichte einen anderen Lauf hätte nehmen können. Dafür hätten er und seine Umgebung andere sein müssen, als sie es waren.

Wer also glaubt, ein vom Schicksal wundersam Geretteter, ein Glückspilz oder ein abscheulicher Verräter zu sein, übersieht regelmäßig den Determinismus, der bei der Nicht-Reproduktion im Spiel ist. Das Schuldgefühl muß sich also gegen sich selbst kehren und als Gegengift dienen. Anders gesagt, man beginnt richtig zu denken, wenn man sich schuldig fühlt, sich schuldig zu fühlen. Andererseits ist der Klassenübergänger außerhalb seines Milieus für dieses manchmal wertvoller als innerhalb. Genau das macht Michelet geltend, um an jenem berühmten 12. Februar sein Gewissen zu beschwichtigen: »Dann aber meine Hand betrachtend, welche seit 1813 die Spuren der Kälte behalten hat, tröstete ich mich mit dem Gedanken: ›Hättest du mit dem Volke gearbeitet, so könntest du nun nicht für das Volk arbeiten. Gehe hin, gib deinem Vaterlande seine Geschichte, so erlasse ich dir, dich glücklich zu fühlen.«[264] Die Absolution erteilt also die *Histoire de France*, das Werk, mit dem Michelet dem Volk seinen rechtmäßigen Platz als Held und Hauptakteur in der Geschichte zurückgeben will. Hier geht es nicht um den wissenschaftlichen Wert des Unternehmens, sondern darum, den Impuls zu verstehen, der es beseelt. Offensichtlich hat man es mit dem Versuch einer Erlösung seiner selbst und der Seinen zu tun, die über die geschichtliche Auferstehung derer verläuft, die keine Geschichte haben.[265]

264 Ebd.

265 So schreibt Michelet im Juli 1845 an Eugène Noël: »Wir Bürgerlichen

Um über den anderen zu sich selbst kommen zu können, hat der Klassenübergänger gar keine andere Wahl, als bei der Last, die ihn bedrückt, den Hebel anzusetzen, die Bremse seines Schuldgefühls zu lösen und die Spannungen als Antriebsenergien zu nutzen. So ergibt sich die Arbeit Annie Ernaux' aus der Umwandlung von Scham und Schuld in ein literarisches Werk, und es ist beispielhaft dafür, wie es einer Klassenübergängerin gelingt, die Gegensätze zu versöhnen und den Riß des Zwischenraums auszufüllen. Das Genet-Zitat, das sie als Motto vor *Das bessere Leben* gesetzt hat – »Ich wage eine Erklärung: Schreiben – es ist die letzte Zuflucht, wenn man verraten hat«[266] –, wirft Licht auf die Motivation der Schriftstellerin. Sie bestätigt es im übrigen in *L'Écriture comme un couteau*:

> Ich glaube, daß dieses Schuldgefühl endgültig ist, und wenn es die Grundlage meines Schreibens ist, so befreit mich das Schreiben auch am meisten davon. Das Bild der »Gegengabe« am Ende von *Passion simple* gilt also für alles, was ich schreibe. Ich habe den Eindruck, daß Schreiben in meinem Fall, in meiner Situation als Überläuferin, das Beste ist, was ich als politischen Akt und als »Gabe« tun kann.[267]

Die Autorin schöpft aus ihrem quälenden Schuldgefühl Kräfte, nicht um es zu überwinden – eine unmögliche Aufgabe –, sondern um es in Bewegungsenergie umzukehren. Sie nährt sich von diesem ambivalenten Affekt, der abwechselnd paralysiert und dynamisiert. Indem das Schreiben sich von ihm durchdringen läßt, braucht es ihn und ver-

bewahren nicht die Geschichte unserer Väter, wie es die Adligen tun. Diese Geschichte verborgener Tugenden wäre oft von hohem Interesse.« Zitiert nach Robert Casanova, »Introduction«, in: Michelet, *Le peuple*, Paris: Julliard 1965, S. 25.

266 Annie Ernaux, *Das bessere Leben*, a. a. O., S. 5.

267 Annie Ernaux, *L'Écriture comme un couteau*, a. a. O., S. 62.

braucht es ihn, zumindest teilweise. Kurz, das Buch befreit. Das Schreiben erscheint als eine Form der Erlösung, der Gegengabe, als eine Weise, seine Schuld zu begleichen. Trotzdem darf man nicht glauben, daß das Gefühl der Schuld automatisch sämtliche Klassenübergänger heimsuchte und mechanisch sublime Wirkungen hervorriefe. Nach Annie Ernaux' Beobachtung ist dieses Schuldgefühl ein komplexes; es ist nicht nur mit dem Wechsel der sozialen Klasse verbunden, sondern hat auch familiäre, sexuelle, religiöse Wurzeln, in ihrem Fall wegen einer sehr katholischen Erziehung.[268] Außerdem erklärt sie, daß der Schreibakt zwar das politische Engagement nicht ersetze, daß er jedoch ein politischer Akt sei und nicht eine bloße ästhetische Tätigkeit, die von jeder sozialen Determination und jedem Einfluß auf die soziale Welt abgeschnitten wäre. Ein Autor schreibe in einer gegebenen Situation, der seinigen und derjenigen der Welt, und sei nicht – auf welch wundersame Weise auch immer – den Klassendeterminationen entzogen, während seine Flurnachbarn der Mittel- oder Oberklasse angehörten. Das Schreiben wecke also das Bewußtsein der Zugehörigkeit des Schriftstellers zu einer bestimmten Klasse und trage auf gewisse Weise zur Erhaltung oder Veränderung des Weltzustands bei.[269] Die Einsicht in die Existenz von Klassen und die Situation des Klassenübergängers hat Annie Ernaux zu einer eher realistischen als ästhetisierenden Weltsicht gebracht.[270] Ihr Werk ist also geprägt von dieser Vorliebe für das Reale, die vielen Klassenübergängern eignet:[271] »Ich wollte nicht mehr etwas schaffen, das

268 Ebd., S. 63.
269 Ebd., S. 74 f.
270 Ebd., S. 76 f.
271 Die gleiche Beobachtung macht auch Richard Wright in *Black Boy*: »Im Alter von zwölf Jahren hatte ich, ohne auch nur ein einziges Jahr ununterbrochen zur Schule gegangen zu sein, einen Begriff vom Leben, den keine Erfahrung jemals auslöschen oder erschüttern sollte, einen Drang zum Wirklichen, in dem ich mich durch keine Gegenmeinung beirren ließ, und eine Weltauffassung, die in mir, in mir allein gewachsen

in erster Linie schön wäre, sondern das vor allem real sein sollte, und das Schreiben war diese Arbeit, die Realität ans Licht zu bringen: die des Unterschichtsmilieus der Kindheit, die der Akkulturation, die zugleich ein Bruch mit der Herkunftswelt ist, und die der weiblichen Sexualität.«[272]

Die Frage lautet also letztlich, wie es gelingen kann, dieses Reale zu fassen und nicht ein zweites Mal Verrat zu üben, indem man jeden Versuch, die Schuld abzutragen, schwächt. Darum geht es vor allem bei diesem Unternehmen, das wie eine Herausforderung klingt, die man annehmen muß: dafür zu sorgen, daß die Gegengabe nicht zum vergifteten Geschenk wird, mit einem Operettenvolk bei jeder kleinsten Szene. Annie Ernaux ist sich dessen vollkommen bewußt. Sie weiß, daß sie sich vornimmt, über die Welt der Beherrschten zu schreiben, während sie der Welt der Herrschenden angehört, und daß sie daran zu scheitern droht, die objektiv und subjektiv erlebte Wirklichkeit wiederzugeben – und ihre Herkunftsklasse zweimal zu verraten: das erste Mal unabsichtlich durch ihre Schullaufbahn, das zweite Mal absichtlich, indem sie sich durch die Wahl einer Schreibweise bewußt auf der Seite der Herrschenden positioniert. Sie ist es sich also schuldig, die doppelte Gefahr zu vermeiden, in eine Erzählweise zu verfallen, welche die Armut anbiedernd, gefällig und sentimental darstellt, oder in die distanzierte Sichtweise der höheren Klassen, die »die Welt dort drunten« als seltsame exotische Merkwürdigkeit betrachten.[273]

Bevor sie *Armoires vides* veröffentlichte und *Das bessere Leben* schrieb, hatte sich Annie Ernaux, von der literarischen Bewegung des »Nouveau roman« angezogen, am Schreiben

war. Ich wußte, was Leben bedeutet, ohne daß Erziehung oder Bildung an diesem Wissen und an meiner Überzeugung etwas ändern konnten, daß der Sinn des Lebens nur in dem unablässigen Bemühen bestehen konnte, dem sinnlosen Leiden einen Sinn abzuringen.« A. a. O., S. 122.

272 Annie Ernaux, *L'Écriture comme un couteau*, a. a. O., S. 77.

273 Ebd., S. 78 f.

von Gedichten und eines experimentellen Romans versucht, der nach eigenen Worten »gleichsam entkörpert, sehr ehrgeizig jedoch« war.[274] Dieser unveröffentlichte Roman, mit 22 Jahren verfaßt, übernahm nichts aus dem Gedächtnis und schrieb sich, eher der Logik der Bastarde als der Barbaren folgend, in die Kultur der Herrschenden ein. Das Bewußtwerden ihres Status als Klassenübergängerin führt sie dazu, die »Schreibweise der Distanz« zu entdecken und die Klippe des Verrats zu überwinden, indem sie die Sicht der Beherrschten in die Literatur eindringen läßt. So spielt sie mit den Spannungen des Zwischenraums, indem sie in die klassische literarische Form der Erzählung Wörter und Ausdrücke der unteren Schichten (etwa »gagner malheur«) einfügt und manchmal Dialektausdrücke aus der Normandie, deren Bedeutung sie dem Leser angibt.[275] Auf diese Weise kann der Text, in der Sprache des Feindes geschrieben – nach der Formulierung Genets, den sie verehrt – und mit den sprachlichen Werkzeugen der Herrschenden verfaßt, den Standpunkt der Beherrschten einführen, den ihres Vaters, ihrer Mutter oder der »kleinen Leute« aus Yvetot und der Normandie. An dieser Stelle wird sie im positiven Sinne barbarisch, wirft die Syntax über den Haufen, untergräbt die Sprache, damit die Beherrschten in den Vordergrund der literarischen Bühne vordringen können.

Diese Schreibweise der Distanz bringt sie dazu, mit der klassischen Form des Romans zu brechen und einen Stil zu wählen, der die Redensarten, die vertraute Sprache rekonstruiert. Seit der Abfassung von *Das bessere Leben* drängt sich die Wahl einer »kargen Schreibe« von daher als selbstverständlich auf:

274 Annie Ernaux, *Retour à Yvetot*, Paris: Mauconduit 2013, S. 28.

275 Ebd., S. 33. [»›Tu vas me faire gagner malheur‹ bedeutet im normannischen Dialekt: ›Du jagst mir einen solchen Schreck ein, daß ich *für immer* verrückt und unglücklich werde.‹« Annie Ernaux, *La Honte*, a. a. O., S. 15. – *A. d. Ü.*]

> Seit kurzem weiß ich, daß der Roman unmöglich ist. Um ein Leben wiederzugeben, das von der Not bestimmt war, habe ich nicht das Recht, als erstes die Partei der Kunst zu ergreifen, auch nicht, etwas »Aufregendes« oder »Bewegendes« zu schaffen. Ich werde die Worte, die Gesten und Neigungen meines Vaters sammeln, die herausragenden Begebenheiten in seinem Leben, alle die objektiven Merkmale einer Existenz, an der auch ich teilhatte. Keine Poesie der Erinnerung, kein fröhlicher Spott. Die karge Schreibe kommt mir ganz natürlich. So hatte ich auch früher an meine Eltern geschrieben, um ihnen die wesentlichen Neuigkeiten zu erzählen.[276]

Geprägt von Nüchternheit und Wortkargheit, ist diese Schreibweise tatsachenorientiert, sie ist eine informative Schreibweise, die ohne stilistische Effekte zum Wesentlichen gelangt. Es ist eine Schreibweise der objektivierenden Distanz, ohne Affekte und ohne gefällige Verklärung des Elends und der »kleinen Leute«, ohne heimliches Lächeln und komplizenhaftes Einverständnis mit dem gebildeten Leser.[277] Sie nimmt weniger die Form einer Erzählung an als die einer Rekonstruktion der gehörten Worte oder einer Rettung der Stimme der Beherrschten, die sonst für immer verstummen muß.[278]

Diese karge Schreibweise ist die blanke Waffe, das Messer, das sie braucht, um nicht Verrat zu üben. Sie hat das Gefühl, mit ihren thematischen und stilistischen Entscheidungen ein Risiko einzugehen. Auch in den Büchern, die – anders als *La Place* [*Das bessere Leben*], *La Honte* und *Une femme* [*Gesichter einer Frau*] – nicht unmittelbar die Realität der Welt der Beherrschten aufgreifen, wendet sich Annie Ernaux in einem nackten Stil, der nichts beschönigt oder schützend

276 Annie Ernaux, *Das bessere Leben*, a. a. O., S. 20.

277 Annie Ernaux, *L'Écriture comme un couteau*, a. a. O., S. 34.

278 Ebd., S. 34, sowie das Kapitel »Schreiben, um zu retten«, S. 121–124.

verklärt, Stoffen zu, die sie exponieren, in Gefahr bringen, wie der Bericht über ihre Abtreibung (in *L'Événement*, nach der romanhaften Version in *Armoires vides*) oder über ihre Selbstaufgabe in der Leidenschaft (in *Passion simple*, *Se perdre* oder *L'Occupation*). Diese gewagte Tendenz ihrer Arbeit erscheint als ein letzter Versuch, eine Schuld zu sühnen und die herrschenden Weltanschauungen zu untergraben. Der Wunsch, etwas Gefährliches zu schreiben, ist bei ihr zum Teil mit dem Gefühl verbunden, ihre Herkunftsklasse verraten zu haben. Sie empfindet das Schreiben zugleich als Schmerz und als Luxus, für den sie zu büßen versucht, indem sie statt mit den Händen mit ihrer Feder dazu beitragen möchte, das Antlitz der Welt zu verändern, indem sie die Sicht der Vergessenen der Geschichte anführt.[279]

Indem sie mit ihrer eigenen Person bezahlt, nähert sie sich der Welt der Beherrschten an und nimmt auf dem theoretischen Feld am Kampf gegen die Herrschaft teil. In dieser Gegen-Sprache, in der die Realität ihr Bürgerrecht wiedererlangt, leistet sie ihre Gegengabe. So vermag sich im Schreiben des Realen die Naht zu bilden, die den Riß mit Worten überwindet. Das geht aus ihren Äußerungen explizit hervor: »Durch die Wahl dieser Schreibweise und in ihr glaube ich die kulturelle Zerrissenheit zu akzeptieren und zu überwinden: diejenige, eine Immigrantin aus dem Inneren der französischen Gesellschaft zu sein.«[280]

Annie Ernaux hat also ihren Platz vermittels dieser Schreibweise einer Klassenübergängerin gefunden, einer Schreibweise, die vom Übergang von der beherrschten zur herrschenden Welt geprägt ist. Sie erträgt diese Zwitterstellung durch die Erfindung einer eigenen Sprache und einer eigenen autosoziobiographischen Literatur; sie stellt sich als authentische Übergängerin dar, die sich bemüht, über den anderen zu sich selbst zu kommen. Insofern hat sie zweifel-

279 Ebd., S. 52.
280 Ebd., S. 35.

los ihr anvisiertes Ziel erreicht, wenn man ihrer Erklärung in *L'Écriture comme couteau* glauben darf: »Im Grunde liegt das letzte Ziel des Schreibens, das Ideal, das ich anstrebe, darin, in den anderen zu denken und zu fühlen, so wie die anderen – Schriftsteller, aber nicht nur – in mir gedacht und gefühlt haben.«[281]

Dennoch geht es nicht darum, sie zum Modell zu erheben, denn jeder Klassenübergänger konstituiert sich, welchen Platz er auch einnimmt, mittels der Schwankungen und Spannungen seiner Komplexion und bemüht sich, die Fäden zu lösen und neu zu verknüpfen, um diese Komplexion zu inkarnieren, so gut er kann. Die Literatur ist deshalb nicht unbedingt der Königsweg oder der vorgeschriebene Übergang.

So ist dies zum Beispiel nicht der von Pierre Bourdieu verfolgte Weg zur Versöhnung der Gegensätze, auch wenn sich Annie Ernaux auf dessen Werk als eine Lektüre bezieht, die für ihr eigenes Vorhaben entscheidend war.[282] In seinem Buch *Ein soziologischer Selbstversuch* schildert Bourdieu, wie sich die inhärenten Spannungen seiner Komplexion als Klassenübergänger äußerten und sich durch die Reintegration seiner heimatlichen Welt in seine Forschungen – beim Übergang von der Philosophie zur Soziologie und insbesondere zur Soziologie des ländlichen Raumes, die unter den soziologischen Spezialgebieten ganz niedrig rangiert – zum Teil lösten.[283] Das erzwungene Zusammenfallen der Gegensätze, wie sie dem gespaltenen Habitus eigen ist, zeigt sich so im Stil und in den Objekten seiner Forschung, die sich bescheidenen empirischen Gegenständen zuwendet, die

281 Ebd., S. 44.

282 Ebd., S. 87.

283 Kurz vor Fertigstellung dieses Buches fanden wir, daß Didier Eribon in seinem letzten Werk *Gesellschaft als Urteil* dem Weg Bourdieus, wie er in *Ein soziologischer Selbstversuch* beschrieben wird, längere Analysen gewidmet hat. Wir verweisen den Leser auf das dritte Kapitel des Ersten Teils, »Paradoxien der Wiederaneignung«, a. a. O., S. 73–98.

er mit aller Sorgfalt zu untersuchen bemüht ist und denen er eine beispiellose spekulative Tragweite gibt. Bourdieu findet seinen rechten Platz, indem er sich »deplaziert«: Er verzichtet nach und nach darauf, die hegemoniale Position der Philosophie einzunehmen, die die Welt von der Höhe des Begriffs aus betrachtet, um statt dessen in die Niederungen der Feldforschung einzutreten, in die Empirie einzutauchen, wie seine Studien über Algerien, über die Bauern des Béarn oder über das Elend der Welt belegen. Diese als Konversion beschriebene intellektuelle Neuausrichtung wird als Wiedergewinnung der heimatlichen Welt erlebt, die den Prestigeverlust kompensiert, der mit der Wahl institutionell wenig geschätzter Gegenstände einhergeht. »Diese selbstgewählte Entsagung«, meint Bourdieu in der Tat, »wäre sicher nicht so leicht gewesen, wäre sie nicht von dem verschwommenen Wunsch einer Wiedererlangung der Welt meiner Heimat begleitet worden.«[284]

Der Philosophie entsagen hieß also auf eine herrschende Positur verzichten, um sich einer ethnographischen Forschung zu widmen, die es erlaubte, wieder mit den Beherrschten auf Tuchfühlung zu gelangen, die Seinen mit jenem unterdrückten Zartgefühl wiederzufinden, das zutage tritt, sobald die Scham gewichen ist. Das wird in einer sehr schönen Passage des *Soziologischen Selbstversuchs* deutlich, in der Bourdieu die Rückkehr zu seinen Ursprüngen nach den längeren Umwegen, die seine soziale Laufbahn erzwungen hatte, beschreibt:

> Aber wie zum Beweis, daß dieser heuristische Weg auch etwas von einem Initiationsvorgang hat, erfüllt sich nun durch das völlige Eintauchen in diese Umgebung und das Glück des Wiedersehens, von dem es begleitet wird, eine Aussöhnung mit den Dingen und den Menschen, von denen ich mich unmerklich entfernt hatte

284 Pierre Bourdieu, *Ein soziologischer Selbstversuch*, a.a.O., S. 68.

> und die eine ethnographische Haltung ganz natürlich zu achten verpflichtet, die Jugendfreunde, die Eltern, ihr Verhalten, ihre Gewohnheiten, ihre Aussprache. Ein ganzer Teil meiner selbst wird mir wiedergegeben, jener, durch den ich ihnen ähnlich war und der mich ihnen gleichzeitig entfremdete, weil ich ihn nur verleugnen konnte, indem ich sie verleugnete, im Banne der Scham, die ich für sie und mich empfand – die Rückkehr zu den Ursprüngen wird begleitet von einer dennoch beherrschten Wiederkehr des Verdrängten.[285]

Das Zusammenfallen der Gegensätze ist also weniger eine Schlichtung als eine Aussöhnung mit den anderen und mit sich. Sie verläuft über eine Wiedereingliederung des anderen in sich, über jenen schamhaft verleugneten und verdrängten Teil seiner selbst hinter der Klassenschranke. Doch paradoxerweise ist es gerade die in der Welt der Herrschenden erworbene ethnographische Kultur, die die Wiederannäherung erlaubt. Dank der strikt wohlwollenden Neutralität, die von der ethnographischen Haltung gefordert wird, welche die Scham wegfiltert und den Respekt vor den Gegenständen erzwingt, kann die Forschung über das Zölibat und die Lage der Bauern zu einer Begegnung mit sich selbst werden, zur Wiederherstellung seiner selbst. Wie bei Annie Ernaux findet die Forschung in der »Sprache des Feindes« statt, jedoch in ihr Gegenteil gewendet, denn sie entfernt sich nicht mehr von der heimatlichen Welt, sondern kommt ihr entgegen. So wird verständlich, warum Bourdieus ethnographisches Vorhaben darin bestand, »die *Traurigen Tropen* seitenverkehrt zu schreiben«.[286] Während Lévi-Strauss sich den Völkern, die ihm fernstehen, zunächst annähert und sich bei seiner Rückkehr von ihnen entfernt, entfernt sich Bourdieu

285 Ebd., S. 70 f.
286 Ebd., S. 71.

zunächst von dem Volk, das ihm nahesteht, nähert sich ihm dann wieder und kehrt zu ihm zurück. Die Forschung Lévi-Strauss' ist eine Reise zum anderen über das Fremde, diejenige Bourdieus eine Reise zu sich über das Vertraute. Den exotischeren Tropen entspricht, bescheidener und banaler, das Ländliche. Der eine beginnt von oben her und entwickelt die Verwandtschaftsstrukturen und -regeln, die die Völker des Amazonasgebiets anwenden, ohne es unbedingt zu wissen. Der andere beginnt von unten her und erforscht die Verhaltensweisen aus Gesprächen und vertraulichen Mitteilungen, die ihm die Betroffenen liefern. Wenngleich auch er sich von der Philosophie abgewandt hat, nimmt Lévi-Strauss eher eine überlegene Position ein, indem er den Menschen die Wahrheit ihrer Verhaltensweisen enthüllt, während Bourdieu ihnen zunächst einmal zuhört, das Wort den Beherrschten überläßt und dabei vom Elend der Welt erfährt.

Abgesehen von dieser Konfrontation mit Lévi-Strauss sprengt Bourdieus Vorgehen den Rahmen einer bloßen Umkehrung und folgt einem eigenständigen Weg, der ihn von den Höhen der Philosophie »in das Elend der Wellblechhütten« geführt hat.[287] Darum beschränkt sich Bourdieu nicht darauf, Lévi-Strauss seitenverkehrt zu reproduzieren, sondern entwickelt eine neue Soziologie, indem er mit dem Strukturalismus bricht. Dieser Bruch zeigt sich in »Les stratégies matrimoniales dans le système de reproduction«[288] im Übergang von der Regel zur Strategie, von der Struktur zum Habitus und vom System zum sozialisierten Akteur.[289] Die Untersuchungen über den Béarn gehen wiederum mit einer Arbeit der Reflexivität einher, die es verständlich macht, wieso eine soziale Erfahrung,

287 Ebd., S. 81.

288 In: *Annales ESC*, Nr. 4-5, Juli–Oktober 1972, S. 1105–1125; deutsch in stark überarbeiteter Fassung unter dem Titel »Boden und Heiratsstrategien«, in: *Sozialer Sinn*, a.a.O., S. 264–287.

289 Pierre Bourdieu, *Ein soziologischer Selbstversuch*, a.a.O., S. 72.

sofern sie kritisch gehandhabt wird, sich gerade aufgrund der Nähe zwischen Untersuchendem und Untersuchtem von einem Handikap in ein Kapital verwandeln kann.[290] Bourdieus Laufbahn als Klassenübergänger disponiert ihn also dazu, sich an neuartigen Gegenständen und Methoden zu orientieren. Weder hat er die Habitusformen der Welt der Beherrschten noch die der herrschenden Welt im strikten Sinne reproduziert, sondern trotz der Widrigkeiten seiner Zwitterstellung einzigartige Lebens- und Forschungspraktiken entwickelt. Er ist somit ein Modell der Nicht-Reproduktion, determiniert durch seine Komplexion als Klassenübergänger, durch das Spiel der Widersprüche, das ein Individuum zur Selbsterfindung auf dem Weg über den anderen drängt.

Wiederum kann man seinen Weg nicht zum Paradigma erheben. Nicht alle Klassenübergänger können sich in seiner Odyssee der Wiederaneignung und seiner Art der Rückkehr zur Welt seiner Ursprünge wiedererkennen. Das Ethos der Distanz übersetzt sich nicht immer in Spaltung, Zurückdrängung oder schamhafte Ablehnung der heimatlichen Welt. Manche Klassenübergänger führen ihre Kindheit ständig im Munde und tragen diese Welt, die sie nicht verläßt, mit sich herum. Folglich geht es nicht darum, obligatorische Phasen zu definieren, Regeln dafür vorzuschreiben, wie man über den anderen zu sich selbst kommt, und damit dem Klassenübergänger die Prüfung eines Übergangsritus aufzuerlegen. Sowenig wie eine Gebrauchsanweisung fürs Leben gibt es eine Lebenskunst für den Klassenübergänger; jeder ist dazu verurteilt, seine Freiheit zusammen mit den anderen zu erfinden und zu versuchen, eher Barbar als Bastard zu sein. Pierre Bourdieu und Annie Ernaux verkörpern also zwei exemplarische Figuren der Nicht-Reproduktion, die sich nicht in nachzuahmende Vorbilder verwandeln lassen. Beide Figuren können als Kompaß dienen, aber sie

290 Ebd., S. 74.

liefern keine Normen. Sie bieten eine Orientierung, doch jeder folgt seinem eigenen Weg, indem er die durch seine Zwitterstellung eröffneten Möglichkeiten gemäß seinen individuellen Zwängen auslotet.

Schluß
Komplexion *versus* Habitus

Der Klassenübergänger ist der Beweis *in actu* für die Mobilität und Formbarkeit der Menschen auch unter ungünstigsten Verhältnissen. Er zerstört sowohl die essentialistische Vorstellung, der zufolge der Mensch fest und unveränderlich vorbestimmt ist, als auch die existentialistische Sicht, die ihm ganz natürlich den Status eines freien Subjekts aufdrückt. Die Nicht-Reproduktion setzt weder die Negation der Determinismen noch die stillschweigende Wiedereinführung eines freien Willens voraus. Sie ist keine Selbstschöpfung des Ichs, sondern eine soziale Gemeinschaftsproduktion des Ursprungs- und des Entwicklungsmilieus, insofern sie nur mit ihnen oder gegen sie zustande kommt. Zur Nicht-Reproduktion gehört, daß ein Individuum beim Transit zwischen den Klassen sich einen Weg bahnt und in die Welten, durch die es geht und die durch es hindurchgehen, abwechselnd gestaltend eingreift oder von ihnen gestaltet wird. Die Nicht-Reproduktion setzt somit eine Wechselwirkung in Gang und läßt sich nicht auf den einsamen Parcours eines eigensinnigen Menschen reduzieren.

Die Lebensgeschichte der Klassenübergänger bleibt unverständlich ohne die Idee der Komplexion, die all die gemeinsamen und singulären Determinationen enthält, die sich im Verlauf der Erfahrungen und Begegnungen eines Individuums am Schnittpunkt seiner inneren und seiner äußeren Geschichte verknoten. Diese Idee der Komplexion beruht auf der Vorstellung einer netzartigen Verbindung der Ursachen und des konstitutiven Bandes, welches das Sein mit den anderen definiert. Sie bricht mit einem substantialistischen Verständnis des Menschen als eines unabhängigen Wesens und fordert dazu auf, zur Erklärung sozialen Verhaltens auf den Habitusbegriff als ausschließliches Explikationsmodell zu verzichten. Die sozialen Habitusformen bringen die Menschen dazu, die Lebensweise ihrer Klasse zu reproduzieren, und erlauben es nicht immer, von den feinen Unterschieden Rechenschaft zu geben. Die Nicht-Reproduktion läuft den gesellschaftlichen Bedingtheiten und den von ihnen erzeugten Systemen dauerhafter Dispositionen zuwider. Das Charakteristische der Nicht-Reproduktion ist ihre Fähigkeit, sich von den herrschenden Schemata zu entfernen und die Beschränkung auf die Wiederholung des Gleichen zu überwinden. Sie beseitigt diese Schemata freilich nicht; sie unterläuft sie eher, als daß sie sich ihnen entgegenstellt, und ihre Seltenheit liefert den Beweis für die Kraft der Reproduktion.

Aus diesem Grund impliziert die Analyse der Komplexion nicht die Ablehnung der sozialen Habitusformen, sondern ihren Einschluß in eine umfassendere und komplexere kombinatorische Logik, in der Kindheit und Familiengeschichte, Stellung in der Geschwisterkohorte, sexuelle Orientierung, Gefühlsleben, Freundschafts- und Liebesbeziehungen in die Untersuchung des Lebenswegs mitaufgenommen werden. Der Wechsel der sozialen Klasse beschränkt sich nicht auf eine Übertragung der Habitusformen von einer Klasse auf die andere und auch nicht auf ihren Austausch oder ihre Verpflanzung, denn die ursprünglichen Dispositionen werden manchmal stillgelegt, manchmal bleiben sie wirksam, oder sie werden im Kontakt mit dem Ankunftsmilieu abgewandelt oder umgestaltet. Der Wechsel bewirkt eine Neukonfiguration, die sich nicht auf eine Addition zweier Habitusformen oder eine Hybridbildung beschränkt, sondern durch die Spannungen während des Übergangs die dynamische Form einer permanenten De- und Rekonstruktion annimmt. Der Klassenübergänger läßt sich nur in dieser Übergangsbewegung verstehen, in der er die Erfahrung einer Transidentität und der Auflösung des persönlichen und sozialen Ichs macht. Er gibt seine Klasse auf, »deklassiert sich« auf die Gefahr hin, für immer deplaziert zu bleiben. Er ist *out of place*, an der Grenze zwischen Innen und

Außen, in einer Zwitterstellung, die ihn der *fluctuatio animi* aussetzt. Diese zwischen Distanzierung und Zerrissenheit schwankende Position ist es, die der Begriff der Komplexion zu erfassen gestattet.

Tatsächlich gehorcht die Existenz der Klassenübergänger weniger einer Logik der Ausnahme als einer Logik des Abstands. Die Nicht-Reproduktion des ursprünglichen Sozialmodells hat nichts von einer Anomalie, die ihr einen Sonderstatus verliehe, sei es die Aura des Helden oder die Verbannung des Judas. Sie erscheint also eher als Radikalisierung der Arbeit des Verschiedenen innerhalb des Gleichen, der Bemühung um eine Ablösung, durch die sich ein jeder in seiner singulären Existenz behauptet, indem er sich von den gültigen Modellen und von einer absoluten Mimesis entfernt. Keine Existenz ist pure Reproduktion, denn das Abbild ist niemals das Vorbild; die Kopie verdoppelt und hintergeht es, übersetzt oder verrät es. Daher hat alles immer eine Marge, hat Spiel, wie gering es auch sei.

So könnte man jede menschliche Existenz durch einen differentiellen Abstand definieren, den sie in Anspruch nimmt, denn sie oszilliert stets zwischen einem Minimum und einem Maximum von Konformismus und Originalität im Verhältnis zu den vorgegebenen Normen. Der Klassenübergänger entgeht nicht der Regel, und sein Lebensweg läßt sich danach bemessen, wieviel Distanz er auf diesem Weg zwischen die Habitusformen der Herkunfts- und der Ankunftsklasse legt. So kann er mehr Bastard als Barbar sein, den Abstand als Riß erleben und die Nahtstellen zwischen den gegensätzlichen Milieus suchen. Seine eigentümliche Erfahrung ist nur die erweiterte Form jener Selbstveränderung, mit der er im Verlauf der Veränderungen, die auf ihn einwirken, konfrontiert ist. Der existentielle Einsatz, der bei dieser Veränderung auf dem Spiel steht, liegt in der Fähigkeit, anders zu sein, ohne sich von sich zu entfremden.

Doch wenn jede Existenz unter dem Zeichen des Wandels steht, so ist, mit Montaigne gesprochen, »[s]elbst die

Beständigkeit […] bloß ein verlangsamtes Schaukeln«,[291] eine Bewegung, die durch Kräfte stillgestellt ist, die der Veränderung widerstreben. Unter diesem Gesichtspunkt ist die soziale Reproduktion nicht in höherem Maße eine Regel oder ein ehernes Gesetz als die soziale Mobilität. Sie ist keine unantastbare Struktur der Gesellschaften, sondern Ausdruck der Kräfteverhältnisse zwischen den Klassen, Resultante ihrer gegensätzlichen Interessen.

Die Analyse der Ursachen der Nicht-Reproduktion erweist zudem die Notwendigkeit, den Anteil der Affekte bei der Konstitution des Selbst zu berücksichtigen. Der Klassenübergänger ist das Produkt einer Affektkomplexion; er ist kein bloßer Agent, der mechanisch oder rational kalkulierend eine Strategie nachahmt. Wie sollte man seinen Lebensweg verstehen ohne die Scham, den Wunsch nach Gerechtigkeit, den Stolz, die Wut und Empörung, alles zugleich? Wie könnte er sich seinen Schmerz ersparen, aber auch die Kraft der Freude, die er aus seinen Liebesbegegnungen und seinen Freundschaften schöpft? Der Affekt spielt also eine wesentliche Rolle, auch wenn er von manchen Soziologen noch allzuoft aus Mißtrauen gegenüber der Psychologie vernachlässigt wird, als ob er nicht zum Sozialen gehörte und sich auf einen für alle Ewigkeit gegebenen Charakterzug beschränkte.[292] Nach Spinoza ist der Affekt vielmehr gesellschaftlich *par excellence*. Er erstreckt sich auf sämtliche physischen und mentalen Modifikationen, die unsere Wirkungsmacht berühren, verstärken oder vermindern. Hervorgegangen aus der Interferenz zwischen dem kausalen Wirkungsvermögen eines Menschen und der Macht äußerer Ursachen ist der Affekt Ausdruck der

291 [Montaigne, *Essais*, Drittes Buch, 2. Kapitel, a. a. O. S. 398. – *A. d. Ü.*]
292 In dieser Hinsicht ist das innovative Vorgehen Frédéric Lordons zu begrüßen, der die Affekte in die Sozialwissenschaften einführt, indem er sich auf eine spinozistische Anthropologie der Leidenschaften stützt. Siehe insbesondere *Capitalisme, désir et servitude. Marx et Spinoza*, Paris: La Fabrique 2010, und *La Société des affects*, Paris: Seuil 2013.

zwischenmenschlichen Beziehungen und des Austauschs mit der Umgebung. Der Affekt gibt Auskunft über die Geschichte unserer Begegnungen mit der äußeren Welt und ordnet sich einem Determinismus der interaktiven Bindungen ein. Dennoch geht es nicht darum, Verhaltensweisen auf Affekttypen zu reduzieren und sich vorzustellen, ein bestimmtes Gefühl erzeuge automatisch einen bestimmten Effekt, sondern darum, eine singuläre Kombination zu denken, einen Knoten von Bestimmungen.

In der Tat gibt es keine Determinante, die isoliert wirkte und Wirkungen hervorriefe; nur durch Kreuzung und Zusammenwirken kann sie Effekte erzeugen. Für sich genommen ist sie nur einer der Fäden im Gewebe der Nicht-Reproduktion, doch zum wirklichen Gewebe wird sie erst, wenn sie mit anderen Determinanten verknüpft ist. So können alternative Modelle, politische Institutionen und ökonomische Unterstützung notwendige, aber keine hinreichenden Bedingungen sein. Es gilt jedesmal das Spiel der wirkenden Kräfte, den Platz eines jeden in einer gegebenen Konfiguration sowie die singulären Affekte zu erfassen, die ihn verändern und sich so kombinieren, daß er sich von dem Modell seiner Umgebung entfernt und einen anderen gesellschaftlichen Weg einschlägt. Deshalb muß man diesen Übergang von einer Klasse zur anderen als verwickelte *complexio* und nicht als horizontale mechanische Kausalität betrachten.

Letztlich könnte man sich fragen, ob bestimmte Determinationen eher zur sozialen Nicht-Reproduktion prädisponieren, während andere schwerwiegende Handikaps darstellen. Denkt man an die gegenwärtigen Gesellschaften, könnte man in der Tat zu der Annahme neigen, daß der Adversitätskoeffizient für einen Mann niedriger als für eine Frau, für einen Heterosexuellen niedriger als für einen Homosexuellen, für einen Weißen niedriger als für einen Schwarzen ist, und man könnte sich auf dieser Grundlage eine Stufenleiter größerer oder kleinerer

Wahrscheinlichkeiten vorstellen, die sozialen Barrieren zu überspringen. An der Spitze stünde etwa der weiße heterosexuelle Mann und an unterster Stelle die schwarze homosexuelle Frau.

Ohne ihre ideologische Wirksamkeit und ihren realen Einfluß zu leugnen, wäre der Schluß jedoch voreilig, daß gewisse Determinanten wie Geschlecht, sexuelle Orientierung oder Rasse *a priori* eine absolut entscheidende Rolle beim Wechsel der sozialen Klasse spielen. Zwar trifft es zu, daß Frauen in einer Gesellschaft, die auf männlicher Herrschaft und auf der Höherbewertung der Karriere von Männern beruht, in aller Regel größeren Widerständen begegnen, doch trotz der sexistischen Vorurteile sind sie im Rahmen der Nicht-Reproduktion nicht systematisch benachteiligt. Gewiß befinden sich die Jungen aus den unteren Schichten in einer günstigeren Ausgangssituation als die Mädchen, doch sie haben manchmal auch mehr Mühe, sich den Normen des Schulsystems anzupassen, und sind oft weniger erfolgreich als jene, insbesondere weil sie aufgrund der Männlichkeitsmodelle, die ihnen eingeimpft worden sind, dazu neigen, weniger gefügig zu sein und in Klamauk, Normenüberschreitung und Verachtung für intellektuelle Berufe Bestätigung zu suchen.

Ebenso gilt es, besondere Situationen zu berücksichtigen, etwa Familien mit einer einzigen Tochter oder ohne männlichen Nachkommen, in denen die Kinder weiblichen Geschlechts die einzigen sind, die die Hoffnungen ihrer Eltern weitertragen können. Darüber hinaus können sich bestimmte Formen der Herabsetzung der Mädchen in diesem Rahmen in Vorzüge verwandeln. Je nach der familialen und sozialen Konfiguration geschieht es nicht selten, daß es Eltern aus affektiven oder ökonomischen Gründen schwerer fällt, ihren Sohn ziehen zu lassen als ihre Tochter. So betont Marie-Hélène Lafon, Bauerntochter aus dem Département Cantal, die Professorin für klassische Literatur und Schriftstellerin wurde, daß Mädchen mehr als Jungen dazu ausersehen sind, ihre Heimat zu verlassen, weil die ökonomischen Veränderungen und der Vorrang männlicher Erben in der ländlichen Welt zur Folge haben, daß auf dem Hof kein Platz mehr für sie ist:

> Ich weiß, daß ich weggehen werde, weil die Erwachsenen um mich herum es mir einhämmern mit Worten und Sätzen, die das Ende einer Welt beschwören. Vor allem die Mädchen sind zum Weggehen bestimmt, und sie tun es, weil die Schule, das Studium, die Arbeit, die sie in den Städten finden, dazu zwingen; ich werde es tun wie alle, ich werde die anderen sein.[293]

In gleicher Weise ist die sexuelle Orientierung nicht unbedingt ein signifikantes Datum und hat Einfluß nur innerhalb nur eines Kontexts und einer besonderen Situation. Zwar erscheint Heterosexualität eher als normenkonform und exponiert weniger zur Diskriminierung, sie ist aber nicht unbedingt ein ausschlaggebender Vorteil auf dem Weg eines Klassenübergängers. Auch Homosexualität kann, wie wir gesehen haben, ein sozialer Motor sein, insofern sie dazu antreibt, der Schmach zu entkommen und einen Erfolg vorzuweisen, der die Schande vergessen läßt. Man muß also aus einer allzu simplen Logik der Akkumulation von Handikaps oder Privilegien herauskommen, denn die Analyse der Einzelfälle erweist, daß das, was unter bestimmten Bedingungen ein Hindernis ist, sich in anderen Kontexten in einen Vorteil verwandelt.

So wäre es falsch zu glauben, daß am unteren Ende der Stufenleiter grundsätzlich lesbische Frauen stünden, denn Homosexualität bringt ihnen nicht unbedingt und nicht in allen Zusammenhängen Nachteile ein. Manchmal werden sie, wenn man von allen anderen Umständen absieht, bei der Arbeit weniger diskriminiert als schwule Männer oder

293 Marie-Hélène Lafon, *Traversée*, Paris: Créaphis 2013, S. 15.

heterosexuelle Frauen.[294] Weniger sichtbar und stigmatisiert als die männliche Homosexualität gilt die weibliche oft als weniger schwere Perversion, als vorübergehende Verirrung, und wird nicht immer ernstgenommen. Diese Haltung, die in Wirklichkeit von einer tiefen Mißachtung des lesbischen Begehrens zeugt und vielleicht die verletzendste aller möglichen Formen von Zensur darstellt, hat paradoxerweise positive Effekte. Lesbischen Frauen, die von der Gesellschaft weniger schlecht ertragen werden, kann in der Arbeitswelt ein günstigeres Los zufallen als heterosexuellen Frauen. Da sie alles in allem weniger Kinder haben oder in Erziehungsaufgaben von ihren Partnerinnen besser als heterosexuelle Frauen von ihren Partnern unterstützt werden, fehlen sie seltener, sei es wegen Mutterschaftsurlaubs oder Krankheiten der Kinder, und sind in der Regel überdurchschnittlich disponibel. Man kann sie deshalb als Angestellte erster Wahl betrachten, die sich dem Unternehmen mit Leib und Seele verschreiben, und dies um so mehr, als sie aufgrund ihrer Geschichte und ihrer sexuellen Orientierung es nicht selten dem Schicksal heimzahlen wollen.

Schließlich: Obwohl die mit der Hautfarbe verbundenen widrigen Umstände in den meisten Gesellschaften unleugbar sind, können sie sich aufgrund der Einführung von Quoten oder »politisch korrekten« Regelungen – die

294 Eine neuere statistische Untersuchung, die von den beiden Ökonomen Thierry Laurent und Ferhat Mihoubi durchgeführt wurde, zeigt, daß in Frankreich – unter sonst gleichen Umständen – männliche Homosexuelle, die in ihrem Arbeitsmilieu als solche bekannt sind, in der Privatwirtschaft 6,5 % und im staatlichen Sektor 5,5 % weniger verdienen als ihre heterosexuellen männlichen Kollegen. Homosexuelle Frauen unterliegen jedoch nicht etwa einer doppelten Bestrafung: Sie werden in der Bezahlung als Frauen ebenso diskriminiert, jedoch nicht ein zweites Mal wegen ihrer sexuellen Orientierung; vielmehr erhalten sie eine leichte Vorzugsprämie in Höhe von 2 % gegenüber heterosexuellen Frauen. Siehe »Sexual Orientation and Wage Discrimination in France. The Hidden Side of the Rainbow«, in: *Journal of Labour Research*, Jg. 33, Nr. 4, 2012.

darauf zielen, den Opfern von Rassentrennung Positionen zu reservieren – ausnahmsweise in einen Faktor positiver Diskriminierung umkehren. Die Kalküle einer niederträchtigen Politik, die darauf beruhen, einzelne Schwarze als Ikonen oder einzelne *beurs* als Alibifiguren hervorzukehren, können so im Grenzfall Sozialprognosen durchkreuzen und verhindern, daß solche Prognosen systematisch das soziale Schicksal besiegeln.

Die verschiedenen Determinanten sind also nicht fest miteinander verkoppelt, um die soziale Nicht-Reproduktion zu begünstigen oder zu verhindern, sondern nehmen Einfluß nur über ihre Verbindungen mit den übrigen. So gesehen ist es zwar möglich, eine Parallele zwischen den verschiedenen Formen der Nicht-Reproduktion zu ziehen, insofern sie einen Abstand zu einer sozialen, rassischen, sexuellen oder Gender-Norm bezeugen. Doch es wäre illusorisch zu glauben, daß die Kämpfe, zu denen sie Anlaß geben, immer Hand in Hand gingen und auf der gleichen Linie geführt werden müßten. Wenngleich die sozialen, feministischen, homosexuellen und rassischen Kämpfe auf gemeinsame Ziele hin konvergieren können, sind sie doch systematisch nicht so weit miteinander verschränkt, daß sie ineinander aufgingen oder einander untergeordnet werden könnten.

Der Versuch, sie zu vereinigen, geht zweifellos aus einem legitimen Wunsch hervor, die Kräfte nicht zu verzetteln und der Unterdrückung in all ihren Formen zu widerstehen, doch dahinter lauert stets eine hegemoniale Versuchung. Sie äußert sich darin, den zentralen und vorrangigen Charakter des Klassenkampfes zu behaupten und die spezifischen Forderungen der Frauen, der Homosexuellen, der Schwarzen etc. auf Probleme reduzieren zu wollen, die sich letztlich mit der Abschaffung des kapitalistischen Systems, mit der ökonomischen Gleichheit und dem Kommen der klassenlosen Gesellschaft lösen werden.

Die Vorstellung, daß die Kämpfe der Frauen, der Homosexuellen und der Rassen im Klassenkampf aufgehen, ist eine Illusion, die zur Folge hat, die besonderen Benachteiligungen zu verdecken, denen bestimmte Kategorien zum Opfer fallen – eine Illusion, die dazu führt, sie in einer Warteposition zu halten und die Gewaltverhältnisse zu verlängern, indem ihre Forderungen als zweitrangige und untergeordnete delegitimiert und erstickt werden. So haben einige Gewerkschaften manchmal die Kämpfe der Frauen mit der Begründung gebremst, daß sie dem zentralen Kampf der Arbeiterklasse als ganzer zu schaden drohten und im übrigen kleinbürgerliche Bestrebungen widerspiegelten. Die Ford-Arbeiterinnen, die 1968 in Dagenham in den Streik traten, um Lohngleichheit mit den Männern zu erkämpfen, mußten dafür büßen, denn die Hauptgewerkschaft und in erster Linie ihre männlichen Führer zögerten nicht nur, sie zu unterstützen, sondern arbeiteten gemeinsam mit der Unternehmensführung daran, die Bewegung zu beenden.[295]

Trotzdem muß man die Existenz einer Pluralität der Kämpfe anerkennen, denn die Schwarzen, die Immigranten, die Homosexuellen und die Proletarier verfolgen nicht in allen Punkten die gleichen Ziele. Sie können miteinander solidarisch sein und Schnittmengen zwischen ihren jeweiligen Kämpfen finden, zumal als ausgebeutete Arbeiter, doch sie haben es nicht mit denselben Figurationen von Herrschaft zu tun. Solange man das nicht versteht, kann jemand, der auf einem bestimmten Gebiet Unterdrückter ist, an anderer Stelle ins Lager der Unterdrücker übergehen. Die Hierarchisierung der Kämpfe und die Leugnung ihres wesentlichen Charakters führt zu einer komplizenhaften Verblendung gegenüber den vielfachen Formen der Unter-

295 Siehe zu diesem Punkt den historischen Film *We Want Sex Equality (Made in Dagenham)*, der von Nigel Cole gedreht wurde und 2010 (in Frankreich 2011) herauskam. [In Deutschland erschien diese »fulminante, köstliche wie typisch-britisch-lockere warmherzige Sozialkomödie« (Deutschlandfunk Kultur, 12. Januar 2011) unter dem Titel *We want Sex*. – *A. d. Ü.*]

werfung und Subjektkonstitution. Zwischen ihnen hat man also nicht zu wählen, und das um so weniger, als dasselbe Individuum manchmal einer Vielzahl von Diskriminierungen unterliegen kann.[296]

Vor dieser Illusion eines einzigen Kampfes und der latenten Repression in ihrem Gefolge warnt James Baldwin in *Notes of a Native Son*: »In den dreißiger Jahren, als wir den ganzen Marx verschlangen, entdeckten wir den Arbeiter und bemerkten – mit einer gewissen Erleichterung, glaube ich –, daß die Ziele des Arbeiters und des Schwarzen dieselben waren.«[297] Für Baldwin läßt dieses Theorem der Konvergenz der Kämpfe, wie es insbesondere von Richard Wright vertreten wird, jedoch zu viele Dinge im Schatten; es verdunkelt die Spezifität der Rassendiskriminierung, die allzu rasch auf ein Problem der ökonomischen Ausbeutung reduziert wird.

> Letztlich kann man das Verhältnis zwischen Schwarzen und Arbeitern weder angemessen resümieren oder klären, indem man sagt, sie verfolgten dasselbe Ziel. Das gilt nur, insoweit beide bessere Arbeitsbedingungen fordern, und das ist nur nützlich, insoweit sie ihre Kräfte als Arbeiter vereinen, um dieses Ziel zu erreichen. Weiter können wir auf diesem Weg nicht gehen, wenn wir aufrichtig sind.[298]

296 Ebendies betont auch Didier Eribon, wenn er sich weigert, zwischen den verschiedenen Kämpfen gegen die verschiedenen Formen der Herrschaft zu wählen, da jeder von uns den Schnittpunkt zahlreicher kollektiver Determinationen bildet und deshalb einer Vielfalt von Formen der Unterwerfung und Subjektkonstitution unterliegt. Es ist also absolut unstatthaft, dem Kampf gegen die eine Form eher als dem gegen eine andere Vorrang zu geben. Siehe *Rückkehr nach Reims*, a. a. O., S. 234 f.
297 James Baldwin, *Notes of a Native Son*, New York: Bantam Books 1964, S. 25. [In der deutschen Ausgabe *Schwarz und Weiß*, a. a. O., nicht enthalten. – *A. d. Ü.*]
298 Ebd., S. 26.

Die verschiedenen Formen der Nicht-Reproduktion und die Kämpfe, zu denen sie Anlaß geben, können sich also verschränken, ohne sich zu beschränken, und sich ihren Gegnern stellen, ohne sich gegeneinander zu stellen, wenn sie sich klarmachen, daß sie nicht aufeinander zurückführbar sind. Auch wenn der Klassenübergänger eine Figur der Befreiung aus einer unerträglichen Lage verkörpert, ist er nicht die Zukunft der Frauen, der Homosexuellen oder der Schwarzen; er ist auch nicht die Zukunft des Menschen. Denn das Ziel besteht nicht darin, als einzelner die Klassenschranken zu überwinden, sondern sie für alle abzuschaffen.

Literatur

Theoretische Texte

Althusser, Louis, Über die Reproduktion. Ideologie und ideologische Staatsapparate. *Gesammelte Schriften*, Bd. 5, 2, aus dem Französischen übertragen, herausgegeben und mit einem Nachwort versehen von Frieder Otto Wolf, Hamburg: VSA 2012.

Aristoteles, *Nikomachische Ethik*, auf der Grundlage der Übersetzung von Eugen Rolfes neu herausgegeben von Günther Bien, Hamburg: Meiner 1972.

Baldwin, James, *Notes of a Native Son*, New York: Bantam Books 1964.

–, *Schwarz und weiß oder was es heißt, ein Amerikaner zu sein*, aus dem Amerikanischen übertragen von Leonharda Gescher Ringelnatz, Reinbek: Rowohlt 1977.

Bourdieu, Pierre, *Die feinen Unterschiede. Kritik der gesellschaftlichen Urteilskraft*, übersetzt von Bernd Schwibs und Achim Russer, Frankfurt am Main: Suhrkamp 1982.

–, *Sozialer Sinn. Kritik der theoretischen Vernunft*, übersetzt von Günter Seib, Frankfurt am Main: Suhrkamp 1987.

–, *Science de la science et réflexivité. Cours du Collège de France 2000–2001*, Paris: Raisons d'agir 2001.

–, *Ein soziologischer Selbstversuch*, aus dem Französischen von Stephan Egger, Frankfurt am Main: Suhrkamp 2002.

–, *Junggesellenball. Studien zum Niedergang der bäuerlichen Gesellschaft*, aus dem Französischen von Eva Kessler und Daniela Böhmler, Konstanz: UVK 2008.

– und Jean-Claude Passeron, *Die Illusion der Chancengleichheit. Untersuchungen zur Soziologie des Bildungswesens am Beispiel Frankreichs*, Stuttgart: Klett 1971.

– und Jean-Claude Passeron, *Die Erben. Studenten, Bildung*

und Kultur, aus dem Französischen von Stephan Egger und Eva Kessler, Konstanz: UVK 2008.
– und andere, *Das Elend der Welt. Zeugnisse und Diagnosen alltäglichen Leidens an der Gesellschaft*, Konstanz: UVK 2007.

Descartes, René, *Meditationes de prima philosophia/Meditationen über die Grundlagen der Philosophie*, übersetzt von A. Buchenau, überarbeitet von H. G. Zekl und L. Gäbe, in: *Philosophische Schriften in einem Band*, Hamburg: Meiner 1996.

Elias, Norbert, *Die Gesellschaft der Individuen*, herausgegeben von Michael Schröter, Frankfurt am Main: Suhrkamp 1987.
–, *Mozart. Zur Soziologie eines Genies*, herausgegeben von Michael Schröter, Frankfurt am Main: Suhrkamp 1991.
Eribon, Didier, *Une morale du minoritaire*, Paris: Fayard 2001.
–, *Retours sur »Retour à Reims«*, Paris: Cartouche 2011.
–, *Réflexions sur la question gay*, Paris: Flammarion 2012.
–, *Gesellschaft als Urteil. Klassen, Identitäten, Wege*, aus dem Französischen von Tobias Haberkorn, Berlin: Suhrkamp 2017.
Ernaux, Annie, *L'Écriture comme un couteau*, Paris: Stock 2003.
–, *Retour à Yvetot*, Paris: Mauconduit 2013.

Fanon, Frantz, *Schwarze Haut, weiße Masken*, aus dem Französischen von Eva Moldenhauer, Frankfurt am Main: Syndikat 1980.

Gaulejac, Vincent de, *Les Sources de la honte*, Paris: Desclée de Brouwer 1996.
–, *L'Histoire en héritage. Roman familial et trajectoire sociale*, Paris: Payot 2012.

Goffman, Erving, *Stigma. Über Techniken der Bewältigung beschädigter Identität*, aus dem Amerikanischen von Frigga Haug, Frankfurt am Main: Suhrkamp 1967.

Hobbes, Thomas, *Leviathan*, herausgegeben von Iring Fetscher, übersetzt von Walter Euchner, Neuwied/Berlin: Luchterhand 1966.
Hoggart, Richard, *The Uses of Literacy. Aspects of Working-Class Life, with Special Reference to Publications and Entertainments*, London: Chatto & Windus 1957.

Lahire, Bernard, *Tableaux de famille. Heurs et malheurs scolaires en milieux populaires*, Paris: Seuil 1995.
–, *L'Homme pluriel*, Paris: Nathan 1998.
–, *Portraits sociologiques. Dispositions et variations individuelles*, Paris: Nathan 2002.
Lévi-Strauss, Claude, »Rasse und Geschichte«, übersetzt von Traugott König, in: *Strukturale Anthropologie II*, Frankfurt am Main: Suhrkamp 1975.
Lordon, Frédéric, *Capitalisme, désir et servitude. Marx et Spinoza*, Paris: La Fabrique 2010.
–, *La Société des affects*, Paris: Seuil 2013.

Michelet, Jules, *Le peuple*, eingeleitet von Robert Casanova, Paris: Julliard 1965.
–, *Das Volk*, Mannheim: Heinrich Hoff 1846.
Montaigne, Michel de, *Essais*, erste moderne Gesamtübersetzung von Hans Stilett, Frankfurt am Main: Eichborn 1998.

Nietzsche, Friedrich, *Die fröhliche Wissenschaft*, in: *Kritische Studienausgabe*, herausgegeben von Giorgio Colli und Mazzino Montinari, München: dtv; Berlin/New York: de Gruyter [2]1988, Bd. 3.
–, *Zur Genealogie der Moral*, in: *Kritische Studienausgabe*, herausgegeben von Giorgio Colli und Mazzino

Montinari, München: dtv; Berlin/New York: de Gruyter ²1988, Bd. 5.

Pascal, Blaise, *Gedanken*, aus dem Französischen von Ulrich Kunzmann, Kommentar von Eduard Zwierlein, Berlin: Suhrkamp 2012.
–, »Drei Abhandlungen über den Stand der großen Herren«, in: *Gedanken*, übertragen von Wolfgang Rüttenauer, Bremen: Carl Schünemann ⁶1964, S. 125–129.
Payan-Passeron, André, *Quelle École et quels enseignants? Métamorphoses françaises sur trois générations à partir de 34 Normaliens d'Avignon*, Paris: L'Harmattan 2006.
Platon, *Politeia*, in: *Sämtliche Werke*, griechisch und deutsch, nach der Übersetzung Friedrich Schleiermachers, herausgegeben von Karlheinz Hülser, Bd. V, Frankfurt am Main und Leipzig: Insel 1991.

Serge, Victor, *L'Anarchie*, Nr. 259, 24. März 1910.
Spinoza, Baruch de, *Theologisch-politischer Traktat*, auf der Grundlage der Übersetzung von Carl Gebhardt neu bearbeitet von Günter Gawlick, Hamburg: Meiner 1984.
–, *Ethik in geometrischer Ordnung dargestellt*. Lateinisch-Deutsch, neu übersetzt und herausgegeben von Wolfgang Bartuschat, *Sämtliche Werke*, Bd. 2, Hamburg: Meiner ⁴2015.

Vincent, Alain, *Des hussards de la République aux professeurs des écoles. L'École normale*, Joué-lès-Tours: Éditions Alan Sutton 2001.

Romane und Autobiographien

Balzac, Honoré de, *Père Goriot*, aus dem Französischen von Franz Hessel, Frankfurt am Main: Insel 1989.
–, *Verlorene Illusionen. Roman aus der Provinz*, herausgege-

ben und aus dem Französischen übersetzt von Melanie Walz, München: Hanser 2014.
Brink, Lili, *Avec Maïakovski*, Paris: Sorbier 1980.

Camus, Albert, *Der erste Mensch*, deutsch von Uli Aumüller, Reinbek bei Hamburg: Rowohlt 1995.

Eribon, Didier, *Rückkehr nach Reims*, aus dem Französischen von Tobias Haberkorn, Berlin: Suhrkamp 2016.

Ernaux, Annie, *La Place*, Paris: Gallimard 1983; deutsch: *Das bessere Leben*, aus dem Französischen von Barbara Scriba-Sethe, München: Bertelsmann 1986.
–, *La Honte*, Paris: Gallimard 1987.
–, *Une femme*, Paris: Gallimard 1988; deutsch: *Das Leben einer Frau*, aus dem Französischen von Regina Maria Hartig, Frankfurt am Main: Fischer Taschenbuch 1993; Neuauflage unter dem Titel *Gesichter einer Frau*, München: Goldmann 2008.
Étiévent, Michel, *Fils d'usine*, Éditions Gap 2005.
–, *Aux silences de l'aube*, Paris: Éditions Gap 2006.

Griffin, John Howard, *Reise durch das Dunkel*, aus dem Amerikanischen von Alex Kaun, München: Desch 1962.

Hardy, Thomas, *Im Dunkeln*, übersetzt von Eva Schumann, Reinbek bei Hamburg: Rowohlt 1990.
Hoggart, Richard, *A Local Habitation. Life and Times, 1918–1940*, London: Chatto & Windus 1988.

Lafon, Marie-Hélène, *Traversée*, Paris: Créaphis 2013.
Lampedusa, Giuseppe Tommasi di, *Der Leopard*, aus dem Italienischen von Charlotte Birnbaum, München: Piper [13]1989.
Larsen, Nella, *Passing*, New York: Knopf 1929; französisch unter dem Titel *Clair-obscur*, Paris: Flammarion 2010.

Laurent, Thierry, und Ferhat Mihoubi, »Sexual Orientation and Wage Discrimination in France. The Hidden Side of the Rainbow«, in: *Journal of Labour Research*, Jg. 33, Nr. 4, 2012.

London, Jack, *Martin Eden*. Roman in zwei Teilen, übersetzt von Erwin Magnus, Berlin: Büchergilde Gutenberg 1927; Reprint Hildesheim: Olms 2008.

Nizan, Paul, *Das Leben des Antoine B.*, deutsch von Gerda Scheffel, Frankfurt am Main: Suhrkamp 1974.

Roth, Philip, *Der menschliche Makel*, aus dem Amerikanischen von Dirk van Gunsteren, München: Hanser ^{3}2002.

Rousseau, Jean-Jacques, *Bekenntnisse*, aus dem Französischen von Ernst Hardt, Frankfurt am Main: Insel 1985.

Stendhal, *Das Leben des Henry Brulard und andere autobiographische Schriften*, übersetzt von Walter Widmer, München: Winkler 1956.

–, *Rot und Schwarz*, herausgegeben und übersetzt von Elisabeth Edl, München: Hanser 2004.

Wideman, John Edgar, *Bruder und Hüter*, aus dem Amerikanischen von Peter Bartelheimer, Frankfurt am Main: Suhrkamp 1987.

Wright, Richard, *Black Boy. Bericht einer Kindheit und Jugend*, deutsch von Kurt Heinrich Hansen, Köln: Kiepenheuer & Witsch 1978; deutsch gekürzt zuerst unter dem Titel *Ich Negerjunge*, autorisierte Übersetzung von H. Rosbaud, Zürich: Steinberg 1947.

Nachwort

Aufstiegsangst: Zur Autosoziobiographie des Klassenübergängers

I.

Gegenwärtig wird allenthalben die Angst vor dem sozialen Abstieg diskutiert. Das Buch von Chantal Jaquet ist dagegen ein Essay über Aufstiegsangst. Die französische Philosophin hat selbst einen bemerkenswerten sozialen Aufstieg durchlaufen. Sie ist in Savoyen in einer armen Familie aufgewachsen. Aufgrund ihres schulischen Erfolgs konnte sie die französische Provinz verlassen und an der *École normale supérieure* in Fontenay-Saint-Cloud studieren. Die darauf folgenden intensiven wissenschaftlichen Studien in Paris führten sie schließlich auf eine Professur für Philosophie an der Universität Paris 1 Panthéon-Sorbonne. Diese persönliche Dimension des Themas findet sich in ihrem von der Sozialtheorie Bourdieus ausgehenden Essay über die Klassenüberschreitung nur beiläufig erwähnt.

In *Zwischen den Klassen* möchte sich Jaquet mit den »Klassenüberschreitenden« oder »Klassenübergängern« (»transclasses«) einem blinden Fleck in der Soziologie Pierre Bourdieus widmen: Gegen Bourdieu wendet sie ein, daß Klassenübergänger nicht bloß Anomalien seien, die für eine allgemeine Theorie der Reproduktion gesellschaftlicher Strukturen zu vernachlässigen sind. Klassenübergänger seien vielmehr äußerst aussagekräftige Abweichungen und könnten als Ausgangspunkt für eine generelle Theorie der Subjektivität dienen. Um dieses übergreifende Argument zu formulieren, bedient sich Jaquet in ihrem philosophisch-soziologischen Essay immer wieder literarischer Texte wie Jack Londons *Martin Eden*, John Edgar Widemans *Bruder und Hüter*, Stendhals *Rot und Schwarz*, Annie Ernaux' *Das bessere Leben* oder Didier Eribons *Rückkehr nach Reims*. Wo sonst in Untersuchungen zur sozialen Mobilität Zahlenreihen aufgeführt und statistische Korridore angegeben werden, greift Jaquet auf Romane, Erzählungen und Autobiographien zurück.[1] Sie wählt also eine literarisch vermittelte Form der sozialphilosophischen Reflexion und fokussiert dabei vor allem das Genre der literarischen Autosoziobiographie: ein Genre, das das Persönliche mit dem Politischen, die soziologische Theorie mit der literarischen Form, die Selbst- mit der Gesellschaftsanalyse verbindet.

Jaquet erarbeitet ihre Perspektive auf das Phänomen der Klassenübergänger in zwei Schritten. In einem ersten Schritt analysiert sie die objektiven Voraussetzungen, die den gesellschaftlichen Übergang von einer »Klasse« in eine andere »Klasse« ermöglichen. Maßgebliche Faktoren, die auch in soziologischen Studien bereits umfassend untersucht und diskutiert wurden, sind einerseits Vorbilder und Förderer in der Familie (Eltern, Geschwister, Großeltern) sowie Vorbilder und Mentoren in der Schule (Lehrer, Mitschüler, Eltern von Mitschülern); andererseits sind es institutionelle Arrangements, die den Aufstieg erleichtern, indem z. B. Stipendien vergeben werden und weitere staatliche Fördermechanismen greifen.

In einem zweiten Schritt untersucht Jaquet die subjektive Realität der Klassenübergänger. Diese ist nicht nur geprägt von positiven Gefühlen wie der Verehrung der Vorbilder oder der Zuneigung für die Mentoren. Vielmehr ist, wie Jaquet deutlich herausarbeitet, die soziale Mobilitätserfahrung der Klassenübergänger meist eine leidvolle. Sie fühlen sich konfrontiert mit einem doppelten Verlust: Weder ist die Zugehörigkeit zu ihrer Herkunftsklasse gegeben noch kommen sie je wirklich in der Ankunftsklasse an. Das Gefühl, immer zwischen den Stühlen zu sitzen, wird als permanente innere Spannung, teilweise sogar als geradezu

1 Vgl. auch die Studie von Martine Leibovici, *Autobiographies de transfuges. Karl Philipp Moritz, Richard Wright, Assia Djebar*, Paris 2013.

existentielle Verkrampfung erlebt. Jaquet zeichnet hier also nicht das Bild eines Klassenübergängers als glücklichen Hybriden, der Widersprüchliches als belebende Bereicherung zu empfinden vermag. Der Klassenübergänger ist für sie meist ein Zerrissener, dem die Vereinigung des Inkompatiblen nicht wirklich gelingen kann – auch weil die unaufhebbare Widersprüchlichkeit seines Selbst eine nie versiegende Quelle der Scham ist. Die Klassenübergänger gewinnen aus der Perspektive von Jaquet aufgrund ihrer Zerrissenheit aber einen privilegierten Einblick in die faktische Hybridität jedweder Individualität.

Jaquets Essay zeigt deutlich, wie stark unsere Konzeptionen von sozialer Mobilität durch literarisch vermittelte Imaginationsformen geprägt sind. Einerseits Imaginationen des sozialen Aufsteigers, der ein »homo novus« oder ein »self-made man« ist (oder ein »Neureicher«, »Parvenu« und »Emporkömmling«). Neben derartigen personalen Imaginationen sind hier auch (fiktionale) kulturelle Narrative des Klassenübergängers anzuführen: Aufstiegsgeschichten »from rags to riches«, »vom Tellerwäscher zum Millionär« oder von der heruntergekommenen Vorstadtgarage zum Weltunternehmen. Solche kulturellen Imaginationen finden auch in Sprichwörtern ihren Niederschlag: »Jeder ist seines Glückes Schmied«. Auffällig ist, daß solche Imaginationen sozialer Mobilität eine große Affinität zum wirtschaftlichen Aufstieg und ökonomischen Gewinn haben, während etwa der Erfolg in der akademischen Sphäre hier allenfalls auf einen Nebenschauplatz verwiesen wird.

Diese Imaginationen sind, wie Jaquet hervorhebt, ideologische Konstrukte einer Gesellschaft, die sich als eine fundamental meritokratische verstehen möchte, in der vor allem der individuelle Ehrgeiz über soziale Mobilität entscheidet. Der gesellschaftliche Aufstieg erweist sich in diesen Imaginationen so immer als eine Frage des blanken Erfolgswillens. Methodologisch gesehen dient diese Zuschreibung von »Ehrgeiz« einer Pseudo-Erklärung: Ist jemand erfolgreich, muß es am Ehrgeiz gelegen haben; wer scheitert, dem hat es wohl an dieser okkulten Obsession gefehlt. Politisch gesehen kann diese Zuschreibung darüber hinaus eine Schuldzuweisung implizieren: Ob der Aufstieg stattfindet oder nicht, hängt alleine vom »Ehrgeiz« des Einzelnen ab; wer es hingegen nicht schafft, kann nur mit sich selbst ins Gericht gehen.

Der »Klassenübergänger« (»transclasse«) ist eine von Jaquet neu geprägte Kategorie; diese ist eingebettet in eine Sozialphilosophie, die sowohl von einer im Anschluß an Bourdieu entwickelten sozialen Handlungstheorie inspiriert ist[2] als auch von einer in Frankreich intensiv betriebenen spinozistischen Sozialtheorie.[3] Neben die Kategorie des Klassenübergängers tritt in dem Essay von Jaquet daher das Konzept der »Complexion«. Von Spinozas Begriff des »ingenium« ausgehend, versteht sich dieses Konzept als Alternative zu Bourdieus Begriff des »Habitus«. Der »Habitus« (verstanden als inkorporierte Disposition, auf eine bestimmte Weise zu denken, zu sprechen, zu urteilen, zu fühlen, sich zu bewegen) ist innerhalb von Bourdieus soziologischem Modell eine der zentralen Kategorien: Sie soll erklären, wie die Reproduktion sozialer Strukturen durch das Individuum erfolgt. Aus der Perspektive von Jaquet ist mit dem »Habitus« aber eine zu einheitliche, monolithische und geschlossene Konzeption des Subjekts verbunden; diese Konzeption vermag aufgrund ihrer Rigidität die Nicht-Reproduktion (»non-reproduction«) der sozialen Strukturen nicht angemessen zu erfassen.

Die »Complexion« ist für Jaquet dagegen ein Konzept, das die Veränderlichkeit, Pluralität und Instabilität des

2 Bernard Lahire, *L'homme pluriel. Les ressorts de l'action*, Paris 2001.

3 Im Rahmen einer Perspektive, die zwischen Philosophie und Sozialwissenschaften angesiedelt ist, entwickelt Jaquet eine von Spinoza inspirierte Sozialtheorie, an der in Frankreich momentan etwa auch Frédéric Lordon arbeitet; vgl. Frédéric Lordon, *La société des affects. Pour un structuralisme des passions*, Paris 2013.

Subjekts besser zu fassen vermag. Für Jaquets Begriffswahl ist sowohl die soziale Pointe der Multidimensionalität des Individuums entscheidend (d. h. der pluralen Determiniertheit durch Schicht, Bildung, Religion, Eltern, Geschwister, sexuelle Orientierung, politische Ausrichtung usw.) als auch die metaphysische Pointe wichtig, daß das Individuum gar nichts anderes ist als diese Vielfältigkeit seiner Verknüpfungen mit der Welt.

Der Begriff der »Complexion« zielt bei Jaquet also auf die Kritik des sozialphilosophischen Konzepts der Person – insoweit die Person als substantielles Ich oder identische Individualität verstanden wird. Er zielt damit auf eine Deessentialisierung der Person. Personen seien, wenn man sie als »Complexion« verstehe, nichts anderes als komplexe Arrangements und konstante Rearrangements einer unüberschaubaren Vielzahl von heterogenen sozialen Relationen. Jaquet formuliert hier also ein Konzept der Person, das von permanent fluktuierenden sozialen Subjekten ausgeht. In einer der glänzenden polemischen Passagen ihres Essays hebt sie deshalb hervor, daß sie gewisse Schwierigkeiten mit gängigen Anerkennungstheorien hat, weil diese auf fixe Identitäten abzielen, mithin auf die Anerkennung einer persönlichen »Eigentlichkeit« (S. 107 f.). Der Begriff der »Complexion«, wie ihn Jaquet entwirft, zielt dagegen weniger auf eine Politik der Identitäten ab als auf ein Denken der sozialen Singularitäten.

Im Zentrum von Jaquets Essay steht der Klassenübergänger als soziale Singularität. Im Gegensatz zu dem Panorama individueller Ausweglosigkeit, das Bourdieu in seinen späten, an der Philosophie Pascals orientierten *Meditationen* entwickelt, entwirft *Zwischen den Klassen*, das an entscheidender Stelle auch auf Pascals *Pensées* rekurriert (S. 109–118), ein weniger düsteres Bild der individuellen Handlungsmacht des sozialen Subjekts. Die gesellschaftliche Situation der Gegenwart läßt für Jaquet durchaus zu, daß der Einzelne sich aus den Mechanismen der sozialen

Reproduktion lösen kann. Nur dürfe man diesen Vorgang der Loslösung nicht als rein strategisches Handeln eines den sozialen Aufstieg rational planenden Subjekts verstehen. Entscheidend sei für diesen Vorgang vielmehr das komplexe affektive Verhältnis des Klassenübergängers zu seiner sozialen Umwelt. Wer sich von seiner sozialen Herkunft löse, müsse überhaupt erst das Begehren nach sozialer Bewegung verspürt haben. Die soziale Mobilisierung der Individuen setzt für Jaquet eine tiefgreifende und verschlungene affektive Mobilisierung voraus, die bei jedem Klassenübergänger singulär sei.

II.

Die Tatsache, daß Chantal Jaquet ihre Überlegungen in kritischer Abgrenzung zu Pierre Bourdieu entwickelt, darf allerdings nicht den Blick darauf verstellen, daß ihre Reflexionen sich weitgehend in einem theoretischen Rahmen bewegen, den Bourdieus soziologische Arbeiten abstecken. Dies gilt allerdings nicht allein für das Theoriearsenal von *Zwischen den Klassen*, sondern auch für eine ganze Reihe von einflußreichen autosoziobiographischen Schriften, die Jaquet in ihrer Studie heranzieht. Der weitreichende Einfluß der Soziologie Bourdieus spielt sich dabei auf drei Ebenen ab: auf einer persönlichen, einer literarischen und einer konzeptuellen.

Auf einer persönlichen Ebene läßt sich beobachten, daß viele französische Autoren, die autosoziobiographische Texte über ihren gesellschaftlichen Aufstieg verfaßt haben, die Entdeckung und eingehende Lektüre der Schriften Bourdieus als ein Ereignis beschreiben, das ihr Leben verändert hat. Die Schriftstellerin Annie Ernaux, die mit ihren frühen autosoziobiographischen Schriften einen enormen Einfluß auf die Entwicklung dieses Genres ausgeübt hat,[4]

4 Vgl. Annie Ernaux, *Das bessere Leben. Erzählung* (1984), München 1986. Momentan ist eine deutsche Übersetzung dieser Erzählung nicht lieferbar.

beschreibt ihre Bourdieu-Lektüre wie ein Konversionserlebnis: als einen »gewaltsamen ontologischen Schock«.[5] Die Lektüre der Werke Bourdieus wird von ihr als eine tiefgreifende Befreiung charakterisiert.[6] Raphael Desanti, ein autodidaktischer Bourdieuenthusiast aus der Arbeiterschicht, der aufgrund seiner Bourdieulektüre ein Soziologiestudium aufnimmt, beschreibt diese als tiefempfundene Befreiung und Selbstbefreiung: Als junger Fabrikarbeiter seien die Schriften Bourdieus für ihn eine »Offenbarung« gewesen.[7] Und der Philosoph Didier Eribon bezeichnet die Begegnung mit dem Werk Bourdieus ebenfalls als eine atemberaubende existentielle Befreiung.[8] Die Lektüre des bedeutenden französischen Soziologen ist für alle diese Autoren autosoziobiographischer Texte ein prägender biographischer Einschnitt gewesen.

Auf einer literarischen Ebene läßt sich zudem konstatieren, daß Bourdieu mit seinen autosoziobiographischen Versuchen selbst das Muster vor allem für akademisch ambitionierte Ausprägungen dieses Genres vorgegeben hat. Bereits 1997 legt er in den *Meditationen* seine programmatisch betitelten »Unpersönlichen Bekenntnisse« (»Confessions

5 Annie Ernaux, »Bourdieu, le chagrin«, in: *Le Monde*, 6.2.2002.

6 Annie Ernaux, *Die Jahre* (2008), Berlin 2017, S. 225.

7 Raphael Desanti, *Lire Bourdieu de l'usine à la fac. Histoire d'une ›révélation‹*, Préface de Gérard Mauger, Vulaines-sur-Seine 2017, S. 15 und S. 21. Die autosoziobiographische Studie von Desanti ist nicht nur deshalb relevant, weil sie Rückschlüsse auf eine enthusiastische Bourdieulektüre von Autodidakten, Fabrikarbeitern und sozialen Außenseitern zuläßt, sondern auch, weil Desanti im Gegensatz zu den meisten anderen Autosoziobiographen ein gesellschaftlicher Aufstieg nicht gelingt: Er scheitert bei der Verfertigung seiner soziologischen Dissertationsschrift und findet nach vielen prekären Arbeitskonstellationen erst sehr spät eine feste Anstellung als Sozialarbeiter. Desanti berichtet deshalb nicht nur über die Schmerzhaftigkeit der gesellschaftlichen Aufstiegsbemühungen, sondern auch über die Bitterkeit des Scheiterns eigener sozialer Ambitionen.

8 Didier Eribon, *Gesellschaft als Urteil. Klassen, Identitäten, Wege* (2013), Berlin 2017, S. 61 f.

impersonelles«) vor.[9] Vier Jahre später entwirft er in seiner letzten Vorlesung am Collège de France eine knappe autosoziobiographische Skizze, die er als »auto-socioanalyse« charakterisiert.[10] Diese skizzenhafte Autosozioanalyse wird ein Jahr später in einer erweiterten Fassung ins Deutsche übersetzt als *Ein soziologischer Selbstversuch*. Das Problem der literarischen Form seiner autosoziobiographischen Reflexionen exponiert Bourdieu dort direkt im ersten Satz, wenn er darauf besteht, daß es sich bei seinem *Selbstversuch* nicht um das Genre der »Autobiographie« handle.[11] Das trifft einen wichtigen Punkt: Denn Bourdieu interessiert sich in seinem *Selbstversuch* tatsächlich in erster Linie für die soziale Situiertheit des erkenntnislogischen Subjekts. Es geht ihm nicht um die extensive Entfaltung seiner persönlichen Lebensgeschichte, sondern um die Bestimmung der sozialen Voraussetzungen seiner eigenen epistemologisch-methodologischen Grundhaltung.

Zentral für diese Bestimmung ist das Konzept des »gespaltenen Habitus« bzw. »zerrissenen Habitus« (»habitus clivé« bzw. »habitus dechiré«), das Bourdieu ebenfalls in seinen *Meditationen* entwickelt[12] und dann in seinen letzten Vorlesungen am Collège de France wieder aufgreift.[13] Er weist darauf hin, daß er als extremer sozialer Aufsteiger einen gespaltenen Habitus aufweise: Er fühle sich weder seiner Herkunft in der Provinz am Fuße der Pyrenäen voll zugehörig noch der radikal anderen Ankunftswelt des Collège de France im Zentrum der französischen akademischen Welt. Dies bringe eine spezifische Grundhaltung mit sich:

9 Pierre Bourdieu, *Meditationen. Zur Kritik der scholastischen Vernunft* (1997), Frankfurt am Main 2001, S. 45–57.

10 Pierre Bourdieu, *Science de la science et réflexivité. Cours du Collège de France 2000–2001*, Paris 2001, S. 184.

11 Pierre Bourdieu, *Ein soziologischer Selbstversuch*, Frankfurt am Main 2002, S. 9.

12 Pierre Bourdieu, *Meditationen*, a. a. O., z. B. S. 83 und S. 206.

13 Pierre Bourdieu, *Science de la science et réflexivité*, a. a. O., S. 214–218.

Er könne sich nie nur als Teilnehmer selbst alltäglicher sozialer Handlungen verstehen, sondern müsse diese zugleich immer auch distanziert beobachten. Der »gespaltene Habitus« ähnelt dem von Alfred Schütz eindringlich beschriebenen Habitus des »Fremden«.[14] Für Bourdieu bringt der »gespaltene Habitus« einen fundamentalen sozialen Reflexivitätsgewinn mit sich, der sich in seiner eigenen akademischen Karriere in spezifischen epistemischen Haltungen und methodischen Perspektiven ausgeprägt hat.

Die meisten autosoziobiographischen Schriften, die an Bourdieus vielschichtige Vorgaben anknüpfen, beschränken sich allerdings nicht auf eine soziale Rekonstruktion eines erkenntnislogischen Subjekts, sondern zielen auf die Subjektivität insgesamt. Dies läßt sich an den Erkenntnisinteressen von *Zwischen den Klassen* beobachten. Jaquets Erkundungen autosoziobiographischen Schreibens stehen nämlich im Dienste einer allgemeinen Theorie des Subjekts: Ihr Essay über die Klassenübergänger will das literarische Genre der Autosoziobiographie nicht nur für eine Wissenssoziologie des Erkenntnissubjekts, sondern für eine Sozialphilosophie der Subjektivität insgesamt fruchtbar machen. Etwas ähnliches läßt sich auch an den vieldiskutierten Schriften Didier Eribons beobachten, der in seinen sozialphilosophischen Studien die Notwendigkeit hervorhebt, eine allgemeine Theorie der Subjektivität zu entwerfen, und sich in der autosoziobiographischen Rekonstruktion seines persönlichen Aufstiegs nicht auf die Entstehungsgeschichte eines Erkenntnissubjekts beschränkt. Das Faktum,

14 Der »Fremde« ist eine Person, die sich in einem »Übergangszustand« zwischen einer »Heimatgruppe« und einer noch »fremden Gruppe« befindet und die in diesem »Übergangszustand« die etablierten »Kultur- und Zivilisationsmuster« der »fremden Gruppe« überhaupt »nicht als ein schützendes Obdach« betrachtet, »sondern als ein Labyrinth, in welchem sie allen Sinn für ihre Verhältnisse verloren hat«. Alfred Schütz, »Der Fremde. Ein sozialpsychologischer Versuch« (1944), in: ders., *Gesammelte Aufsätze*, Bd. II (Studien zur soziologischen Theorie), hg. von Arvid Brodersen, Den Haag 1972, S. 53–69, hier S. 69.

daß Bourdieu in seiner eigenen Autosoziobiographie programmatisch auf die Darstellung von Persönlichem verzichtet, hinterläßt für Eribon deshalb eine schmerzhafte Lücke. Eine Lücke, die letzterer mit einer biographisierenden Werkbetrachtung zu füllen versucht: Die »Gesamtheit« des Bourdieu'schen »Werks« sei eine persönliche »›Odyssee der Wiederaneignung‹« der eigenen Herkunft, kurz: die Bücher Bourdieus seien alle »›autobiografische Fragmente‹«.[15] Auf diese Weise wird der persönliche »Weg der Askese und der Wiederaneignung«,[16] der für Eribons eigene autosoziobiographische Reflexionen leitend ist, auch zum Lektüreschlüssel des Bourdieu'schen Œuvre. Man kann hier eine autosoziobiographische Denkbewegung beobachten, die das Persönliche viel stärker berücksichtigt, als Bourdieu selbst dies wollte.

Auf einer konzeptuellen Ebene läßt sich beobachten, daß sich die autosoziobiographischen Reflexionen von Chantal Jaquet, Annie Ernaux, Didier Eribon oder Édouard Louis auf eine sehr spezifische Weise im Kontext einer von Bourdieu konstruierten Sozialtheorie situieren.[17] Jaquet läßt in *Zwischen den Klassen* keinen Zweifel daran, daß der »Habitus« für sie die Bourdieu'sche Zentralkategorie ist. Ebenso betont Eribon, daß für ihn der »Habitus« im Zentrum einer an Bourdieu anschließenden theoretischen Reflexion stehen muß.[18] Auffällig ist also, daß die jüngere autosoziobiographische Reflexion aus dem ebenso reichhaltigen wie systematisch verknüpften Begriffsrepertoire der Bourdieu'schen Theorie einen bestimmten Begriff herausgreift – und diesen ohne systematischen Rückgriff auf andere Leitbegriffe Bourdieus wie etwa »Feld« oder »Kapital« herauspräpariert.

15 Didier Eribon, *Gesellschaft als Urteil*, a. a. O., S. 92 f.

16 Didier Eribon, *Gesellschaft als Urteil*, a. a. O.; Bourdieus Text über die »Odyssee der Wiederaneignung« ist für Eribon zentral.

17 Vgl. Édouard Louis (Hg.), *Pierre Bourdieu. L'insoumission en héritage*, Paris 2013.

18 Didier Eribon, *Gesellschaft als Urteil*, a. a. O., S. 78.

Die nachdrückliche Privilegierung der autobiographie-affinen Kategorie des »Habitus« legt die Beobachtung von Individuen und ihren Lebenswelten nahe. Läuft aber eine derartige Rekonstruktion, die sich weitgehend auf den »Habitus« beschränkt, nicht möglicherweise Gefahr, einer »biographischen Illusion« zu verfallen? Bourdieu selbst hat diese Gefahr mit einem eingängigen Bild beschrieben: »Der Versuch, ein Leben als eine einmalige und sich selbst genügende Abfolge von Ereignissen zu verstehen, deren einziger Zusammenhang in der Verbindung mit einem ›Subjekt‹ besteht [...], ist ungefähr so absurd wie der Versuch, eine Fahrt mit der U-Bahn zu erklären, ohne die Struktur des Netzes zu berücksichtigen, das heißt, die Matrix der objektiven Relationen zwischen den verschiedenen Stationen.«[19]

Wenn Bourdieu in *Ein soziologischer Selbstversuch* überraschend unpersönlich bleibt, so ist diese programmatische autobiographische Askese also nicht nur der Beschränkung seiner Rekonstruktion auf die Soziallaufbahn einer epistemologischen Subjektivität geschuldet, sondern auch der Bemühung, die »biographische Illusion« zu vermeiden. Entscheidend für das eigene Fortkommen ist aus Bourdieus Perspektive nicht das Subjekt, sondern die Struktur der sozialen Felder, in denen dieses Subjekt seinen sozialen Aufstieg zu vollziehen vermag. Aus der Perspektive von Jaquet oder Eribon stehen dagegen die Subjekte und ihre Habitustransformationen im Zentrum: Nicht zufällig führt die französische Originalausgabe von *Zwischen den Klassen* einen Titel, der mit den »transclasses« die Subjekte des sozialen Aufstiegs in den Mittelpunkt rückt.

Die titelgebende Kategorie der Klassenübergänger (»transclasses«) ist, wie oben bereits erwähnt, eine terminologische Innovation von Jaquet. Sie habe diesen Neologismus gewählt, um die von ihr untersuchten sozialen

19 Pierre Bourdieu, *Praktische Vernunft. Zur Theorie des Handelns* (1994), Frankfurt am Main 1998, S. 82.

Bildungsaufstiegsprozesse von einer meritokratischen Ideologie zu distanzieren und um ihr Analysevokabular von allen wertenden Komponenten freizuhalten (S. 18–20). Die Kategorie der »transclasses« soll die Kategorie des »transfuge« bzw. »transfuge de classe« ersetzen, die aus Jaquets Perspektive häufig mit negativen Werturteilen verknüpft ist. Während »transclasse« nicht mehr ist als die neutrale Charakterisierung für einen »Klassenüberschreitenden« oder »Klassenwechselnden«, bezieht sich »transfuge« häufig auf eine negative Sozialfigur: auf einen »Klassenflüchtigen« oder »Klassenüberläufer«, schlimmer noch auf einen Deserteur, Abtrünnigen oder Verräter der eigenen Herkunftsklasse. In gewisser Hinsicht verweisen diese begrifflichen Fragen auf ein grundlegendes Problem, das bereits in der Arbeiterliteratur des 19. Jahrhunderts diskutiert wird: das Problem, ob das Hinauswachsen aus dem Arbeiterleben schon als ein »Verrat« an der Herkunftsklasse aufgefaßt werden muß.[20] Die Frage, ob der soziale Aufstieg etwa durch Bildungsprozesse notwendig eine Desolidarisierung mit dem Herkunftskontext impliziert, ist sicherlich eine der interessantesten Fragen der literarischen und wissenschaftlichen Reflexion über die »transclasses«. Es spricht deshalb vieles dafür, die Beantwortung dieser Frage möglichst offen zu halten – und nicht bereits durch die Wahl eines Beschreibungsvokabulars vorwegzunehmen.

Gegen die Ersetzung des Begriffs »transfuge« durch die deskriptive Kategorie »transclasse« hat Eribon allerdings eingewandt, daß »transclasse« nicht dem verzweifelten Wegwollen des »Klassenwechslers« gerecht werde: Für die meisten Klassenübergänger habe das Verlassen ihrer unterprivilegierten Herkunftsräume faktisch einen Fluchtcharakter.[21] Eribon trifft mit dieser Beobachtung

20 Vgl. dazu Klaus-Michael Bogdal, *Zwischen Alltag und Utopie. Arbeiterliteratur als Diskurs des 19. Jahrhunderts*, Opladen 1991, S. 227.

21 Didier Eribon, *Principes d'une pensée critique*, Paris 2016, S. 107 f.

einen wichtigen Punkt, der sich bei Jaquet allerdings bestätigt findet: Daß der Klassenwechsel meist weniger durch einen Aufstiegswillen motiviert ist, der auf die Erlangung eines bestimmten gesellschaftlichen Erfolgs abzielt, sondern vielmehr durch einen vehementen Veränderungswillen, der die gegebenen sozialen Unterwerfungsverhältnisse überschreiten möchte.[22] »Klassenflüchtender« gibt also tatsächlich sehr gut das Faktum wieder, daß viele »Klassenwechsler« zunächst einmal weniger aufsteigen als ausbrechen wollen. Gegen die Charakterisierung des »Klassenwechslers« als eines »Flüchtenden« spricht aber, daß mit ihr eine gewisse Dramatisierung einhergeht, die den »Klassenwechsel« eher als einen schnellen, abrupten und forcierten Wechsel und weniger als einen langsamen, schrittweisen und eher beiläufigen Prozeß bestimmt. Wie die autosoziobiographischen Schriften der letzten Jahrzehnte zeigen, lassen sich aber unterschiedliche, auch inkrementelle Typen des »Klassenwechsels« beobachten.[23] Der von Jaquet geprägte Neologismus (und seine Pendants in anderen Sprachen) könnte deshalb helfen, bei der Beobachtung des »Klassenwechsels« nicht nur auf die dramatischen, sondern auch auf die unscheinbaren, in kleinen Schritten erfolgenden Varianten der Bewegung im sozialen Raum zu achten.

22 Dieser Punkt wird auch von bildungsethnographischen Studien bestätigt; vgl. Aladin El-Mafaalani, *BildungsaufsteigerInnen aus benachteiligten Millieus. Habitustransformation und soziale Mobilität bei Einheimischen und Türkeistämmigen*, Wiesbaden 2012, S. 325–327.

23 El-Mafaalani unterscheidet bei Bildungsaufsteigern zwei Modi der Habitustransformation: sukzessive und wiederkehrende »*empraktische Synthesen*« und die sprunghafte und bruchförmige »*reflexive Opposition*«. Die Modi haben auch Einfluß auf das Verhältnis der Aufsteiger zu ihren Herkunftsfamilien – der Modus der »reflexiven Opposition« gehe in höherem Maße »mit einer Abwertung der Herkunft und einer deutlich intensiveren Wahrnehmung der Distanzierung vom Herkunftsmilieu« einher. Aladin El-Mafaalani, *BildungsaufsteigerInnen aus benachteiligten Milieus*, a. a. O., S. 316 und S. 319.

III.

Die Autosoziobiographie des Klassenüberläufers ist gegenwärtig ein Erfolgsgenre: Sie hat sich als eine eigene literarische Form etabliert, die mit einer beachtlichen Publikumsresonanz rechnen darf. In den letzten Jahren sind sozialtheoretisch reflektierte autobiographische Berichte von Personen, die aus schwierigen sozialen Verhältnissen stammen und einen von akademischen Institutionen vermittelten steilen gesellschaftlichen Aufstieg erlebt haben, zu einem eigenen erfolgreichen Publikationsgenre geworden. Der aktuelle deutschsprachige Erfolg von Büchern wie Eribons *Rückkehr nach Reims* und Louis' *Das Ende von Eddy*, Vances *Hillbilly-Elegie* und Ernaux' *Die Jahre* sind schon als literarisches Gattungsphänomen äußerst bemerkenswert.[24] Überraschenderweise finden die Autoren dieser Autosoziobiographien im öffentlichen Diskurs aber auch deshalb eine so große Resonanz, weil man ihnen zuschreibt, einen Schlüssel für das Verständnis jüngerer gesellschaftlicher Entwicklungen in den Händen zu halten.

An Autoren wie Eribon, Louis oder Vance richtet sich auffällig häufig die Frage, weshalb sich rechtspopulistische Strömungen in Europa und den Vereinigten Staaten von Amerika neuerdings ausbreiten. In Interviews sollen sie den Aufstieg des Front National in der französischen Provinz oder den Erfolg von Donald Trump im Rust Belt erklären. Auch wenn dieses Erklärungsinteresse nicht die primäre Intention der Autosoziobiographie von Eribon oder des autosoziobiographischen Romans von Louis gewesen ist,[25]

24 Didier Eribon, *Rückkehr nach Reims* (2009), Berlin 2016. Édouard Louis, *Das Ende von Eddy* (2014), Frankfurt am Main 2015. J. D. Vance, *Hillbilly-Elegie. Die Geschichte meiner Familie und einer Gesellschaft in der Krise* (2016), Berlin 2017. Annie Ernaux, *Die Jahre* (2008), Berlin 2017.

25 Gelegentlich weist Eribon die ihm zugeschriebene Rolle des Experten für aktuelle rechtspopulistische Entwicklungen programmatisch zurück, nimmt sie dann jedoch faktisch an; vgl. das Interview mit Axel Rühle, »Klasse und Macht. Wann wurde es cool, rechts zu sein? Ein Gespräch mit dem französischen Soziologen Didier Eribon über politische Lebenslügen,

so stellt sich doch die Frage, weshalb gerade Autoren von Autosoziobiographien des gesellschaftlichen Aufstiegs in unserer Gegenwart zu wichtigen Stimmen für die Analyse der gesellschaftlichen Situation werden. Woher kommt das große, gegenwärtig in ganz unterschiedlichen Ländern beobachtbare Interesse für eine Autosoziobiographie, die autobiographisches Erzählen von individuellen Klassenübergängen mit einer soziologischen und soziopolitischen Perspektive verknüpft? Die Antwort muß dreiteilig ausfallen.

Erstens ist der Klassenübergänger eine paradigmatische Figur des Intellektuellen. Das Interesse für den Klassenübergänger hängt zweifellos damit zusammen, daß eine Haltung, die die Welt auf Armeslänge hält, Erkenntnischancen zu bergen scheint. Der Klassenübergänger kann hier ein Modell der Emanzipation sein, wenn die Desidentifikation und die Distanzierung in eine produktive intellektuelle Position überführt werden können. Der Klassenübergänger erscheint aufgrund seines biographisch nachgewiesenen Distanzierungstalents als ein idealer ›kritischer‹ Intellektueller. Laut Jaquet sind die Klassenübergänger etwa dafür prädestiniert, die anthropologische Wahrheit zu erkennen, daß das Ich als etwas grundlegend Soziales keine tiefergehende Substanz hat. Ganz in diesem Sinne hat auch Eribon den »Klassenüberläufer« (»transfuge«) als jemanden beschrieben, der schon von Haus aus Soziologe ist.[26] Die soziale Nicht-Reproduktion des Klassenüberläufers findet dann also idealerweise ihren Zweck in einer Intellektualität, die im Rückgriff auf das Instrumentarium der soziologischen Theorie ihren eigenen Werdegang als mühevolle

die Krise der Demokratie und sein Buch zur Stunde«, in: *Süddeutsche Zeitung*, 25.11.2016, S. 11.

26 Didier Eribon, »La voix absente. Philosophie des états généraux«, in: Édouard Louis (Hg.), *Pierre Bourdieu. L'insoumission en héritage*, Paris 2013, S. 111–137, hier S. 131: »le transfuge de classe est spontanément sociologue«. Ähnlich äußert sich auch schon Pierre Bourdieu, *Meditationen*, a. a. O., S. 209.

soziale Emanzipationsgeschichte autobiographisch zu erzählen vermag. Weniger Interesse finden in diesem Zusammenhang allerdings andere Figurationen der sozialen Mobilität, die den sozialen Aufstieg nicht im Sinne eines Emanzipationsnarrativs deuten: Eine Gegenfigur zum Klassenübergänger als musterhaftem Intellektuellen wäre hier der Arrivist, der gerade kein Distanzierungs-, sondern vielmehr ein Identifikationsheld sein möchte, dem die Verschmelzung mit seinem Ankunftskontext vollständig gelingt. Eine Perspektive, die das »class-passing« gerade dort feiert, wo die Elitenintegration des Klassenübergängers vollständig erfolgt und zu innerer oder äußerer Dissonanz kein Anlaß mehr besteht, ist mit der Vorstellung vom Klassenübergänger als einem prädestinierten Gesellschaftskritiker kaum vereinbar.

Zweitens sind die Erzählungen der Klassenübergänger so interessant, weil sich offenkundig zunehmend der Eindruck einstellt, bestimmte Teile unserer Gesellschaft seien gegeneinander abgeschlossen und nicht mehr in der Lage, einander zu verstehen. Es bedarf also intellektueller Übersetzer, die den fremden Teil der Gesellschaft verständlich machen. Diese Übersetzer sollen aber Authentizität und Emanzipation verknüpfen, auf ihre Vergangenheit als Fremde blicken und doch das Eigene darin erkennen. Sie müssen die schwierigen sozialen Umstände, die der Erklärung der unerwarteten Erfolge von Donald Trump oder Marine Le Pen dienen, einerseits selbst erlebt haben; andererseits sollen sie als Emanzipierte dieses Erlebte aber in eine anspruchsvolle, akademischen Standards genügende Beschreibung überführen. Der Klassenübergänger erweist sich damit als Übersetzer des Sozialen. Er figuriert als Experte in einer meist implizit bleibenden Epistemologie des Sozialen, die Herkunft als einen uneinholbaren Verstehensvorteil begreift. Damit dieser eminente Verstehensvorteil nachvollziehbar ist, muß die Herkunft in dem Übersetzer aber noch weiterwirken: Häufig sind es starke Affekte wie

Schmerz oder Wut, die in den Autosoziobiographien dafür bürgen, daß der Klassenübergänger den intimen Bezug zu seiner Herkunft nicht verloren hat. Die Herkunftswelt des Klassenübergängers ist innerhalb dieses Kommunikationsmodells allerdings kein Adressat der Übersetzungsleistung: So wie die Hirten in Arkadien keine Hirten-Idyllen lesen, sind die Hillbillies in den Appalachen keine antizipierten Abnehmer von »Hillbilly-Elegien«. Die »Leute«, die durch die Buchlektüre erlernen sollen, »wie sich sozialer Aufstieg wirklich anfühlt«,[27] müssen sich selbst nicht erst um diesen Aufstieg bemühen. Der akademische Aufsteiger spricht zu einem akademisch gebildeten Lesepublikum.

Drittens kann man den Eindruck gewinnen, daß das Interesse an diesen Figuren teilweise ein letztlich pessimistisches ist: Das Versprechen der europäischen Sozialdemokratie, durch Bildung einen breitenwirksamen sozialen Aufstieg möglich zu machen, der zugleich das Wohlergehen des Einzelnen steigert und die Gleichheit der Gesellschaft fördert, hat an Zugkraft verloren. Statt dessen scheint derzeit ein Gefühl vorzuherrschen, daß Veränderungen der Gesellschaft momentan nur auf der Ebene des Klassenübergängers stattfinden können, weil eine umfassendere Umschichtung der gesamten Gesellschaft nicht in Aussicht steht. Der Aufstiegserfolg des Einzelnen trägt dabei nichts zur Emanzipation der Gesellschaft als ganzer bei, sondern ist nicht mehr als ein individueller Nachweis der Plastizität des Subjekts und der Potentialitäten seiner sozialen Seinsweise. Das Abschreiten des spekulativen Dreiecks von Philosophie, Soziologie und Literatur dient auch bei Jaquet eher metaphysischen Lektionen über die Handlungsmacht des Menschen als dem Entwickeln einer übergreifenden

27 J. D. Vance, *Hillbilly-Elegie*, a. a. O., S. 9. Vgl. für eine Kritik dieser Autosoziobiographie auch den Essay, auf dem dieses Nachwort aufbaut: Carlos Spoerhase, »Politik der Form. Autosoziobiografie als Gesellschaftsanalyse«, in: *Merkur: Deutsche Zeitschrift für europäisches Denken* 71 (2017), S. 27–37, hier S. 32–35.

politischen Perspektive. Die am Ende des Essays erfolgende Aufforderung, »die Klassenschranken [...] für alle abzuschaffen« (S. 224), ist mehr ein moralischer Appell als ein politisches Projekt. *Zwischen den Klassen* schließt deshalb mit der Pointe, daß das große Versprechen der gesellschaftlichen Emanzipation einstweilen nur auf der Ebene des Einzelnen realisiert werden und uns deshalb auch nur in den autosoziobiographischen Berichten Einzelner zugänglich gemacht werden könne. Die gesellschaftliche Transformation ereignet sich hier nicht als koordinierter kollektiver politischer Akt innerhalb unseres aktuellen politischen Institutionengefüges, sondern als Summe der Handlungen von veränderungswilligen Einzelnen wie den Klassenübergängern.

Worauf zielen diese autosoziobiographischen Darstellungen von Klassenübergängern dann? Es handelt sich um eine Gattung, die an ein größeres Publikum adressiert ist und meist von Akademikern aus niederen gesellschaftlichen Schichten stammt; die eine Klassenüberschreitung aus der Perspektive individueller Erfahrung schildert, wobei die Erfahrung des Individuums hinsichtlich übergreifender gesellschaftlicher Problemlagen häufig einen symptomatischen Charakter bekommen kann; und die sich schließlich einer hybriden Schreibweise bedient, die autobiographisches Erzählen und sozialwissenschaftliches Rekonstruieren und Argumentieren verbindet. Bringt diese Schreibweise gewisse grundlegende Schwierigkeiten mit sich, die mit der literarischen Form dieses Genres in einem engen Zusammenhang stehen? Raymond Williams hat in knappen Reflexionen, die ihren Ausgang von den vieldiskutierten Autosoziobiographien des britischen Kultursoziologen Richard Hoggart und der britischen Sozialhistorikerin Carolyn Steedman nehmen,[28] über das autosoziobiographi-

28 Richard Hoggart, *The Uses of Literacy* [1957]. *Aspects of Working-Class Life*, London und New York 2009. Carolyn Steedman, *Landscape for a good woman: a story of two lives*, London 1986.

sche Schreiben hervorgehoben, daß diese literarische Form eine politische Perspektive begünstigt, für die das Individuum mit seinen Bedürfnissen und Begierden den theoretischen Fluchtpunkt darstellt.[29]

Im Zentrum der Autosoziobiographie stehen tatsächlich meist Individuen und nicht mehr oder weniger anonyme soziale Prozesse. Die Narrativierung von Klassenmobilität im erzählerischen Modus der sozialen Aufstiegsgeschichte eines Individuums ist sicherlich ein wichtiger Faktor für den Erfolg dieses Genres: Erzählungen, die ihren Protagonisten aus der armen ländlichen oder kleinstädtischen Provinz in die reichen städtischen Zentren führen, sind zweifellos packender als die abstrakte Darstellung von sozialen »Fahrstuhleffekten«. Sie vermögen sicherlich, die Problematik der persönlichen Überwindung innergesellschaftlicher Segregation einem größeren Lesepublikum plastischer vor Augen zu führen als viele soziologische Studien. Es besteht aber die Gefahr, daß mit diesem grundlegenden Erzählprinzip, das die Gesellschaft der Gegenwart aus dem Blickwinkel des individuellen sozialen Aufstiegs perspektiviert, auch ein politischer Individualismus gestützt wird, der kollektive Problemlagen und Lösungsansätze verstellt. Literarische Formprobleme können politische Folgeprobleme zeitigen: Das individuelle Schicksal darf nicht schon deshalb, weil es sich am besten erzählen läßt, zur maßgeblichen Leitgröße des politischen Denkens werden.

IV.

Die Frage, ob das individuelle Schicksal vollständig in seinem Sozialschicksal aufgeht, verweist auf das Problem der Selbstdetermination des Subjekts. Welche Folgerungen er-

29 Vgl. Raymond Williams, »Desire«, in: ders., *What I Came to Say*, hg. von Neil Belton, Francis Mulhern und Jenny Taylor, London 1990, S. 30–35. Vgl. zur Kritik dieser Kritik der Orientierung an individuellen Bedürfnissen und Begierden Didier Eribon, *Gesellschaft als Urteil*, a. a. O., S. 205–237.

geben sich aus Chantal Jaquets *Zwischen den Klassen* für das grundlegende philosophische Problem der individuellen Selbstbestimmung? Ihre Überlegungen bieten einen guten Ausgangspunkt für die Konstruktion eines interessanten Konzepts relativer individueller Autonomie: nämlich eines Konzepts, das individuelle Autonomie strukturell vollständig in soziale Heteronomie aufgehen läßt. Man muß sich aus dieser Perspektive eine autonome Subjektivität nicht als eine Loslösung von den Determinationen des Sozialen vorstellen. Wenn es so etwas wie eine relative Autonomie überhaupt geben kann, dann nicht als Befreiung von den Heteronomien der Gesellschaft, sondern als ein bestimmtes Arrangement und Rearrangement der sozialen Determinanten. Eine relative Autonomie besteht also nicht in der Abwesenheit oder der Reduzierung an heteronomer Bestimmung, sondern vielmehr in einer spezifischen Gestaltung der bestehenden Überfülle solcher Bestimmungen. Man kann diese Gestaltungsarbeit durchaus als permanente Bildungsarbeit in einem umfassenden Sinne charakterisieren, banalisiert sie aber, wenn man sie als ›lebenslanges Lernen‹ verharmlost.

Die Aufstiegsgeschichten, die Jaquet in ihrem Essay umfassender analysiert, sind *Bildungs*geschichten. Ihr geht es immer wieder darum, die Plastizität des Subjekts in den Vordergrund zu rücken und damit die immer bestehende Potentialität einer sozial vermittelten Arbeit an der Transformation des eigenen Selbst. Zentral ist bei Jaquet aber, daß es sich dabei nicht nur um Geschichten der Liebe, der positiven Affekte, der Identifikation und des Nachahmungsdrangs handelt. Vielmehr handelt es sich auch um Geschichten des drastischen Liebesverlusts, der Desaffektion, der Desidentifikation und der Antimimesis. Jaquet entwickelt hier also einen konfliktorientierten Bildungsbegriff, der Bildung als eine Kategorie auch der Abstoßung und Ausstoßung, der Ausgrenzung und Abgrenzung zu fassen erlaubt. Bildung erweist sich hier als ein aggressiver, meist auch autoaggressiver Prozeß.

Die Aufstiegsgeschichten in Jaquets Essay sind zugleich immer Bildungs*geschichten*: Bildung ist etwas, das erzählt werden muß. Bildung ist immer schon ›romanesk‹. Das bringt im Bereich der von Jaquet untersuchten literarischen Autosoziobiographien bestimmte Besonderheiten mit sich: daß Autobiographien im Gegensatz etwa zu Tagebüchern immer Ex-Post-Rationalisierungen implizieren und daß nur bestimmte Individuen der heterogenen Gruppe der Klassenübergänger überhaupt einen autobiographischen Impuls verspüren, d. h. ein Erzählbegehren (»désir du recit«) entwickeln. Die meisten Autoren von Autosoziobiographien haben einen gesellschaftlichen Aufstieg vollzogen, der eng mit Bildungsinstitutionen verknüpft und eng mit kulturellen Praktiken des Lesens und Schreibens verbunden ist: Am Ende dieses Bildungsaufstiegs steht eine schon berufsmäßig publizistisch aktive Person wie eine Akademikerin oder ein Schriftsteller – nicht aber eine Ingenieurin, ein Unternehmensberater oder eine Verwaltungsleiterin.

Und schließlich werden Erzählweisen privilegiert, die eine singuläre Figur als Protagonisten haben und nicht etwa eine Generation oder eine Familie. Es werden, was aus literaturwissenschaftlicher Sicht auffällt, keine Generationenromane herangezogen, die den sozialen Aufstieg als ein überindividuelles Kohortenphänomen beschreiben. Auch werden keine Familienromane behandelt, in denen der gesellschaftliche Aufstieg die Leistung von mehreren Generationen ist – also eine in vielen kleinen Schritten vollzogene Gruppenleistung und keine durch einen nahezu sagenhaften individuellen Weitsprung erzielte Einzelleistung. Oder muß man die »Nicht-Reproduktion« (»non-reproduction«), die im Titel des Essays von Jaquet steht, auch in einem handgreiflichen Sinne als eine Nicht-Reproduktion von traditionellen Familienstrukturen verstehen? In diese Richtung weisen die feministischen Überlegungen von Nancy K. Miller, die anhand der autosoziobiographischen

Texte von Annie Ernaux und Carolyn Steedman einen Zusammenhang von weiblichem Klassenaufstieg und familiärer Reproduktionsverweigerung feststellt.[30]

Der Prozeß des Bildungsaufstiegs hat aber auch insofern eine ›romaneske‹ Dimension, als er mit bestimmten Imaginationen einhergeht: Die Klassenübergänger, die aus Jaquets Perspektive einen privilegierten Einblick in die faktische Offenheit und Hybridität aller Individualität gewinnen, bleiben häufig von Identitätsvorstellungen besessen, die ein harmonisches und geschlossenes Selbst an die Stelle des hybriden Individuums setzen möchten. Die Klassenübergänger, die mit einem »gespaltenen Habitus« geschlagen sind, imaginieren nicht selten eine Subjektivität, die alles Soziale wie eine ›Muttersprache‹ beherrscht, die sich in der Gesellschaft mithin »wie ein Fisch im Wasser« bewegt.[31] Läßt sich ein derartiges »ontologisches Einverständnis« zwischen individuellem Habitus und gesellschaftlicher Welt, das auch Bourdieu unterstellt, aber überhaupt ausfindig machen?[32] Ist das ›ungespaltene‹ Individuum, das über einen homogenen Habitus verfügt und in seiner sozialen Welt voll und ganz ›zu Hause‹ ist (und das Thomas Mann, diese Ungespaltenheit evozierend, einst treffend »Hans Hansen« nannte), nicht eine haltlose Identitätsimagination? Die Klassenübergänger neigen dazu, die harmonische Identität, die ihnen zweifellos abgeht, bei den Individuen ihrer sozialen Zielgruppen zu vermuten. Der Prozeß des Klassenübergangs setzt also Imaginationen der vollständigen Ankunft und des endgültigen Angekommenseins frei;

30 Nancy K. Miller, »Our Classes, Ourselves: Maternal Legacies and Cultural Criticism«, in: Mae G. Henderson (Hg.), *Borders, Boundaries, and Frames. Essays in Cultural Criticism and Cultural Studies*, New York und London 1995, S. 145–170.

31 Vgl. dazu Pierre Bourdieu und Loïc J. D. Wacquant, *Reflexive Anthropologie* (1992), Frankfurt am Main 1996, S. 160–162.

32 Pierre Bourdieu und Loïc J. D. Wacquant, *Reflexive Anthropologie*, a. a. O., S. 161.

aber auch die Aufstiegsangst, doch nie ganz ankommen zu können. Über diese Angst, für immer in einem *Zwischen den Klassen* festzuhängen, schreibt Chantal Jaquet in ihrem herausfordernden Essay.[33] Er läßt sich auch als vehementes Plädoyer dafür verstehen, den Identitätsimaginationen, die diese Angst befeuern, nicht nachzugeben.

Carlos Spoerhase

33 Vgl. dazu auch Peter Alheit und Frank Schömer, *Der Aufsteiger. Autobiographische Zeugnisse zu einem Prototypen der Moderne von 1800 bis heute*, Frankfurt am Main 2009.